One Myanmar

The Faces of the Burmese Transition

Direction éditoriale / Editorial direction : Mikaël Ferloni

Conception graphique / Graphic design : Baptiste Berthier-Thomas — Studio MkF

Couverture / Cover : Nils Brière

Maquette et création de police / Layout and font design : Claire Mauchin

Traduction / Translation : Pauline Plancq

Corrections et relectures / Proofreading : Jérôme Sich, Lucie de Clerck, Thusitha Perera

Merci aux photographes / Thanks to the photographers : Thet Oo Maung, Lin Thet Naung, Minzayar Oo, Marion Gaborit, Michelangelo Pignani & Rodolphe Chauvin

www.mkfeditions.com / www.one-myanmar.com

ISBN 979-10-92305-26-5 / EAN-9791092305265

Publié avec le soutien de / Published with the support of :

Carine Jaquet

One Myanmar

Les visages de la transition birmane

M | k | F

LE PROJET
THE PROJECT

ONE MYANMAR est un projet transmédia se déclinant sous 3 formats qui se répondent et se complètent.

ONE MYANMAR is a transmedia project encompassing 3 complementary and interacting formats.

Le général Aung San, héros et martyr de l'Indépendance birmane, nourrissait la vision d'un pays fondé sur le principe de l'*unité dans la diversité*. Après un demi-siècle de dictature militaire, le Myanmar – qui abrite une population d'une diversité exceptionnelle – connaît une transition politique sans précédent.

Alors que les élections de 2015 ont été perçues comme l'ultime étape de la transition démocratique birmane, ONE MYANMAR, en donnant la parole à des Birmans de tous horizons, esquisse le portrait d'une réalité plus complexe.

Ce projet transmédia, réalisé grâce à la collaboration de chercheurs et d'artistes birmans, français et internationaux, propose une réflexion sur l'identité birmane, au-delà des divergences ethniques et religieuses, mais aussi sur la portée réelle des changements démocratiques récents sur la vie des Birmans.

General Aung San, hero and martyr of the Burmese independence, envisioned a country established on the principle of unity in diversity. *After half a century of military dictatorship, Myanmar – that is home to a population of a remarkable diversity – is experiencing a major political transition.*

While the 2015 elections were perceived as the ultimate step of the country's democratic transition, ONE MYANMAR depicts a much more complex reality through the testimonies of Burmese from various backgrounds.

This transmedia project, implemented thanks to the collaboration of Burmese, French and international researchers and artists, proposes a reflection on Burmese identity, beyond ethnic and religious cleavages, but also on the actual impact of the democratic changes in Burmese people's everyday life.

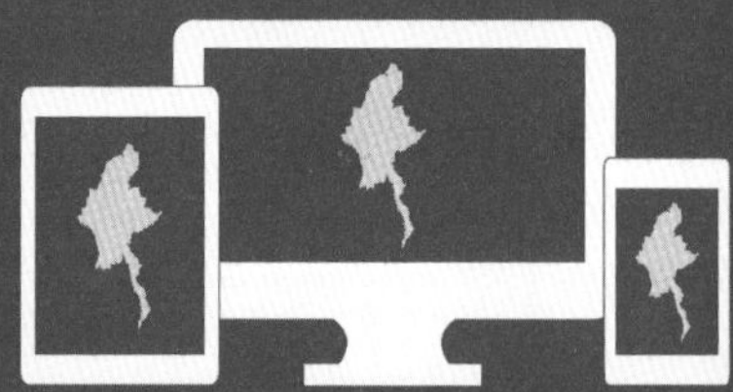

Un webdocumentaire (voir p.188)
A webdocumentary (see p.188)

Un beau-livre
An art-book

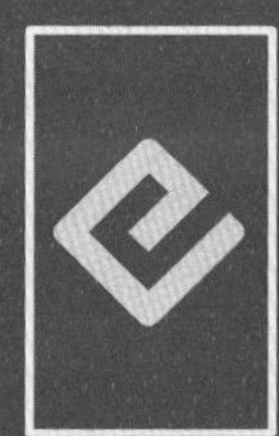

Un essai (voir p.198)
An essay (see p.198)

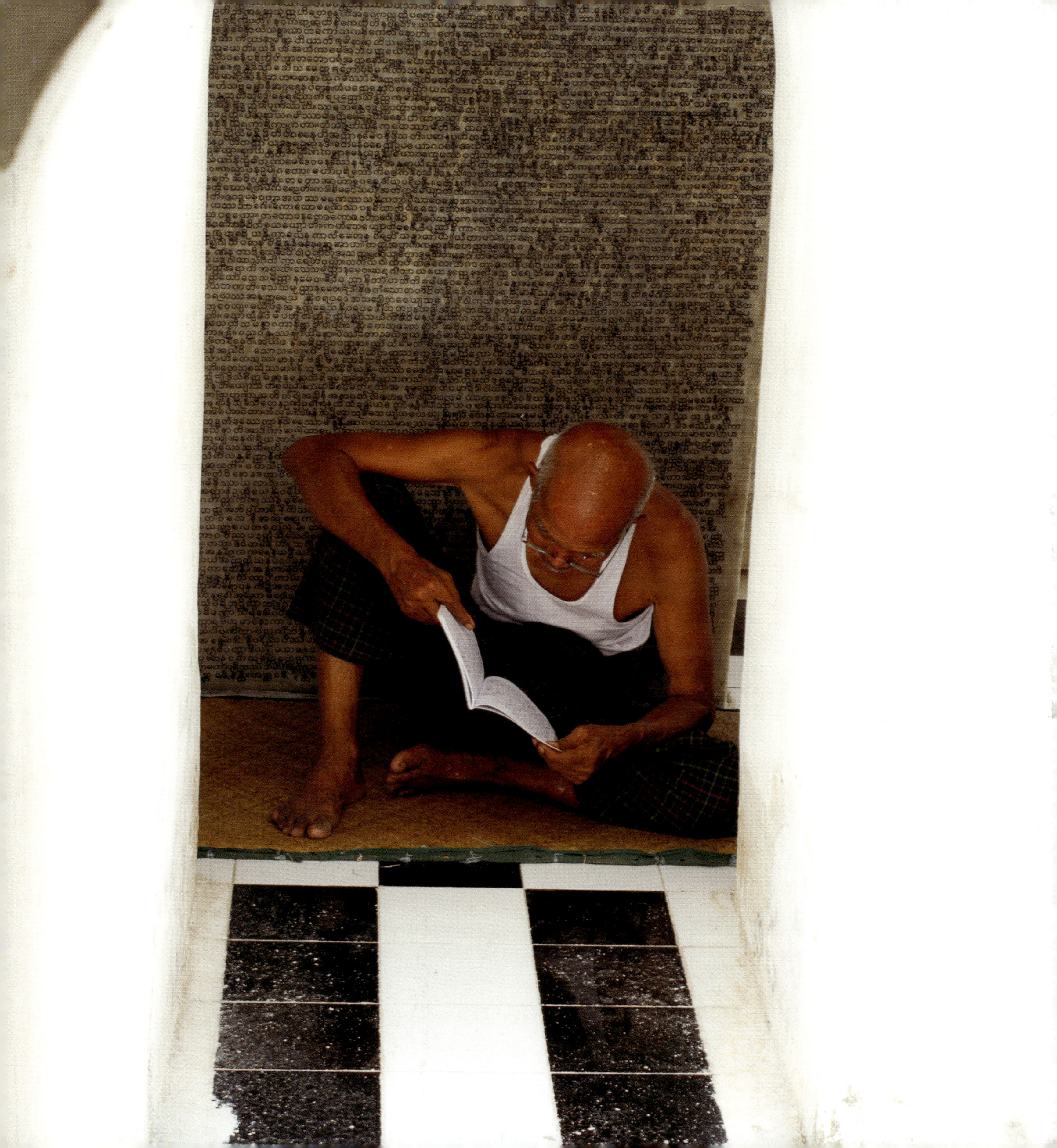

SOMMAIRE
TABLE OF CONTENTS

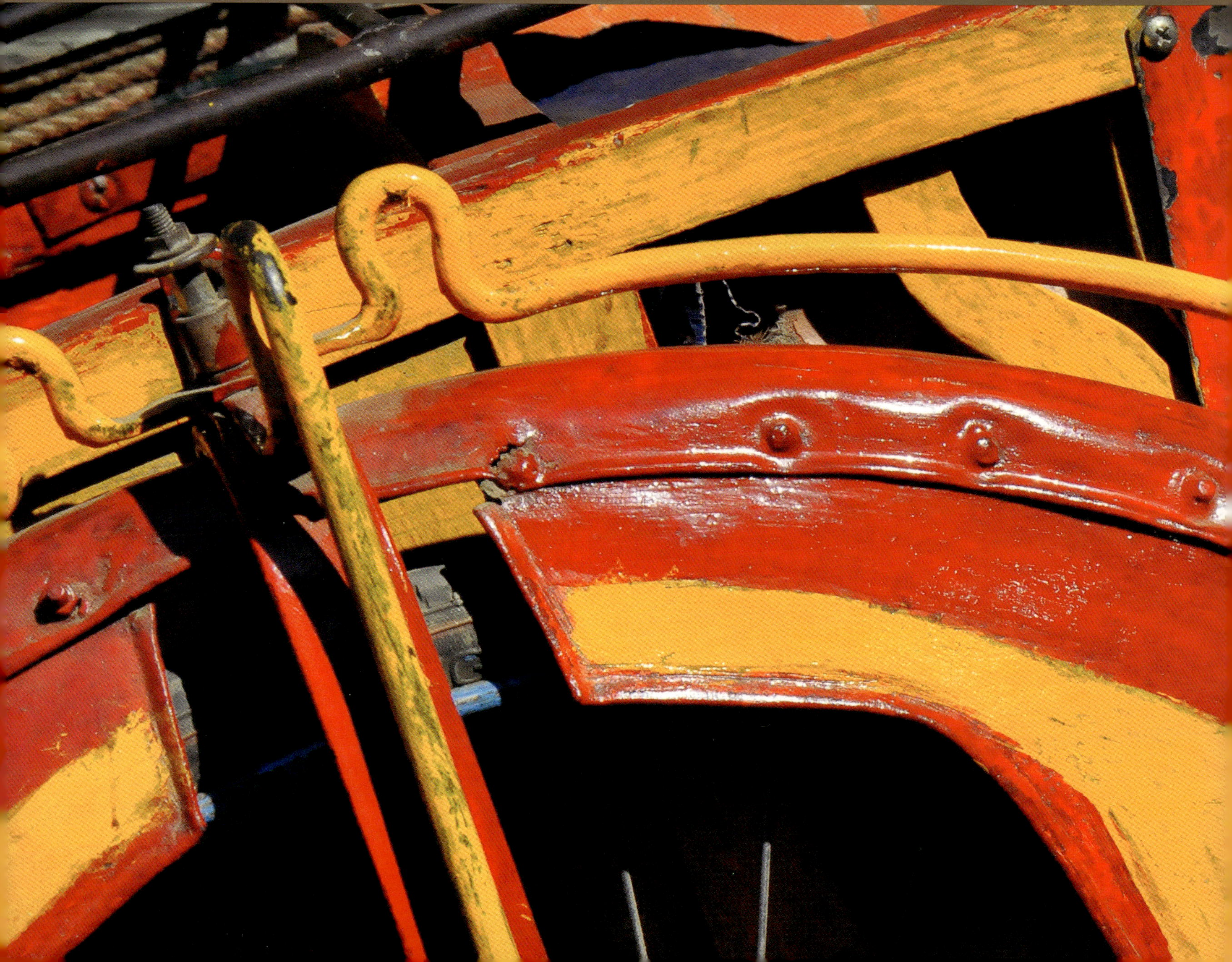

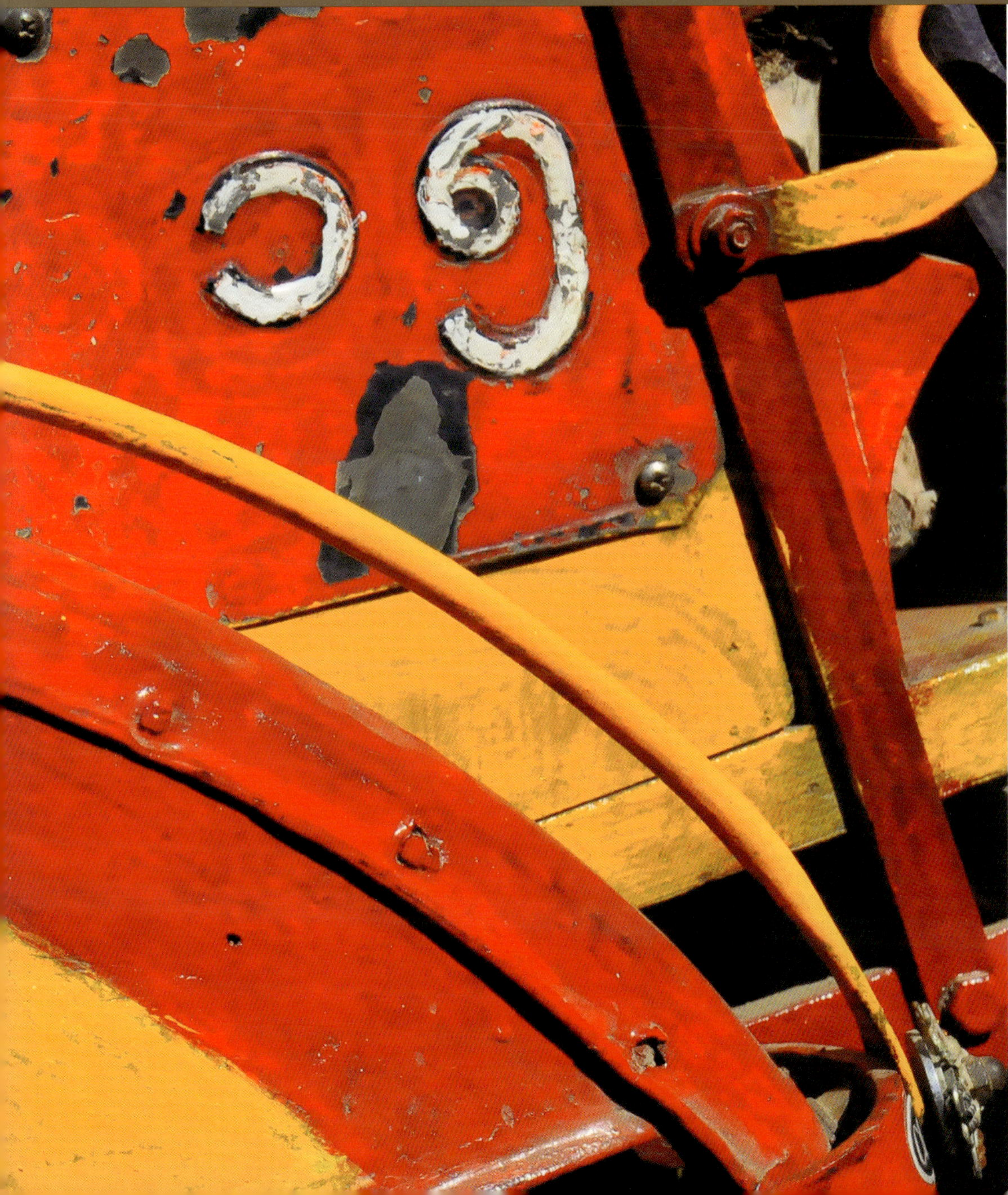

Toponymie
Toponymy

BIRMANIE OU MYANMAR ?

La première difficulté, et la plus élémentaire, pour approcher le pays, c'est de le nommer ; car « Birmanie » n'est plus le nom officiel du pays depuis le 18 juin 1989. Le régime militaire birman a en effet promulgué la loi 15/89 visant à birmaniser les noms des villes, fleuves, montagnes et régions administratives. Le pays est donc devenu la "République de l'Union du Myanmar", une dénomination visant à marquer son émancipation de l'héritage colonial anglais. La junte affirmait alors que le terme « Myanmar » incluait l'ensemble des minorités de la Birmanie par opposition au terme « Burma » qui se référait au groupe ethnique dominant, les Bamar (ou Burmans, en anglais). Quant au terme « Union », il visait à souligner l'unité du pays et de son peuple, chère à l'armée. Marquant leur opposition au régime dictatorial qui venait alors de réprimer dans le sang les manifestations démocratiques estudiantines, certains membres de la communauté internationale ont refusé de considérer ce nouveau nom comme légitime. La France conserve le toponyme « Birmanie » pour des raisons linguistiques et culturelles, tandis que la Grande-Bretagne ou les États-Unis l'ont conservé pour des raisons politiques.

Dans cet ouvrage, l'éditeur a pris le parti d'utiliser les noms "Myanmar" pour nommer le pays et "Yangon" pour l'ancienne capitale. Le terme "Birmanie" sera utilisé lorsque sera fait référence au pays avant 1989.

Le mot "Birman" qualifie les habitants du Myanmar, quand "Bamar" se réfère aux membres de l'ethnie majoritaire. Pour les noms de lieux et de groupes ethniques, les noms les plus couramment utilisés ont été retenus. Ainsi, le terme « Karen » a été retenu, plutôt que Kayin.

À la manière de Claude Lévi-Strauss, nous avons choisi de rendre les noms d'ethnies invariables, qu'ils qualifient un habitant ou qu'ils soient substantivés.

BURMA OR MYANMAR ?

The first quandary one encounters when talking about this country, is to give it a decided name. Indeed, "Burma" in English (a name given by the colonial regime in the 19th century), has not been the official name of the country since June 18th 1989. The Burmese military regime promulgated the 15/89 Law to "Burmanize" the names of the cities, rivers, mountains and administrative regions. This is why the country became the "Union of Myanmar", to show its emancipation from the British colonial heritage. The junta affirmed that the term "Myanmar" could include all minorities in opposition to the term "Burma", referring to the dominant ethnic group, the Burmans (or Bamar). The term "Union" was adopted to highlight the unity of the country, and its population, particularly valued by the Army. Several members of the international community refused to consider this new name as legitimate, in order to show their opposition to the former dictatorship, which had immediately resorted to violently suppressing the students riots for democracy. While France remained using the name "Birmanie" for linguistic and cultural reasons, Britain and the USA tend to use "Burma" for political concerns.

In the context of the One Myanmar project, we decided to use the official name "Myanmar" for the country, and "Yangon" for the former capital "Rangoon" – after 1989.

The word "Burmese" qualifies Myanmar's inhabitants, when "Bamar" is referring to the members of the main ethnic group. For the names of other ethnic groups and locations, we strive to use the most commonly used names.

In the same way that Claude Levi-Strauss did, we choose to make ethnic groups names invariable.

Introduction

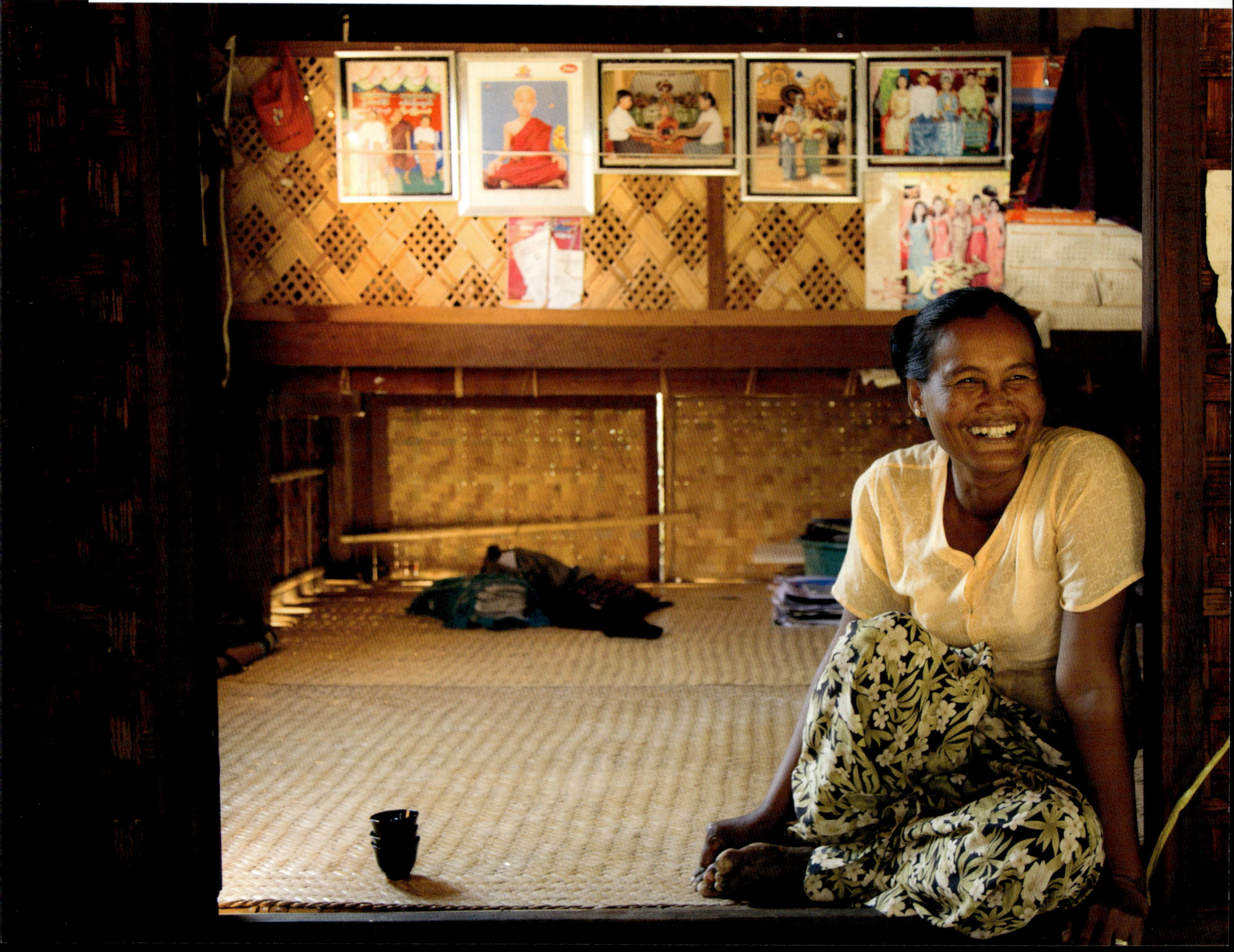

Après plus d'un demi-siècle de dictature militaire, la Birmanie, ou plutôt le Myanmar, connaît depuis 2010 une transition politique sans précédent depuis son indépendance en 1948. L'attention portée sur le pays n'a jamais été aussi intense, pourtant son extrême diversité culturelle reste encore largement méconnue.

Au fil de son histoire, le Myanmar s'est constitué en un espace de rencontres entre civilisations venues des mers, montagnes et plaines asiatiques. Encadrée par les géants régionaux que sont l'Inde et la Chine, la population birmane est le fruit d'un lent brassage culturel. En effet, dans ce pays se mêlent plus d'une centaine de groupes ethniques différents, une grande variété de religions, mais aussi une myriade de langues et de coutumes.

À l'image de son drapeau à trois bandes jaune, vert et rouge, le pays proclame ses couleurs à chaque instant : du doré des pagodes, au pourpre des robes de moines qui s'alignent dans les rues de Yangon à l'aube pour recevoir les aumônes de riz, en passant par le vert éclatant des rizières nourricières... mais aussi celui, plus foncé, des uniformes militaires. Cependant, sur ces bandes plane toujours au centre l'étoile blanche, symbole d'une armée toujours influente.

Alors que le premier gouvernement semi-civil, intronisé le 30 mars 2011 et succédant à la junte militaire, s'efforçait de pacifier le pays — en proie depuis plus de 60 ans à la plus longue guerre civile

Myanmar, better known the world over as Burma, experienced more than half a century of military dictatorship. However since 2010, Myanmar has been exposed to an unprecedented political transition at the fastest pace since its independence in 1948. The international interest in this country has hardly ever been so intense, yet its extreme cultural diversity is still largely unknown.

Throughout its history, Myanmar became a meeting point between civilisations from across oceans, over mountains and the Asian plains. Closely situated to regional giants like India and China, the Burmese population is the result of a gradual ethnic and cultural fusion over a considerable period of time. More than a hundred of different ethnic groups live together in this country, as well as a wide variety of religions, and also a myriad of languages and customs.

The country is as vibrant as its tri-coloured flag composed of yellow, green, and red stripes, which symbolically embody three elements essential to interpret the foundations of Myanmar's socio-cultural realities. The three colours represent: gold – the colour of the country's sacred pagodas – red – the hue of robes of the Buddhist monks who queue up at dawn in the streets of Yangon to receive traditional alms of rice as offerings from laity – and green – the dazzling colour of the

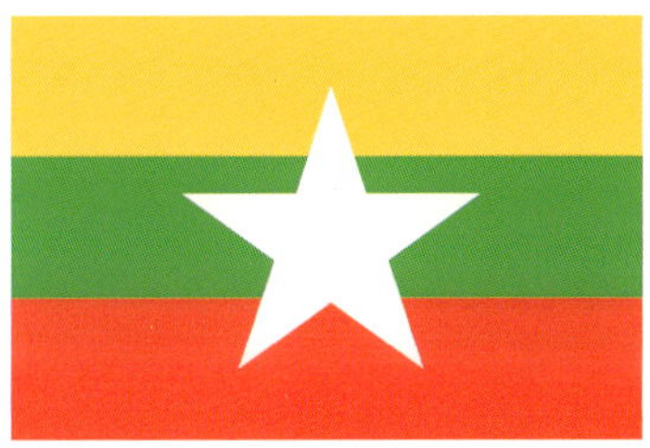

Le drapeau de la République de l'Union du Myanmar depuis le 21 octobre 2010.

Flag of the Republic of the Union of Myanmar since October 21st 2010.

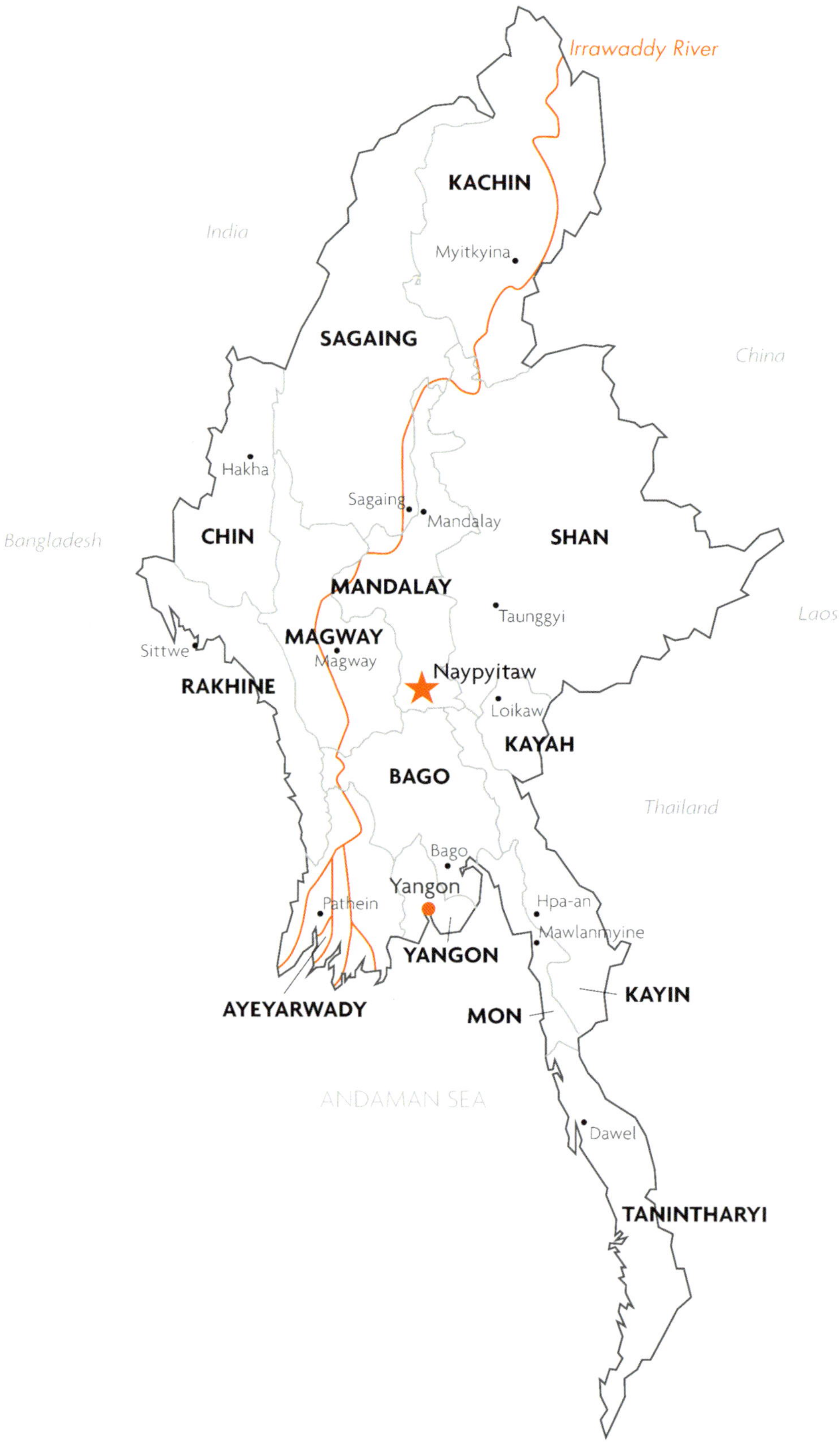

nourishing rice fields or the darker green of the military uniforms. Incidentally the white star placed at the centre of the tri-coloured flag stands as a symbol of the overarching power of the Army.

On March 30th 2011 the first quasi-civilian government took office as what may be seen as attempts to pacify a country clamouring for reforms, having been faced with the longest civil war of history for more than 60 years. It also had plans to open its economy which was the result of a rigid and obsolete State administration. The next few years will be decisive for the transformation of both the political and the social landscape of Myanmar.

Far from clichés of a monolithic isolated country, Myanmar appears today as a more complex country to the world, showing a variety of faces. The British writer Rudyard Kipling who commented on Burma, aptly described this country in the following terms: "This is Burma, and it is quite unlike any land you know about." On top of its natural resources, such as precious stones, hydrocarbons, and timber, Myanmar also is heir to a priceless cultural heritage, which in certain respects is heterogeneous.

Through the lens of both Burmese and European photographers, this book opens a path towards the heart of a Myanmar in transition, discovering the diversity of a multicultural, complex and fascinating country.

Jeune fille Pa-O,
femme Padaung
et jeune fille à Bagan.

Pa-O girl,
Padaung woman
and a little girl in Bagan.

de l'Histoire — et d'ouvrir son économie, héritée d'un système étatique pesant et sclérosé, les prochaines années s'annoncent décisives dans la transformation du paysage politique et social birman.

Loin des clichés d'un pays ostracisé et monolithique, le Myanmar se dévoile désormais aux yeux du monde, sous des traits polymorphes, plus nuancés. L'écrivain britannique Rudyard Kipling, qui y séjourna, décrivait le pays comme « une contrée comme aucune autre de celles que [l'on] connai[t] ». Outre ses richesses naturelles, comme les pierres précieuses, les hydrocarbures, ou le teck, le Myanmar possède également un patrimoine culturel inestimable. Des héritages hétéroclites s'y côtoient, se mélangent parfois.

À travers les objectifs croisés de photographes birmans et européens, ce livre propose un voyage au cœur du Myanmar en transition, dans toute sa diversité, celle d'un pays multiculturel, complexe et fascinant.

Une mosaïque ethnique et religieuse

Derrière la vision d'un pays géographiquement et politiquement unifié, le Myanmar présente une situation plus complexe. Selon le dernier recensement effectué en 2014, le pays compte officiellement 51,5 millions d'habitants, dont la majorité est issue de l'ethnie Bamar, ainsi qu'une importante diaspora.

Les Bamar dominent démographiquement et politiquement le pays, et peuplent majoritairement les plaines des régions administratives de Yangon, de l'Irrawaddy, de Bago, de Mandalay, et de Magwe, ainsi que le Tanintharyi et Sagaing.

À ces 7 Régions administratives, s'ajoutent 7 États dits « ethniques » : Kachin, Shan, Karenni, Karen,

An ethnic and religious mosaic

Behind the vision of a geographically and politically unified country, Myanmar reveals a more complex situation. According to the 2014 census, the country officially counts 51.5 million inhabitants, of which the majority is of the Bamar ethnic group, as well as a sizeable diaspora.

The Bamar dominate the country both demographically and politically, and live mainly in the plains of the Yangon, Irrawaddy, Bago, Mandalay, Magwe, Thanintharyi and Sagaing administrative regions.

On top of these seven administrative "divisions", one has to further include seven so-called "ethnic States": Kachin, Shan, Kayah, Kayin, Mon, Chin and Rakhine, which are the original lands of these ethnic minorities. They represent approximately one third of the total population and mostly live in the hills of the remote areas at the periphery. These lands are abundant with natural resources, arousing keen interest. The languages, beliefs, customs and value systems of these ethnic groups are different from the Bamar model, which the successive governments tried to impose over the years to unify this multi-ethnic mosaic.

Suffice it to say that the current government officially recognizes 135 ethnic groups in a country slightly larger in size compared to France. An ethnic group such as the Chin for example, may be composed of more than fifty subgroups, each one speaking its own dialect and considering their culture as different from that of the dominant ethnic group. Within a given ethnic group, the relations between these subgroups may be challenging at times, especially if they do not share a common language. Indeed, from one hill or valley to another, the Chin people may be confronted with issues to communicate between themselves.

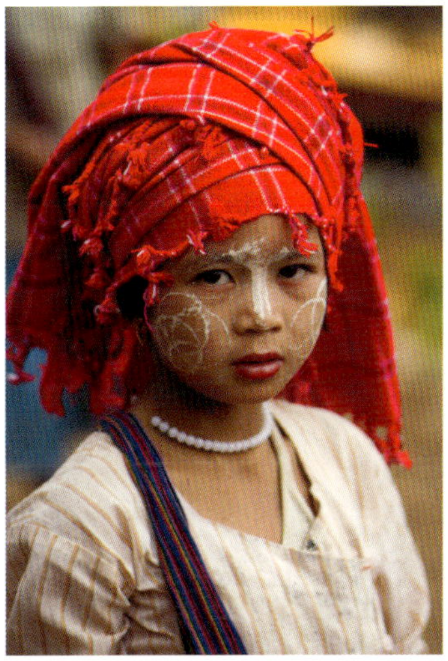

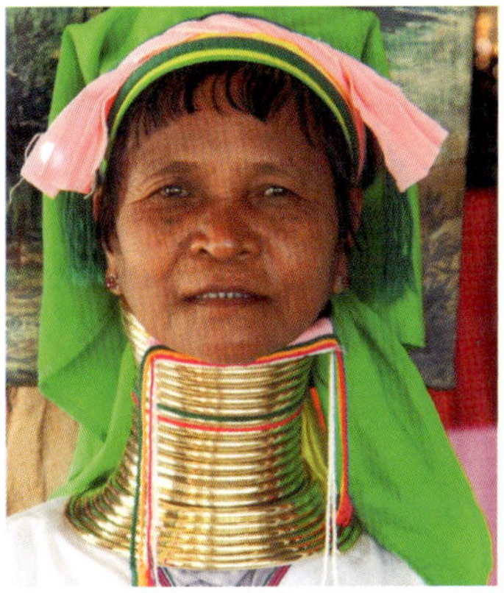

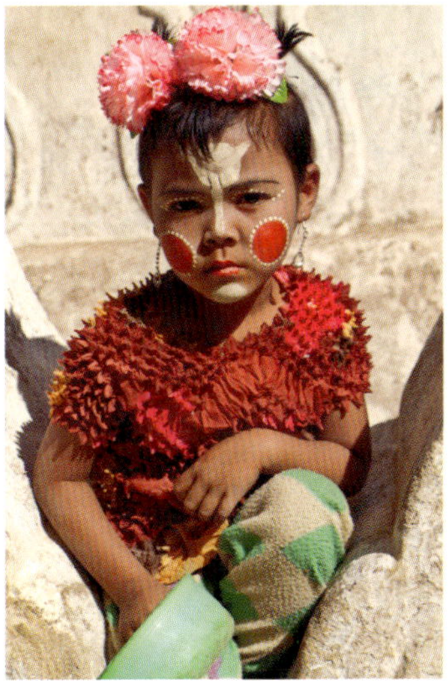

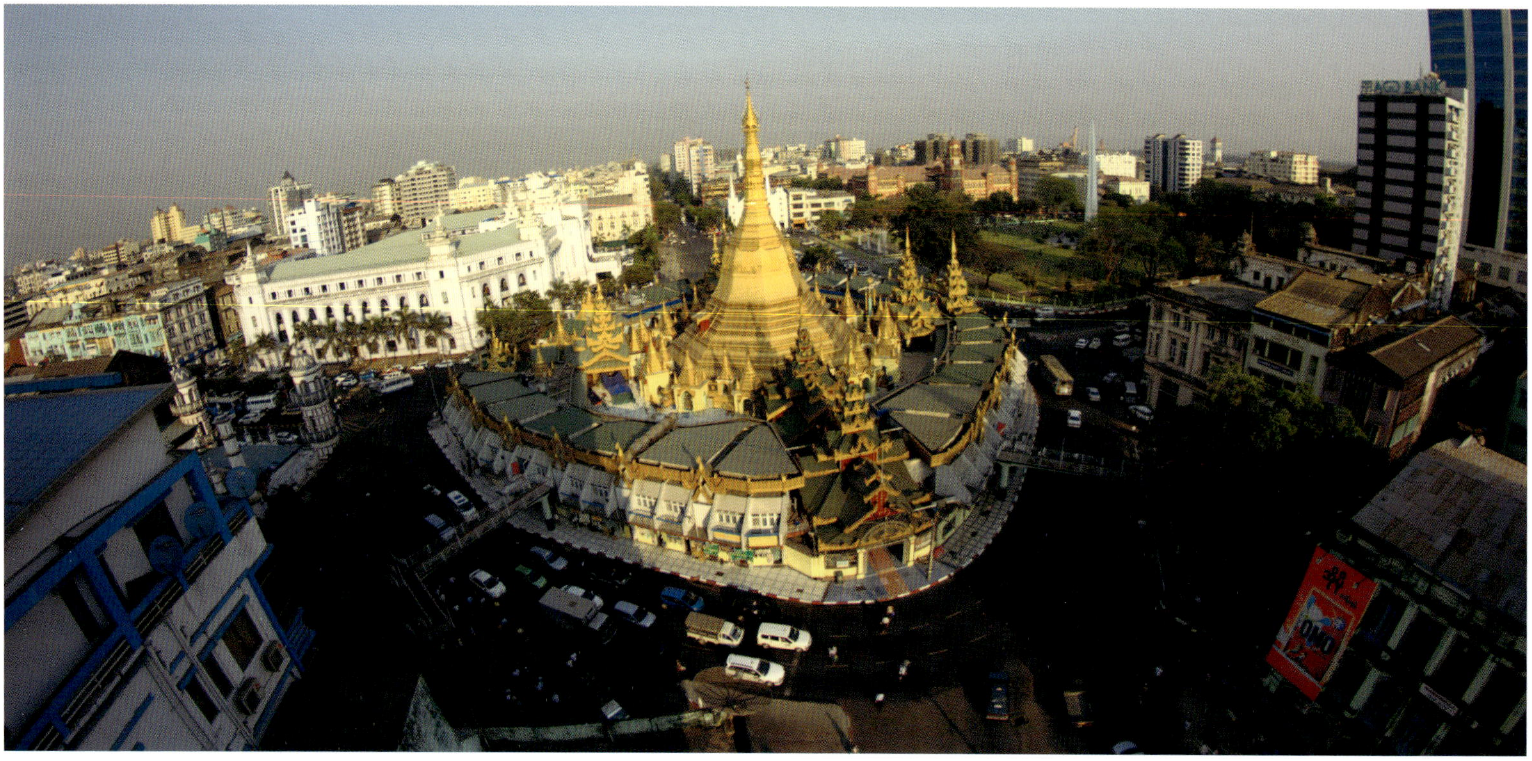

Place de la pagode Sule, au cœur du centre-ville de Yangon.
Cette place incarne la diversité religieuse du pays. L'Hôtel de Ville, une mosquée sunnite et une église baptiste entourent la pagode Sule.

The Sule Pagoda square, at the heart of Yangon's downtown, embodies the religious diversity of the country.
The City Hall, a Sunni mosque and a Baptist church surround the Sule Pagoda.

Môn, Chin et Arakan, d'où sont originaires ces minorités. Ces dernières représentent environ un tiers de la population totale et résident pour la plupart dans des régions frontalières souvent montagneuses et reculées. Leurs terres attisent les convoitises, car elles regorgent de ressources naturelles. Ces ethnies possèdent des langues, des croyances, des coutumes et des systèmes de valeurs différents du modèle bamar que les gouvernements successifs ont tenté d'imposer au cours de l'Histoire afin d'unifier cette mosaïque ethnique bigarrée.

Pour avoir une idée de la réalité de cette mosaïque, il suffit de mentionner que le gouvernement actuel ne reconnaît officiellement pas moins de 135 groupes ethniques, pour un pays un peu plus grand que la France.

To add to the picture, significant Chinese, Indian and Nepalese minorities have migrated for centuries into the current territory of Myanmar.

In the face of complex diversity, the central power has tried to unify the country since Independence, through political process when possible, and resorting to military measures when opposed with resistance. Over time, depending on the emerging conflicts and their alliances, these ethnic groups acquired different levels of political influence. Some ethnic groups, and particularly those who share the same Buddhist religion as the Bamar, generally maintain better relations with the central State. Their leaders have succeeded in negotiating a certain official recognition in the Union. While others are still waging open war against the government, such as the Kachin, a peace process is being pursued in the country, almost 70 years following the Independence.

Carte indicative des principales ethnies du Myanmar.

Indicative map of the main ethnic groups in Myanmar.

Un groupe ethnique comme les Chin par exemple peut rassembler plus d'une cinquantaine de sous-groupes, ayant en général leur propre dialecte et une culture qu'ils considèrent différente de celle du groupe ethnique dominant. À l'intérieur même d'une ethnie, les relations entre ces sous-groupes sont parfois rendues difficiles par l'absence de langue commune. Ainsi, d'une colline ou d'une vallée à l'autre, les Chin peuvent rencontrer de sérieuses difficultés à communiquer entre eux. Pour compléter l'ensemble, d'importantes minorités chinoises, indiennes et népalaises ont migré au fil des siècles sur le territoire qui constitue le Myanmar actuel.

Avec une telle mosaïque, le pouvoir central, depuis l'Indépendance, a très tôt voulu unifier le pays, politiquement quand il le pouvait, militairement quand il rencontrait des résistances. Et avec le temps, ces ethnies n'ont pas acquis le même poids politique au gré des conflits ou des alliances. Certains groupes ethniques, surtout ceux qui partagent la religion bouddhiste avec les Bamar, ont ainsi tendance à entretenir de meilleures relations avec l'État central. Leurs dirigeants sont parvenus à négocier une certaine reconnaissance officielle au sein de l'Union. D'autres sont encore en guerre ouverte contre le gouvernement, à l'instar des Kachin, et un processus de paix est toujours à l'œuvre dans le pays, presque 70 ans après l'Indépendance !

Dans certains cas, le gouvernement ne reconnaît tout simplement pas officiellement une minorité et ses membres ne sont pas considérés comme des citoyens birmans. Les Rohingya, musulmans du nord de la région Arakanaise, sont devenus apatrides depuis que l'État les considère comme des migrants illégaux, venus du Bangladesh voisin. Ils portent désormais le qualificatif peu enviable de « minorité la plus persécutée du monde » selon la formulation de l'ONU.

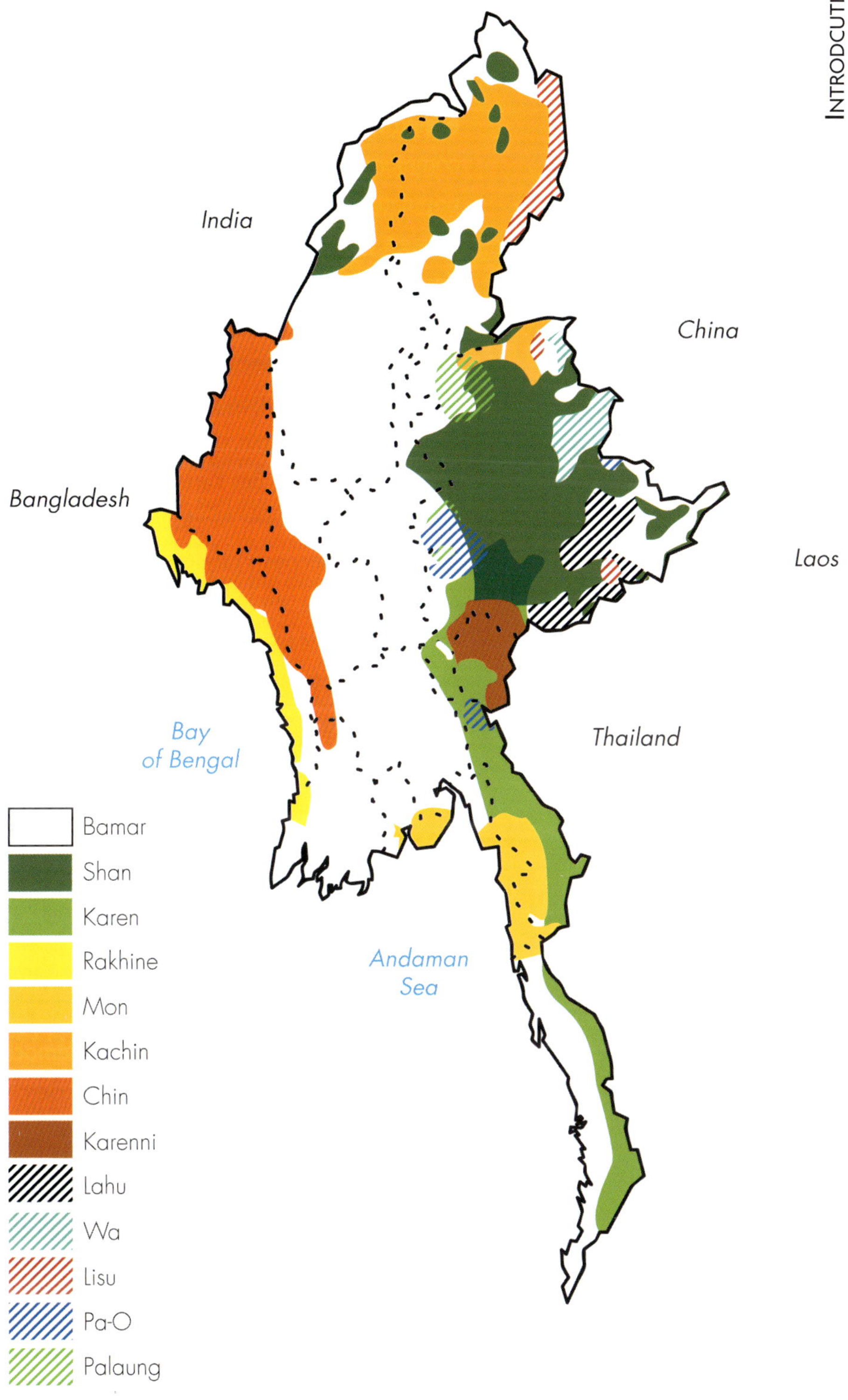

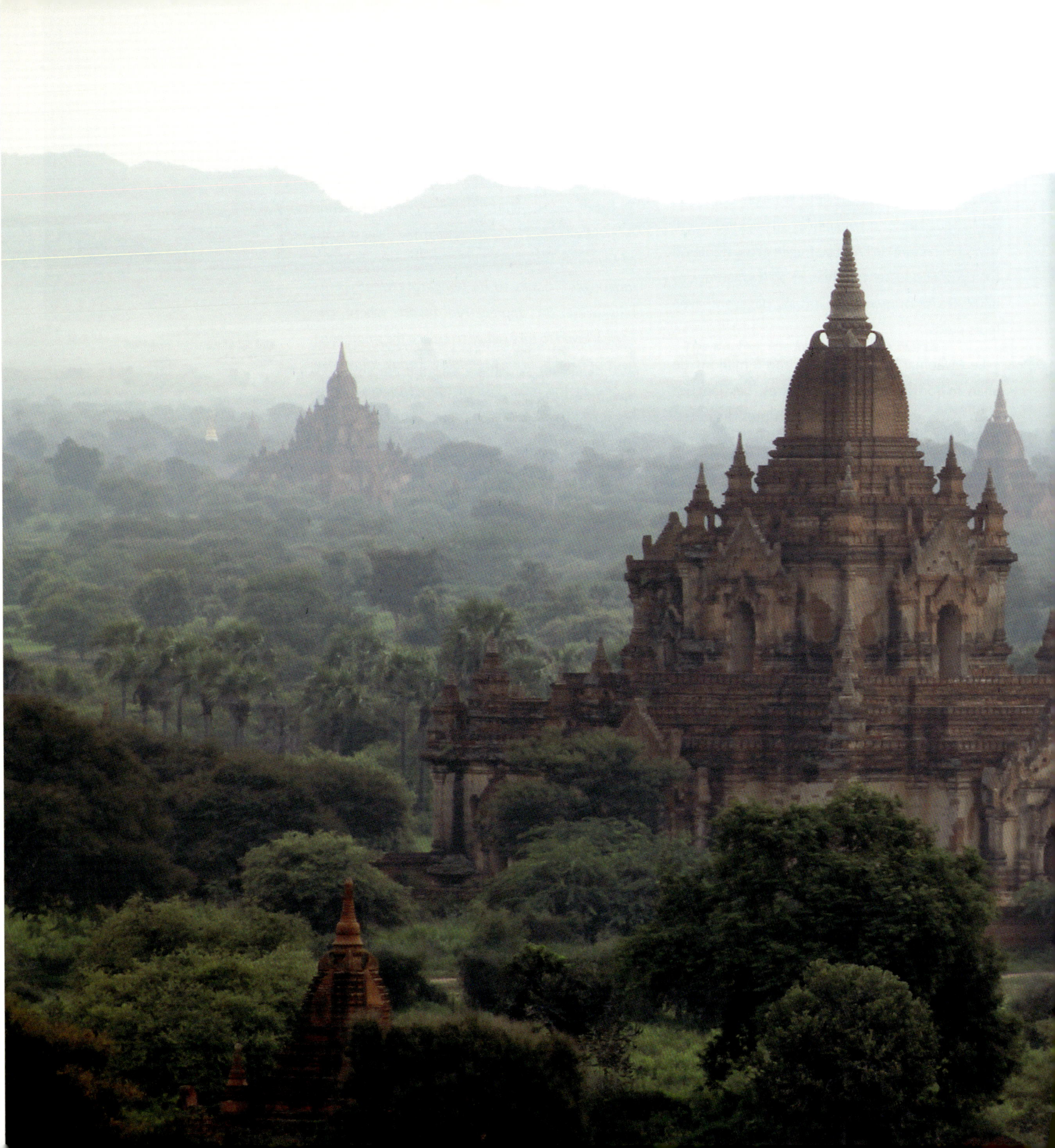

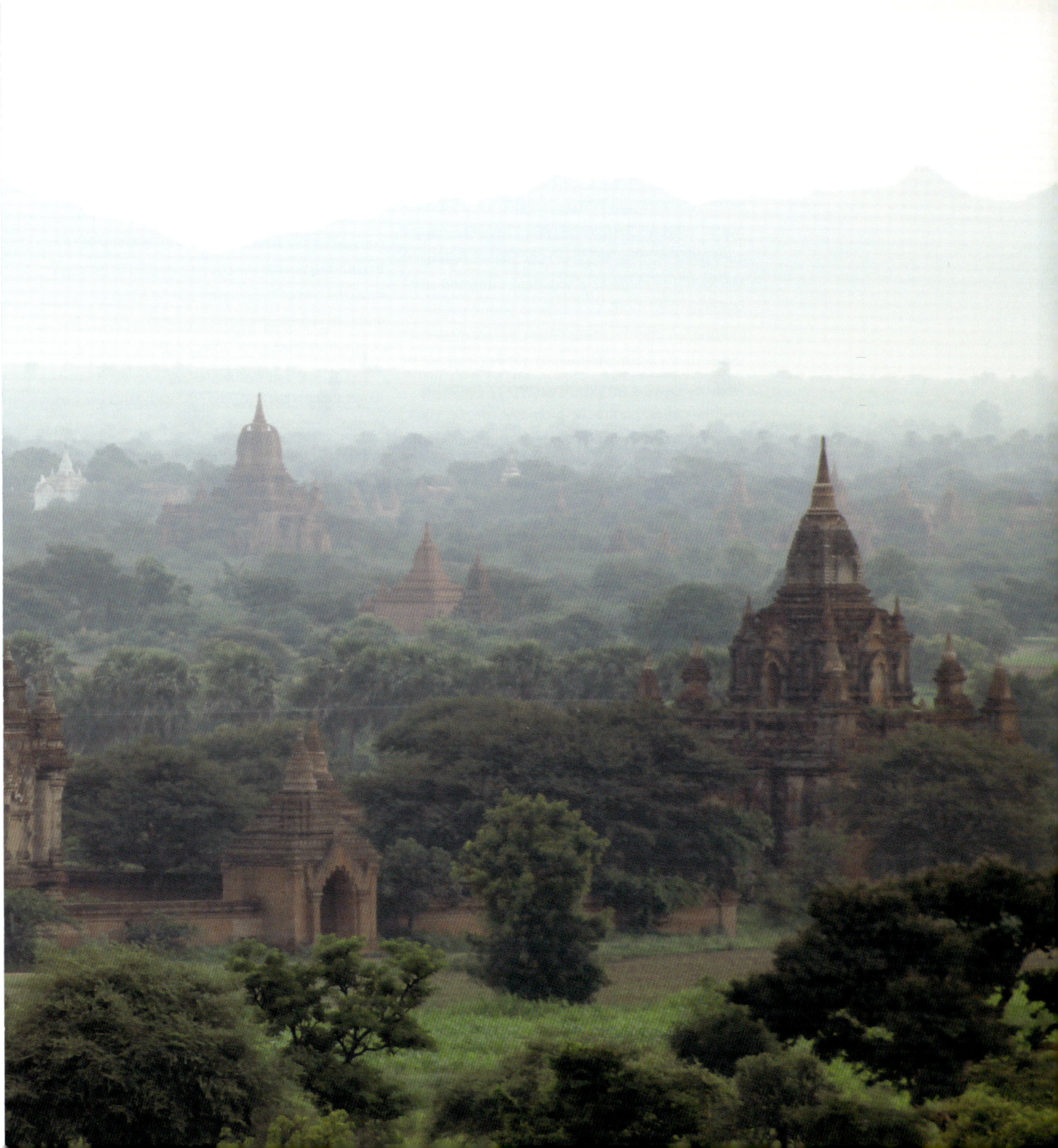

Yangon et le delta de l'Irrawaddy

L'Irrawaddy continue sa course vers le Sud, se scindant en de nombreux bras pour former un large delta. Ses terres fertiles sont propices à la culture de l'aliment de base de tous les Birmans : le riz. C'est dans cette région qu'est établie la capitale économique, Yangon. Fondée au XIe siècle, sous le nom de Dagon par les Môn qui dominaient la Basse-Birmanie, la ville était alors une petite bourgade non loin de la majestueuse pagode Shwedagon (*shwe* signifiant doré). L'histoire raconte que la cité fut conquise par le roi bamar Alaungpaya qui la renomma « Yangon » en 1755 — nom qui signifie littéralement « le dénouement de la lutte ». C'est après la seconde guerre anglo-birmane, en 1852, qu'elle est rebaptisée « Rangoun » par les colons britanniques et se transforme en centre névralgique de l'administration et du commerce coloniaux. Elle le restera jusqu'au déménagement de la capitale en 2005.

Aujourd'hui forte d'environ 4,6 millions d'habitants, la ville et son centre historique témoignent du passé colonial et de la rencontre de cultures diverses tant bamar, qu'indienne ou chinoise. La cohabitation séculaire des différentes communautés religieuses s'illustre par la juxtaposition de bâtiments religieux parfois mitoyens. Ainsi, au cœur du centre historique, en face de l'Hôtel de Ville, une mosquée bangladaise sunnite fait face au dôme doré de la pagode Sule, elle-même située non loin d'une église baptiste.

Yangon and the Irrawaddy Delta

The Irrawaddy River, as it flows Southwards, branches out to form a wide delta. The fertile lands found in these areas are conducive to foster the crop integral to Burmese culture as its staple food: rice. The economic capital, Yangon, lies in this prosperous region. The city was founded in the 11th century by the Mon ethnic group who dominated lowland Burma then and called it Dagon. It was a small village in the vicinity of the majestic Shwedagon pagoda (shwe meaning "golden"). The story says that the city was conquered by the Bamar king Alaungpaya who renamed it "Yangon" in 1755, a name which literally translates as "the outcome of the fight". It was later renamed "Rangoon" by the British colonists after the second Anglo-Burmese war in 1852, when it became a nerve centre for administration and colonial trade. It remained so until the capital shifted in 2005.

Today, the city of Yangon, with its approximately 4.6 million inhabitants and its historical centre, speaks of the colonial past and of the various Bamar, Indian or Chinese cultural intermixes. The secular cohabitation of various religious communities is evinced to an extent by the city's topography which includes different religious buildings juxtaposed to one another. For example, in the historical centre, in front of the City Hall, a Sunni Bangladeshi mosque faces the golden dome of the Sule pagoda, itself located not far away from a Baptist church.

Chez le poissonnier près de la rivière Yangon.

A fishmonger near the Yangon river.

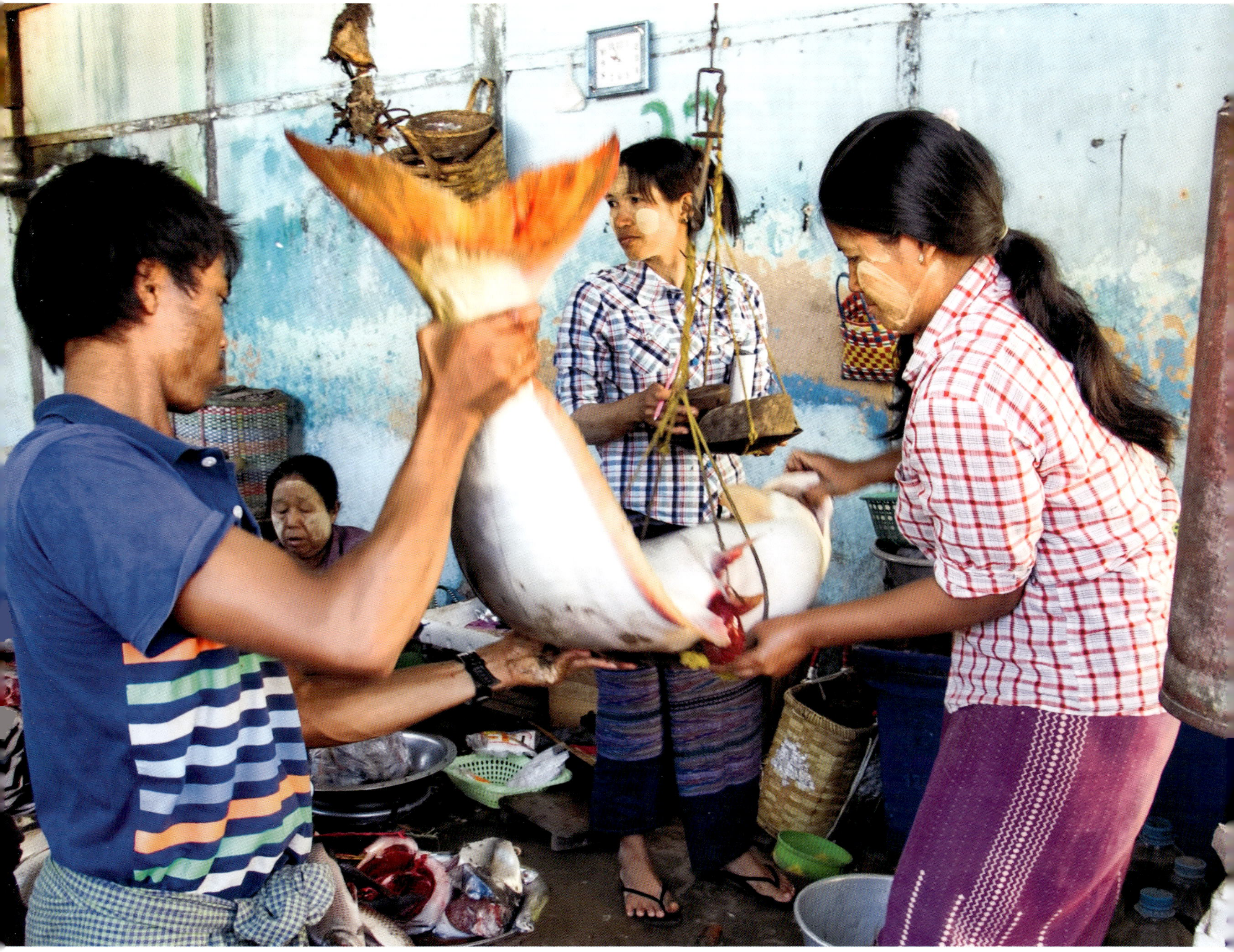

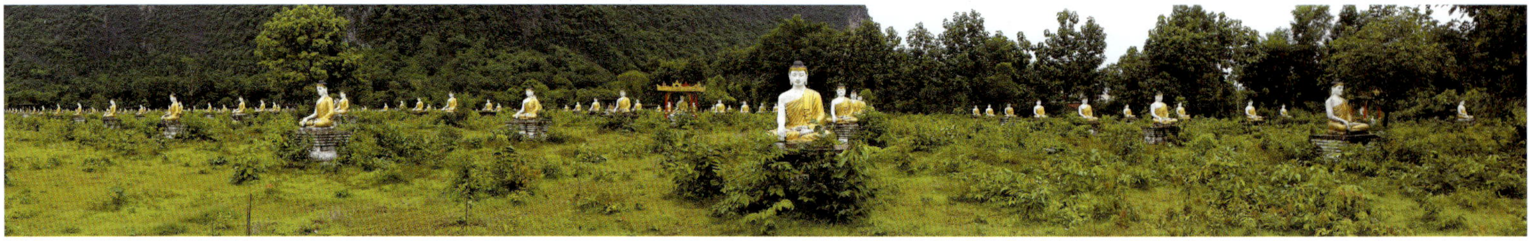

Lumbini, au pied de la montagne Zwekabin - État karen. Ce site compte plus de 1 100 statues de Bouddha.

Lumbini Garden, at the base of Mount Zwekabin - Karen State. Home to over 1 100 Buddha statues.

Les collines Karen et Karenni, théâtre d'une longue guerre

Au Sud de l'État Shan, adossés à la Thaïlande, se trouvent les États Karen et Karenni (ou Karen rouges, longtemps considérés comme un sous-groupe Karen). Après le XVIIIe siècle, les Karen, établis sur les collines, se sont progressivement installés dans les plaines. Ils seraient plus de 3,5 millions, principalement situés dans l'État Karen, le Tanintharyi, mais aussi le delta de l'Irrawaddy. Les Karen, autrefois animistes, se sont convertis au bouddhisme ou au christianisme. Les Karen christianisés acquirent la confiance des colons britanniques et bénéficièrent de traitements de faveur qui leur permirent d'accéder à une éducation occidentale, puis à des postes militaires et administratifs à responsabilité. À la veille de l'Indépendance de 1948, soucieux de leur avenir, ils créèrent la Karen National Union (KNU), qui entra en guerre civile avec l'armée birmane à partir de 1949. La KNU gagna rapidement du terrain et parvint même à une dizaine de kilomètres du centre-ville de Rangoun en mai 1949, sans parvenir à prendre la capitale. Elle perdit ensuite du terrain et fut la cible de campagnes militaires répétées de l'armée birmane pendant les décennies qui suivirent. Le cessez-le-feu avec le gouvernement birman ne sera conclu qu'en janvier 2012, faisant de ce conflit armé l'un des plus longs au monde. En Thaïlande vivent encore environ 130 000 réfugiés.

The Kayin and Kayah hills, the theatre of a long war

Southwards from the Shan State, bordering Thailand, are the Kayin and Kayah States. After the 18th century the Kayin gradually left the hills to settle down in the plains. They are estimated to be more than 3.5 million Kayin people, mainly located in the Kayin State, in the Tanintharyi Division, but also in the Irrawaddy Division. Since the late 1800s, the Kayin, formerly animists, converted to Buddhism and Christianity. The Christianized Kayin acquired the confidence of the British colonists and benefited from preferential treatment which allowed them to embrace a Western style education, and then to qualify for positions related to military and administrative functions. On the eve of the Independence in 1948 they were concerned about their future and created the Kayin National Union (KNU) which rebelled against the Burmese army from 1948. The KNU quickly gained ground and even arrived some 10 kilometers from the city centre of Rangoon in May 1949, but it failed in capturing the capital. It then lost ground and became the target of repeated military campaigns by the Burmese army over the following decades. A ceasefire was established with the Burmese government only in January 2012, making the war between the Burmese army and the KNU one of the most protracted armed conflicts in the world. Around 130 000 refugees live in Thailand, many of who are Kayin and Kayah who fled the violence of the armed conflict.

L'extrême Sud, de l'État Môn à la pointe du Tanintharyi

Dans le Sud-Ouest, se trouvent des Bamar, des Karen, mais aussi des Môn, descendants des royaumes qui ont dominé une partie de la région pendant plusieurs siècles. Les Môn résident principalement dans leur État, ainsi que dans la Région de Bago et celle de l'Irrawaddy. Ils seraient environ 1,5 million. La langue mon appartient à la famille môn-khmer. Leur culture et leurs pratiques religieuses ont largement imprégné la civilisation birmane plus tardive. Les Môn sont en grande majorité bouddhistes. C'est d'ailleurs par un roi môn que le bouddhisme serait arrivé au Myanmar, par le truchement de missionnaires indiens. La légende raconte que deux princesses môn originaires du royaume de Thaton fondèrent la ville de Bago en 573, à l'endroit même où le Bouddha, ayant traversé le golfe de Martaban à marée basse, aurait prédit l'essor local de sa doctrine.

Le Tanintharyi s'étend à l'extrême sud, sur une étroite bande de terre adossée à la Thaïlande et tournée vers la mer. Longtemps uniquement relié à Yangon par une route soumise au contrôle de groupes armés, le Tanintharyi jouit d'un fort potentiel touristique avec son littoral quasiment vierge et ses eaux turquoise. Le tourisme y demeure néanmoins marginal en raison du manque d'infrastructures, créant un contraste frappant avec les provinces thaïlandaises voisines.

Enfin, la mer d'Andaman baigne la constellation paradisiaque des îles Mergui, pour la plupart désertes. C'est dans ces eaux que naviguent les Moken, ces nomades des mers vivant sur leurs bateaux et parlant une langue de la famille malayo-polynésienne. Ils ont la particularité de ne pas pêcher de poissons, mais de récolter des coquillages.

The Deep South, from the Mon State to the Tanintharyi peninsula

In the Southwest, there are Bamar people and Kayin people, as well as Mon people, who are descendants of the kingdoms that dominated parts of the region for many centuries. The Mon mainly live in their State, but also in the regions of Bago and Irrawaddy. They are about 1.5 million Mon people. The Mon language belongs to the Mon-Khmer language family. Their culture and religious practices widely penetrated and influenced the later Burmese civilisation. The Mon are mainly Buddhists. In fact, Buddhism is said to have reached Myanmar through a Mon king who had been in contact with Indian missionaries. Legend says that two Mon princesses from the kingdom of Thaton founded the city of Bago in 573 at the exact place where the Buddha, after having crossed the Martaban Gulf at low tide, is said to have predicted the local development of his doctrine.

Tanintharyi spreads southernmost, on a narrow strip of land next to Thailand, facing the sea. For decades, Tanintharyi was isolated from Yangon by a road subject to the control of armed groups, but it enjoys a strong touristic potential due to its quasi virgin coastline and its turquoise waters. Yet, tourism potential still remains underexploited because of a lack of infrastructure, in stark contrast to the neighbouring Thai provinces.

Finally, the idyllic cluster of the Mergui Archipelago, mostly unoccupied, is surrounded by the Andaman Sea. The Moken, sea nomads living on boats, who speak a language from the Malay-Polynesian family, navigate in these waters. A particular trait of their lifestyle is that they do not fish but harvest various shellfish, and inhabit the islands only during the rainy season.

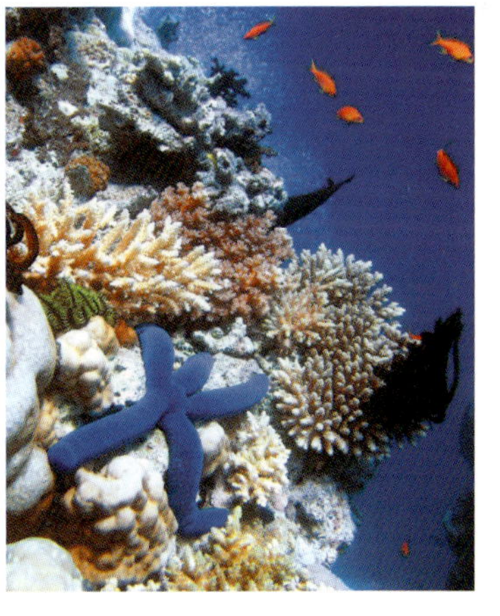

L'extrême sud du Myanmar est réputé pour sa biodiversité marine foisonnante.
The Southernmost of Myanmar is known for its very rich marine biodiversity.

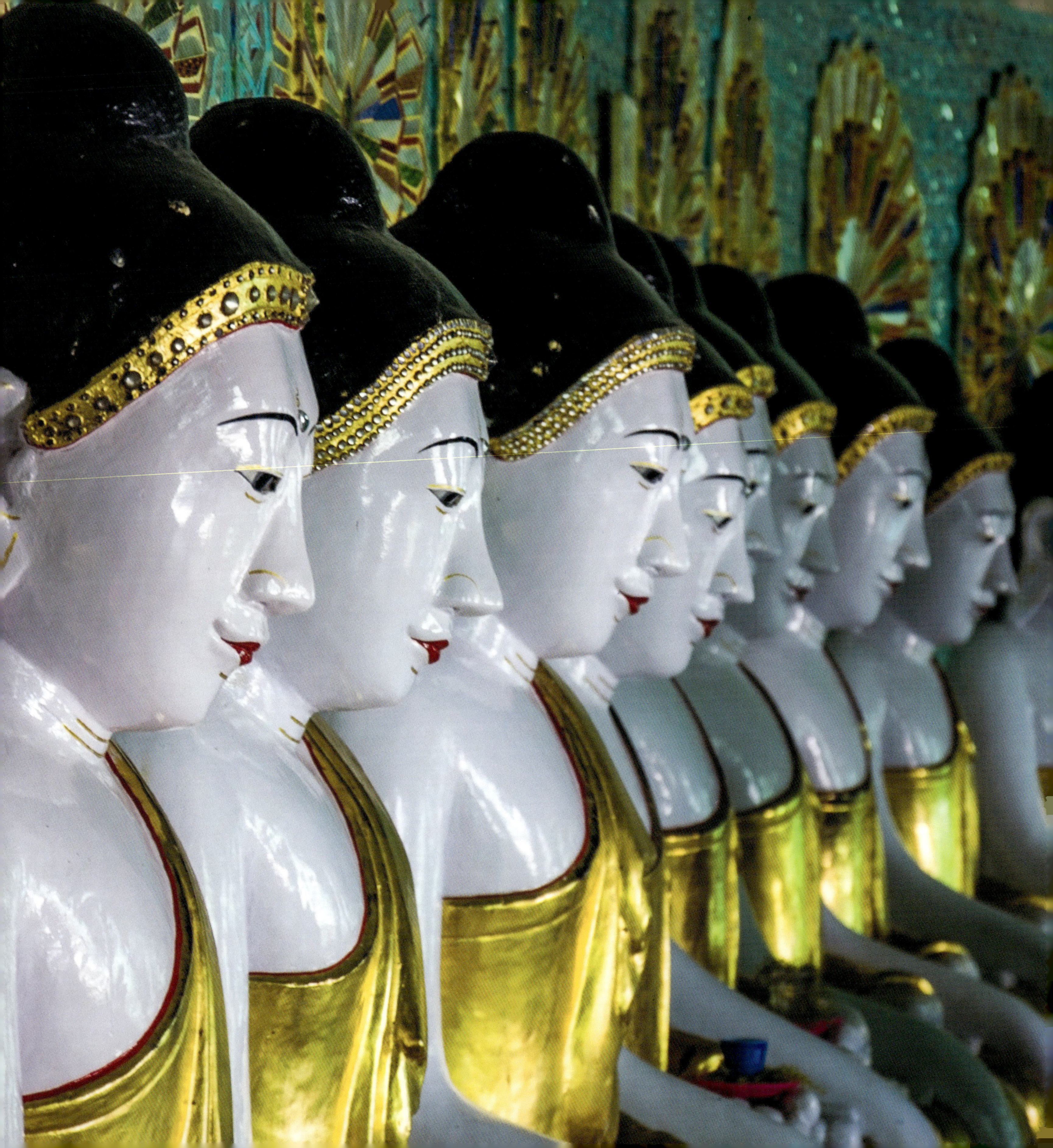

Des histoires birmanes

Pendant des siècles, le territoire du Myanmar actuel était morcelé en de nombreux royaumes et chefferies qui prospérèrent, s'agrandirent ou périclitèrent au gré des victoires, des alliances et des défaites militaires. Si certains de ces royaumes sont parvenus à asseoir leur pouvoir sur de vastes territoires, allant même jusqu'à former des empires, aucun n'est jamais parvenu à dominer l'ensemble du territoire birman actuel. Retracer l'Histoire birmane avant la création du pays moderne revient à suivre l'émergence, l'apogée et le déclin d'unités politiques des différents groupes qui le peuplent. Le Myanmar, sous sa forme contemporaine, n'existe en réalité que depuis 1886 lorsque les Anglais ont tracé les frontières actuelles et imposé la carte du Myanmar telle qu'on la connaît aujourd'hui.

Des royaumes et Buddha

Les vestiges des premiers foyers de peuplement au Myanmar sont datés de 13 000 ans av. J.-C. Les peuples Pyu (arrivés par les contreforts himalayens du Nord) puis Môn (originaires du Sud-Est) auraient été les premiers habitants des territoires qui deviendront le Myanmar. Trois siècles avant l'ère chrétienne, le Bouddhisme fait son entrée dans la région. Des missionnaires indiens envoyés par l'Empereur indien Ashoka (304–232 av. J.-C.), parviennent à convertir le souverain môn. La doctrine bouddhique va perdurer et gagner une influence politique notable lorsque les Bamar, venus du Nord prennent le contrôle des plaines centrales aux alentours du VIIIe siècle. Aux périphéries du pouvoir Bamar, différents clans et tribus s'affrontent, s'allient ou périclitent.

Au milieu du XIe siècle, le roi Bamar Anawratha (1044–1077) conquiert les cités-états môn de Thaton et Pegu (Bago). Se posant en protecteur du

Burmese (hi)stories

For centuries, the territory of current Myanmar was divided into numerous kingdoms and chiefdoms which prospered, burgeoned, or collapsed depending on military victories, alliances and defeats. While some kingdoms succeeded in dominating vast territories and creating empires, none of these reached the point to which they could dominate the current whole Burmese territory. Recounting Burmese History before the creation of the modern country consists of following the emergence, climax and decline of the different local political units. Myanmar, in its contemporary form, has only existed since 1886, when the British drew the current borders and imposed the map which is largely as we know it today.

Kingdoms and the Buddha

The vestiges of the first known settlements in Myanmar date back to 13 000 BC. The Pyu people (who came by the Northern foothills of the Himalaya), and then the Mon people (who arrived from the South-East) are said to be the first inhabitants of the territory which later became Myanmar. Buddhism appeared in the region three centuries before the Christian era. Buddhist missionaries sent by the Indian Emperor Ashoka (304–232 BC) succeeded in converting a Mon king. When the Bamar coming from the North took control of the central plains around the eighth century, the Buddhist doctrine gained significant political influence. At the periphery of the Bamar power, different clans and tribes of various ethnic backgrounds continued to fight, make alliances and decline.

In the middle of the 11th Century, the Bamar king Anawratha (1044–1077) conquered the Mon city-states of Thaton and Pegu (Bago). Considering himself a protector of Buddhism, he built numerous pagodas

1200

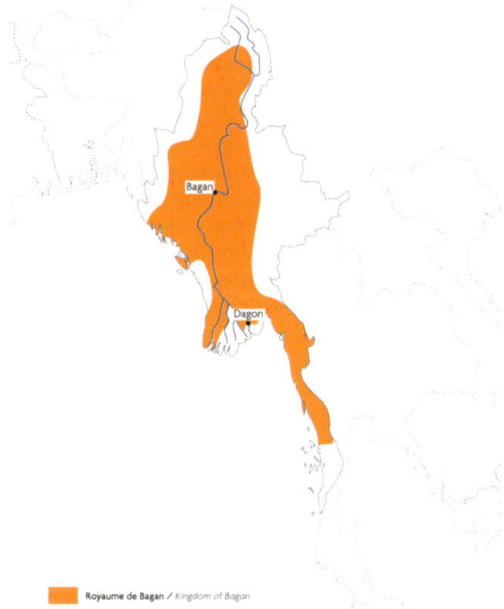

1310

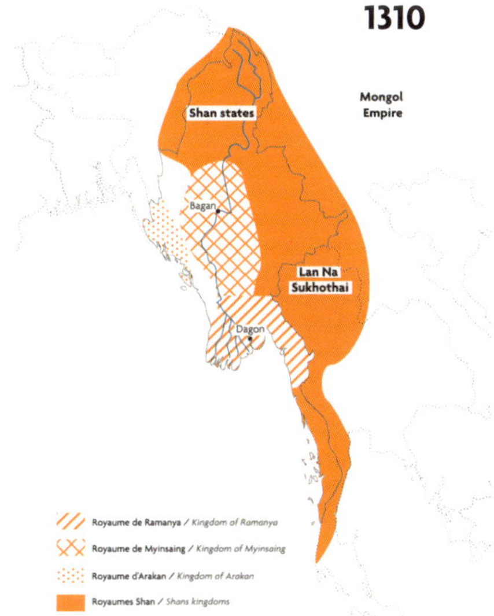

XVIe / 16th

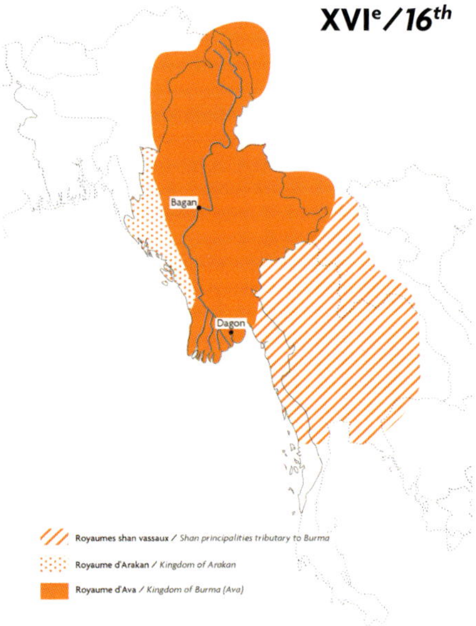

1780

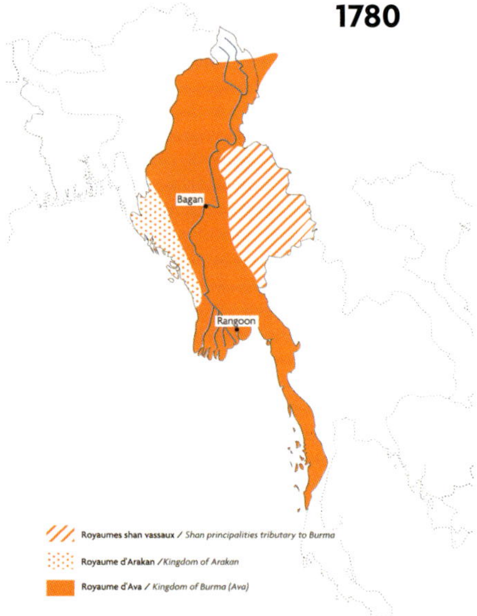

bouddhisme, il construit de nombreuses pagodes dans la plaine de Bagan, au centre du Myanmar. Le royaume prospère. Un de ses successeurs, Kyansitha, épouse une princesse Môn et scelle ainsi l'alliance entre les peuples les plus puissants de la région. Bagan tombe pourtant en 1287 sous les coups de l'armée moghole qui ne restera qu'une quinzaine d'années. Les Môn regagnent, quant à eux, leur indépendance tandis que de puissants royaumes émergent dans les plateaux shan de l'Est.

À l'aube du XVe siècle, les Arakanais fondent le royaume de Mrauk U, dans l'Ouest du pays. Ce royaume arakanais va, à son tour, connaître le déclin au milieu du XVIe siècle. Quelques décennies plus tard, le roi bamar Bayintnaung (1551–1581) lance une campagne militaire, au cours de laquelle il agrandit son royaume du Manipur (Nord-Est de l'Inde) à Ayutthaya (ancien Siam, Thaïlande actuelle). Mais cette conquête sera de courte durée, car les Thaï et les Arakanais, temporairement vaincus, prendront ultérieurement leur revanche.

Le début du XVIIIe siècle est marqué par les incursions européennes dans la région. Les colons portugais, français et hollandais, suivis quelques décennies plus tard par les Anglais, établissent des chantiers navals dans le port de Syriam (Thanlyin), non loin du site de Rangoun. Dans les terres du centre, les rois môn forment un nouveau royaume à Bago, et progressent vers le Nord. Le roi Bamar Alaungpaya (1752–1760) reprend Bago. Il mène ses troupes à Ayutthaya, la capitale du royaume voisin de Siam, mais meurt lors d'une bataille et la ville ne tombera qu'en 1767. La fin du XVIIIe siècle est, quant à elle, le théâtre des conquêtes bamar de l'Arakan au Tanintharyi. Cette ultime progression va sceller la domination bamar sur le pays.

in the plain of Bagan, in the centre of Myanmar. The kingdom prospered. One of his successors, Kyansitha, married a Mon princess and sealed the alliance between the most powerful populations of the region, the Mon and Bamar. Bagan was defeated in 1287, under the invasion of the Mongol Army which occupied some areas of the country for fifteen years. The Mon, for their part, regained their independence while powerful Shan kingdoms emerged in the Eastern Shan plains.

At the beginning of the 15th Century, the Rakhine kingdom of Mrauk U was founded in the West of the territory. This Rakhine kingdom started to decline in the middle of the 16th Century. A few decades later, the Bamar king Bayintnaung (1551–1581) launched a military campaign, during which he extended his kingdom that reached present day Manipur (Northeast of India) and the Kingdom of Ayutthaya (former Siam, currently Thailand). But this conquest did not last long. The Thai and Rakhine respectively overcame their conquerors temporarily and exacted revenge on them later.

The beginning of the 18th Century was marked by European incursions in the region. Portuguese, French and Dutch settlers, followed a few decades later by the British, set up shipyards in Syriam (Thanlyin) harbour, near the current site of Rangoon. The Mon kings built a new kingdom in Bago, on the central low-lands, and continued to expand northward. But the Bamar king Alaungpaya (1752–1760) captured Bago. He led his troops to Ayutthaya, the capital of the Siam kingdom, but he passed away and the city will fall only in 1767. The end of the 18th Century was the scene of Bamar conquests from the Rakhine in the west to Tanintharyi in the east. This ultimate progression achieved Bamar domination over the country.

Après des tentatives portugaises infructueuses, le XIXe siècle voit les débuts, timides, du christianisme dans la région. En 1813, le missionnaire Adoniram Judson arrive avec sa famille et lance une lente évangélisation qui entrainera, après plusieurs décennies d'efforts, de nombreuses conversions parmi les ethnies minoritaires des régions périphériques.

After unsuccessful attempts by the Portuguese, Christian missionaries began to slowly establish themselves during the 19th Century. In 1813, the missionary Adoniram Judson arrived in Burma with his family and started successful evangelical mission. After decades of efforts his work led to numerous conversions among the minority ethnic groups of the outlying regions.

Des Britanniques à l'Indépendance

From the British to the Independence

De 1824 à 1826, la première guerre anglo-birmane mène à l'annexion par l'Empire britannique des territoires de l'Arakan et du Tenasserim (Tanintharyi). La seconde guerre anglo-birmane se solde, en 1852 et 1853, par l'annexion de la Basse-Birmanie. Enfin, la troisième guerre anglo-birmane aboutit au rattachement du reste de la Birmanie à l'Empire britannique en 1886. Pendant une quinzaine d'années, l'administration coloniale va œuvrer à l'écrasement des dissidences politiques, dont certaines seront soutenues par des moines bouddhistes. L'administration britannique, en Birmanie comme ailleurs, démantèle les logiques de pouvoir préexistantes et se repose essentiellement sur les minorités ethniques, perçues comme plus loyales que les Bamar. Les colons appliquent l'efficace adage latin *divide ut regnes* : diviser pour mieux régner. Sur le plan économique, ils ont également recours à la force de travail de nombreux migrants indiens qui servent dans l'administration et les entreprises coloniales. Les tensions sociales croissantes génèrent des émeutes anti-indiennes dans les années 1930. La politique coloniale va générer des frustrations qui se transformeront en puissants mouvements nationalistes pro-Bamar.

From 1824 to 1826, the first Anglo-Burmese war led to the annexation of the Rakhine and Tenasserim (Tanintharyi) territories to the British Empire. The second Anglo-Burmese war resulted in the annexation of the Lower Burma in 1852 and 1853. Finally the third Anglo-Burmese war ended with the rest of Burma being annexed to the British Empire in 1886. The colonial administration focused on putting down political dissidence. Several such acts of defiance against the colonial administration were supported by vocal Buddhist monks. The British administration in Burma dismantled the pre-existing power nexuses and relied essentially on Christian ethnic minorities, considered as more trustworthy than the Bamar majority. The settlers applied the efficient strategy known in Latin as "divide ut regnes": divide and rule. On the economic side, they also filled the civil service with Indians, who served in the administration and in the colonial trade companies. Increasing social tensions led to anti-Indian riots in the 1930s. The colonial policy later generated frustrations which served as impetus for powerful pro-Bamar nationalist movements.

La lutte pour la décolonisation a laissé un goût amer aux Birmans. En 1942, celui qui deviendra le Général Aung San, héros national et fondateur de la Birmanie moderne, participe à l'invasion japonaise avec le groupe des « Trente Camarades »,

The struggle for decolonisation left scars of bitter experiences in the memories of the Bamar. In 1942, Aung San, who would later become national hero, a General and the founder of modern independent Burma, participated in the Japanese

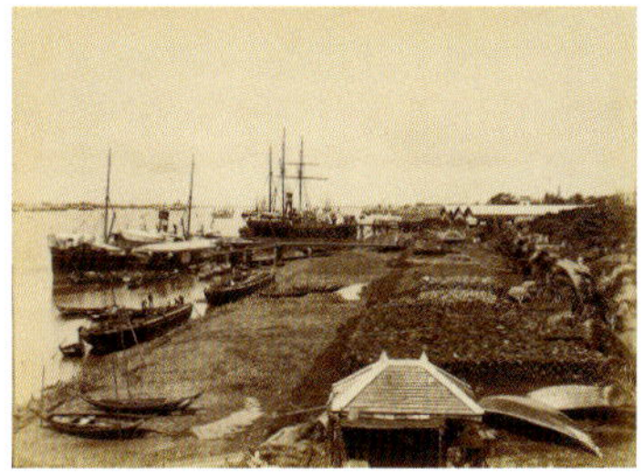

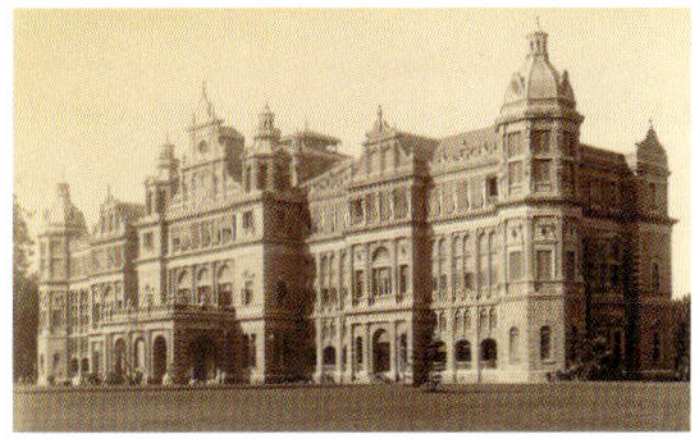

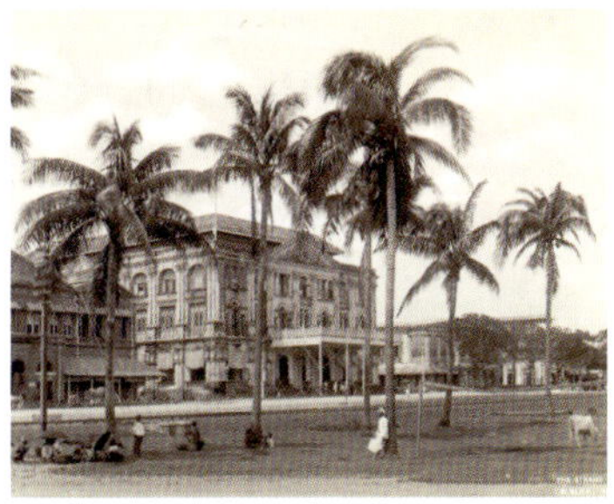

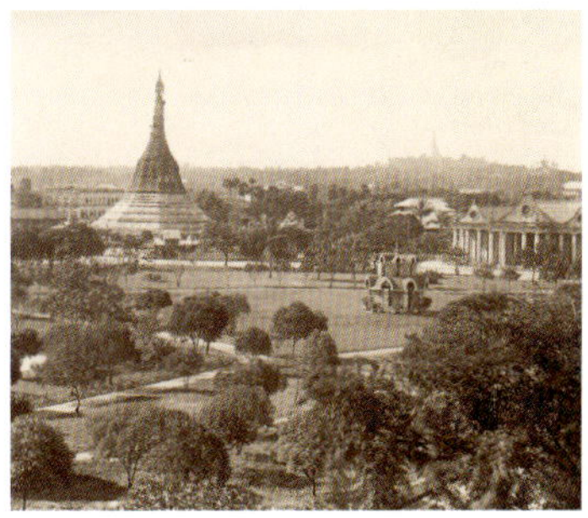

Le Rangoun de l'époque coloniale.

Rangoon, the colonial splendor.

afin d'obtenir l'Indépendance du pays. En mars 1945, ce groupe de nationalistes, pourtant intégrés au gouvernement pro-Tokyo, se retourne contre les Japonais. Cette même année, un accord visant à accélérer l'Indépendance du pays est discuté à Kandy (actuel Sri Lanka) entre Lord Mountbatten, commandant en chef interallié et dix représentants militaires birmans, dont Aung San. Ce dernier s'engage alors à créer une armée multiethnique et à assurer la cohésion du pays, sous l'égide bamar. Dès 1946, une série de grèves enraye l'économie et entraîne l'accélération du processus indépendantiste. Le 27 janvier 1947, une délégation birmane signe l'accord « Aung San – Attlee » (du nom du Premier ministre britannique) qui acte l'Indépendance du pays sous un an. Le souci principal exprimé par certains dirigeants britanniques, comme bamar, demeurait la cohésion du pays, peuplé de nombreux groupes ethniques, dont les relations historiques étaient marquées par de complexes jeux d'alliances et de conflits, et rarement soumises aux tentatives de centralisation.

1947, année charnière

Afin de préparer l'Indépendance, une conférence se tient à Panglong, petite ville dans l'État Shan en février 1947. Elle réunit des représentants de groupes ethniques (Shan, Kachin, Chin et des observateurs Karen) et aboutit à un accord reconnaissant l'égalité des peuples de Birmanie – selon la célèbre formule de Aung San : « Si un Bamar reçoit un kyat [monnaie locale], vous recevrez aussi un kyat ». C'est de cet accord de Panglong que se réclameront ensuite ces minorités ethniques pour faire valoir leurs revendications politiques.

Mais la répartition des richesses et du pouvoir va s'organiser différemment, au grand dam des minorités. Le départ des Britanniques laisse de plus un lourd héritage qui aura des conséquences

invasion of Burma with a group of young freedom fighters known as the "Thirty Comrades", in hope of achieving the country's independence. In March 1945, although integrated into the pro-Tokyo government, this group of nationalists turned against the Japanese. The same year, an agreement aiming to accelerate the independence of the country is discussed in Kandy (in the island of Ceylon, now named Sri Lanka) between Lord Mountbatten, Supreme Allied Commander of allied forces and ten Burmese military representatives, among which was General Aung San. The young general committed to creating a multi-ethnic army and to ensuring the cohesion of the country, under the leadership of the Bamar. In 1946, a series of strikes damaged the economy and accelerated the independence process. On January 27th 1947, a Burmese delegation signed the "Aung San – Atlee" agreement (named after the then British Prime Minister Clement Atlee) that laid out plans for the independence of the country within a year. The main concern expressed by some British and Bamar leaders remained the cohesion of the country, home to numerous ethnic groups, some barely subject to centralisation attempts, and with historical relations marked by complex alliances and internecine conflict.

1947, the pivotal year

In order to prepare for the Independence, a conference took place in Panglong, a small city in the Shan State, in February 1947. Representatives of the ethnic groups (Shan, Kachin and Chin representatives and Kayin observers) gathered, and reached an agreement recognising the equality of the peoples in Burma – according to the famous Aung San's quote : "If a Bamar receives one kyat (local currency), you will receive one kyat too". Later, several ethnic armed groups would base their political claims on the Panglong Agreement.

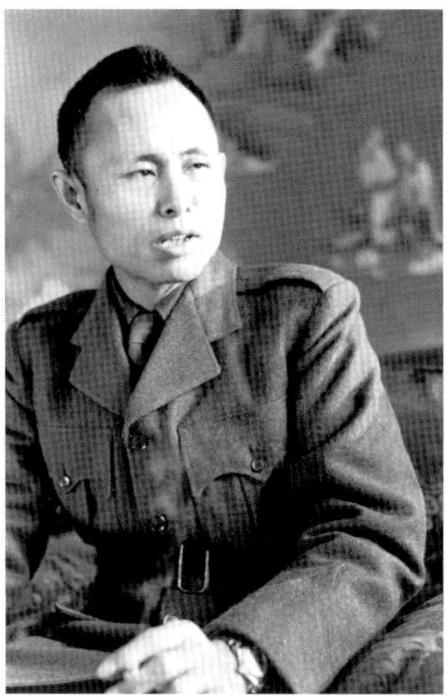

Le Bogyoke ou général Aung San est considéré comme le père de l'Indépendance birmane. Il est également celui d'Aung San Suu Kyi.

Bogyoke or General Aung San *is considered as the father of the Independence. He is also the father of Aung San Suu Kyi.*

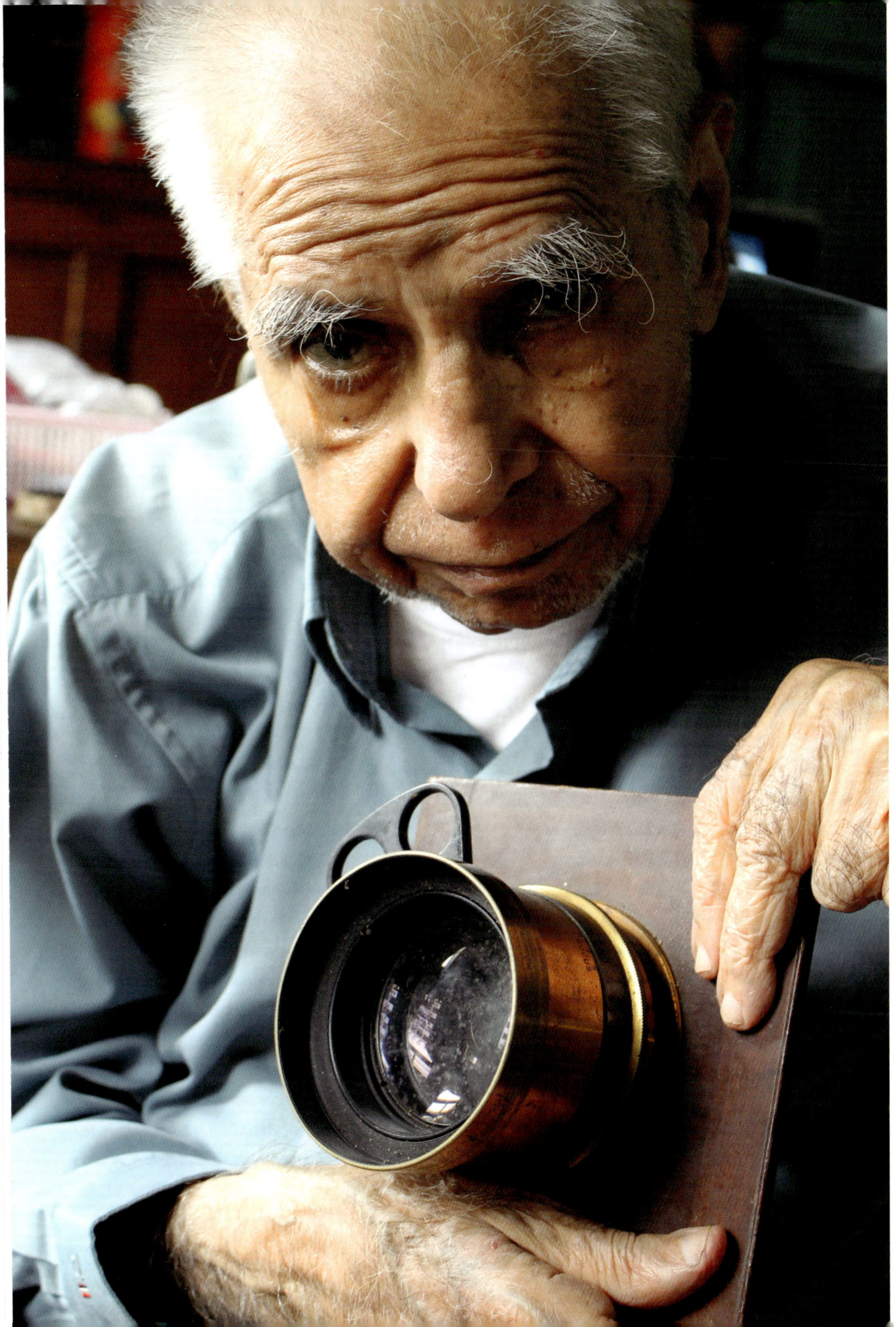

Un photographe anglo-birman garde précieusement l'outil de travail de sa jeunesse.

An Anglo-Burmese photographer and his faithful camera.

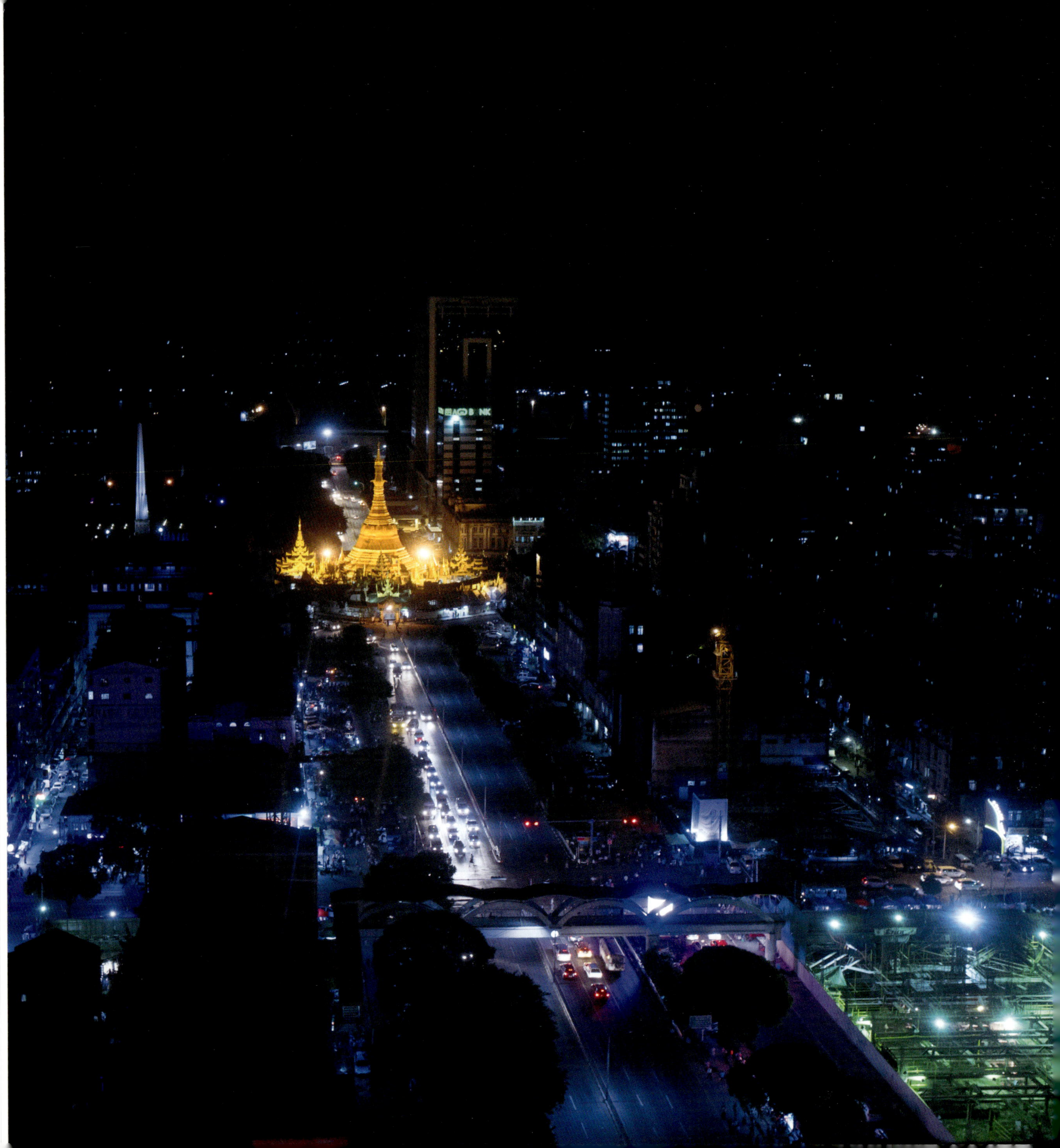

UN PAYS EN TRANSITION

Depuis que les membres de la junte birmane ont troqué leurs uniformes militaires pour des habits civils en 2010, des progrès notables ont été réalisés, confirmant la détermination de Thein Sein, Président, mais aussi ancien général et Premier ministre sous la junte, à assurer véritablement une transition. Celle-ci met l'accent sur l'ouverture économique du pays, autrefois placé sous sanctions financières et économiques européennes, américaines et australiennes. Isolé de l'Occident, le Myanmar n'était néanmoins pas hermétiquement refermé sur lui-même. Ses partenaires économiques asiatiques tels que la Chine, Singapour et la Thaïlande, ont maintenu dans les années 1990 et 2000 des relations commerciales étroites en échangeant essentiellement des biens de consommation contre des produits agricoles et des matières premières.

Aujourd'hui, le pays attise les convoitises. Avec la privatisation partielle de l'économie birmane, c'est à la fois un marché considérable de plus de 50 millions de consommateurs – certes la plupart peu fortunés, mais avides d'acquérir des biens manufacturés longtemps restés hors de leur portée – qui s'ouvre, mais aussi l'accès potentiel aux richesses naturelles du Myanmar.

A COUNTRY IN TRANSITION

Since the members of the junta swopped their military uniforms for civilian clothes in 2010, significant progress has been made, confirming Thein Sein's determination, as a President, a former General and a Prime Minister under the junta, towards political transition. President Thein Sein focused on the economic liberalisation of the country, after having been under European, American and Australian financial and economic sanctions for years. Though it was isolated from the Western powers, Myanmar has never been a totally inward-looking country. Its Asian economic partners such as China, Singapore or Thailand, maintained close business connections with the regime during the 1990s and the 2000s, by mainly trading consumption goods for agricultural products and raw materials.

Today, the country arouses keen international interest. The partial privatisation of the Burmese economy means on one hand is a significant market of more than 50 million consumers – even if most of them are quite poor, they are eager to acquire manufactured goods which remained out of their reach for long – and on the other hand potential access to multiple natural resources.

La pagode Sule et l'obélisque de l'Indépendance – Yangon.

The Sule Pagoda and the Pillar of Independence – Yangon.

Une croissance disparate

L'économie, qui était structurée autour de monopoles étatiques et d'un marché très contrôlé, a connu une lente libéralisation depuis la fin des années 1980. Cette ouverture s'est accélérée depuis 2010, permettant l'afflux massif de capitaux étrangers. Néanmoins, l'économie reste en partie dans les mains des militaires et des conglomérats qui leur sont proches. Plus que l'agriculture peu mécanisée ou l'industrie naissante, l'exploitation des ressources naturelles reste au cœur du système économique birman.

Le pays reste encore très peu industrialisé et la population essentiellement rurale (70 % selon le recensement de 2014), même si l'exode rural tend à s'accélérer. Les indicateurs du développement économique montrent d'importantes disparités et une pauvreté très répandue surtout dans les régions rurales. L'électricité demeure un luxe rare puisqu'en 2014 seul un tiers de la population birmane y a accès à domicile. 30% des Birmans n'ont pas de moyens de communication (téléphone, ordinateur, télé ou radio) chez eux et 70% ont recours au feu de bois pour cuisiner au quotidien. Le manque d'infrastructures, même s'il tend à être comblé progressivement dans les villes, reste une contrainte majeure au développement, et ce dans un pays où le travail forcé était monnaie courante sous la junte et où de nombreuses routes ont été construites avec la contribution (pas toujours volontaire) des populations avoisinantes.

Terres de richesses

Le Myanmar regorge de ressources naturelles. Selon les statistiques officielles, elles constituent environ 70% des exportations du pays, et l'équivalent de 10% de son PIB. La plupart de ces matières premières sont exportées sous leur forme brute

A disparate growth

The economy, which was structured around state monopolies and a strictly controlled market, has experienced a slow liberalisation since the end of the 1980s. This openness accelerated since 2010, allowing a large influx of foreign capital. Nevertheless, the economy remains partly in the hands of the military and its conglomerates. The exploitation of natural resources, rather than a deleterious agriculture or a dawning industry, is at the heart of the Burmese economic apparatus.

However, the country remains poorly industrialised and most of the population is rural (70% according to the 2014 census). Even if the rural-urban exodus tends to accelerate, the economic development indicators show significant disparities and a widely spread poverty, especially in the rural regions. Electricity remains a rare luxury and only a third of the Burmese population has access to it at home. 30% of the population has no access to communication means at home (telephone, computer, TV or radio) and 70% have to use firewood to cook daily. The lack of infrastructure, even if this situation is gradually improving in the cities, remains a critical hinderance to development in a country where forced labour was a common practice under the junta and where numerous infrastructure were built with the often involuntary labour contribution of the local population.

A land of wondrous riches

Myanmar's soil is abundant of natural resources. According to the official statistics, they represent around 70% of the country's exports, and the equivalent of 10% of its Gross Domestic Product. Most are exported in raw materials into the neighbouring countries (mainly Thailand and China), to be transformed and then be sold as high value added products.

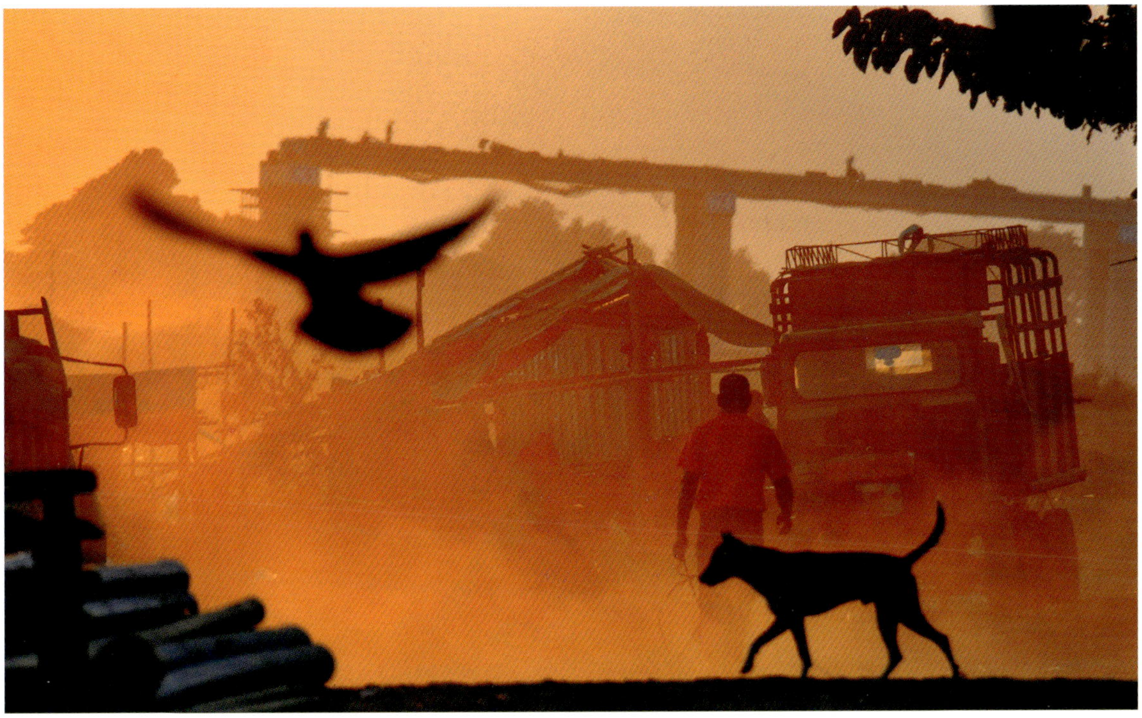

dans les pays voisins (essentiellement Thaïlande et Chine), pour y être transformées puis revendues sous forme de produits à forte valeur ajoutée.

De son sous-sol sont extraits les rubis chers à Joseph Kessel, mais aussi des saphirs, des émeraudes et du jade. 90 % de la production mondiale de la pierre verte dont raffolent le voisin chinois proviennent ainsi de l'État Kachin (toujours selon les sources officielles). De plus, le Myanmar exporte d'importantes quantités de bois précieux, dont le teck. En corollaire, le Myanmar serait un des pays où la déforestation est parmi la plus rapide au monde.

Dans le domaine des hydrocarbures, le Myanmar se placerait au 41e rang mondial pour les ressources de gaz naturel (en grande partie offshore) et au 78e rang pour le pétrole brut. Le gaz naturel est l'une des sources principales de devises étrangères, son exploitation représentait plus de 3,6 milliards de dollars en 2014. Enfin, des gisements de terres rares ont également été découverts.

From its underground, the rubies dear to Joseph Kessel, but also sapphires, emeralds and jade are extracted. 90% of the world's production of this green stone — craved for by the Chinese neighbour — come from the Kachin State (according to official sources). Moreover, Myanmar exports important quantities of precious varieties of timber, among which is the prized Burmese teak. Consequently, Myanmar is said to be one of the countries where deforestation is among the fastest in the world.

Considering the resources of hydrocarbons possessed, Myanmar would be at the 41st world rank in terms of natural gas resources (mainly offshore), and at the 78th rank for crude oil. Natural gas is one of the main sources of foreign currency, and its exploitation would amount to 3.6 billion dollars in 2014. Adding to the list of precious minerals are the discovery of rare earth metals, thus bringing added importance to Myanmar's natural resources.

L'accélération des investissements étrangers

Le Myanmar a adopté en 2012 une loi afin de favoriser et de diversifier les investissements étrangers, jusque-là entravés par un cadre légal très contraignant. Cette mesure a porté ses fruits puisqu'un an plus tard, les investissements domestiques et étrangers ont quintuplé, selon l'annonce du Président Thein Sein à la clôture de l'exercice budgétaire de 2013. Les projections pour l'année fiscale 2015-2016 s'élèvent à 5 milliards de dollars d'investissements étrangers. Cette accélération doit cependant être remise dans son contexte régional, et le Myanmar demeure loin derrière le Vietnam et la Thaïlande, qui attirent le gros des investissements étrangers en Asie du Sud-Est. Les principaux investisseurs sont régionaux, essentiellement thaïlandais, chinois, coréens ou singapouriens. Néanmoins, les investissements des pays occidentaux sont en croissance rapide, à la suite de la levée de la plupart des sanctions occidentales en avril 2012.

Le secteur des services, qui était marginal au début de la transition, progresse de façon significative, et les télécommunications représentent un tiers des investissements. Un quart des investissements sont drainés vers l'extraction de pétrole et de gaz, et 18 % vers le marché immobilier (selon les estimations officielles sur les 6 premiers mois de l'exercice fiscal 2014-2015). Le tourisme (environ 14% des investissements) connaît quant à lui une progression impressionnante de ce secteur ces dernières années. Entre 2013 et 2015, le nombre de touristes a plus que doublé, passant de 2 millions à plus de 4 millions. Environ 8% des investissements se dirigent vers le secteur manufacturier à fort besoin en main-d'œuvre, notamment les usines de confection. En 2014, plus d'une usine de textiles ouvrait chaque semaine. Mais derrière ces chiffres

The acceleration of foreign investments

In 2012, Myanmar introduced legislation to boost and diversify foreign investments, which until then were hampered by a restrictive legal framework. a year following the introduction of these measures, domestic and foreign investments have increased five-fold, as stated in a speech of President Thein Sein during the closure of the fiscal year 2013. The projections for 2015-2016 amount to 5 billion US dollars in foreign investments. However, this acceleration has to be considered within the regional context, since Myanmar remains far behind Vietnam and Thailand that attract most of the foreign investments in Southeast Asia. The main investors are from the region, mainly coming from Thailand, China, South Korea and Singapore. Nonetheless, investments from Western countries increase at a fast pace, following the lifting of most of European Union and some US sanctions in April 2012.

The services sector, that was still marginal at the beginning of the transition, is significantly increasing. Telecommunications alone represent about one third of investments. One quarter of the investments are channelled into oil and gas extraction, and 18% into the real estate market (according to the official estimate for the first six months of fiscal year 2014-2015). The tourism sector (around 14% of the total of investments) is not left aside as it significantly increases for the last few years. Between 2013 and 2015, the number of tourists has more than doubled, rising from 2 million to more than 4 million. Around 8% of the investments are directed to the manufacturing sector which requires a significant workforce, in particular for its apparel sector. In 2014, over one textile factory opened every week. Yet behind these record numbers for Myanmar, the lack of basic infrastructure such as electricity, as well as the limited trust from foreign investors have been hampering growth.

Dans le port de Yangon.
Yangon's harbour.

La contrepartie de cette croissance économique rapide est la redistribution très inégale des richesses. Si la population urbaine profite de l'ouverture, partiellement tirée par le faible coût de la main d'œuvre, beaucoup de ruraux peinent toujours à payer les biens de consommation essentiels alors que le taux d'inflation reste très élevé (8,4% en 2014).

De plus, le paysage urbain se transforme à vue d'œil, asphyxié par les embouteillages. Le patrimoine historique de Yangon et des grandes villes est en danger sous la pression immobilière. Avec l'augmentation des loyers, de nombreux bâtiments historiques sont détruits au profit de buildings à la construction expéditive et aux finitions douteuses.

Même si les campagnes sont loin de connaître une telle croissance, certains milieux ruraux aussi souffrent du développement irraisonné. L'accaparement de terres agricoles et forestières à des fins industrielles ou par des monocultures intensives est un problème crucial pour les populations. Quant aux habitants des confins du territoire birman dont la survie reposait sur une délicate interaction avec leurs écosystèmes, ils voient leurs modes de vie irrémédiablement bouleversés. L'étonnante biodiversité du pays, jusque-là préservée, est aujourd'hui menacée par l'exploitation immodérée des ressources naturelles dans des régions qui ont connu une militarisation et une insécurité peu favorables au développement économique.

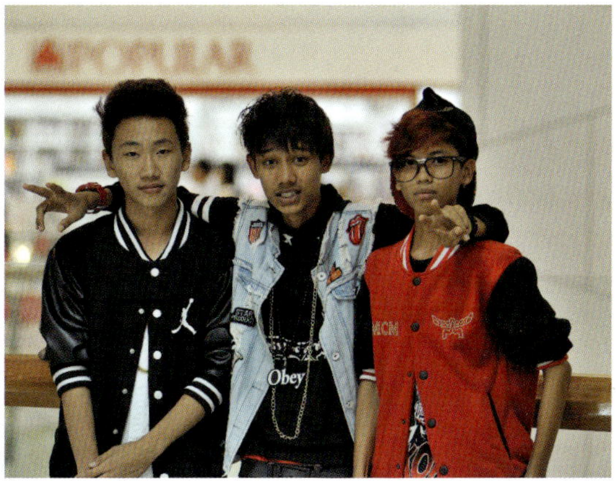

Les centres commerciaux, un lieu parfait pour découvrir les dernières coupes de cheveux à la mode – Yangon.

Shopping malls, an ideal venue to display the latest fashionable hairstyles – Yangon.

Furthermore the urban landscape is changing visibly and stifled by traffic jams. The historical heritage of Yangon and other big cities are under threat due to the pressures caused by real estate demands. Because of the rent increases, many historical buildings are destroyed to be replaced by buildings constructed in haste and doubtful with regard to aesthetics and quality.

Meanwhile, the countryside is far from experiencing such growth. Some rural areas also suffer from an unsustainable development. Agricultural and forest land grabbing for industrial purposes or for intensive monocultures is a central problem for the population. As for those inhabitants of the periphery of the Myanmar territory, survival used to depend on a delicate interaction with their ecosystems. They hence witness their lifestyle being irremediably transformed. The amazing biodiversity, which had been preserved until now, is threatened by the uncontrolled exploitation of the natural resources in regions that have been suffering from militarisation and insecurity, hindering their development.

Statue monumentale du Bouddha – État Môn.

Monumental statue of Lord Buddha – Mon State.

Unité, Diversité et démocratie

Les dernières années ont été le théâtre de changements politiques et économiques prometteurs. Néanmoins, pour le gouvernement semi-civil formé en 2011 et ses successeurs après 2015, les défis à relever restent nombreux. Parmi ceux-ci apparaît l'enjeu central de la gestion de la diversité. Dans un système politique en évolution rapide, il convient d'œuvrer à la cohabitation pacifique des groupes ethniques et religieux. En premier lieu, le gouvernement doit négocier la paix avec les groupes armés ethniques dont certains affrontent l'armée depuis plus de 60 ans au nom de leurs droits politiques. Il doit ainsi accéder, de façon durable et sincère, aux demandes des minorités avec qui ont été signés des accords de cessez-le-feu.

Enfin, il doit faire face à l'émergence de tendances religieuses extrémistes, instrumentalisées à des fins politiques. Le bouddhisme ultranationaliste témoigne d'un mal-être plus profond, teinté de peurs xénophobes héritées du temps des colonies, mais aussi des débuts difficiles de la nation birmane. L'utilisation de la culture et de la religion par les juntes pour unifier le pays a conduit à la négation de la diversité de sa population, mais aussi des influences étrangères. Cela a des conséquences concrètes. Ainsi, l'accès à la citoyenneté est aujourd'hui un problème central, puisque 27% de la population ne possède pas la moindre carte d'identité.

En un mot, les dirigeants actuels doivent parvenir à poser les bases d'un Myanmar démocratique où les diverses ethnies et religions peuvent cohabiter sans abandonner leurs particularismes, dans l'unité et la diversité.

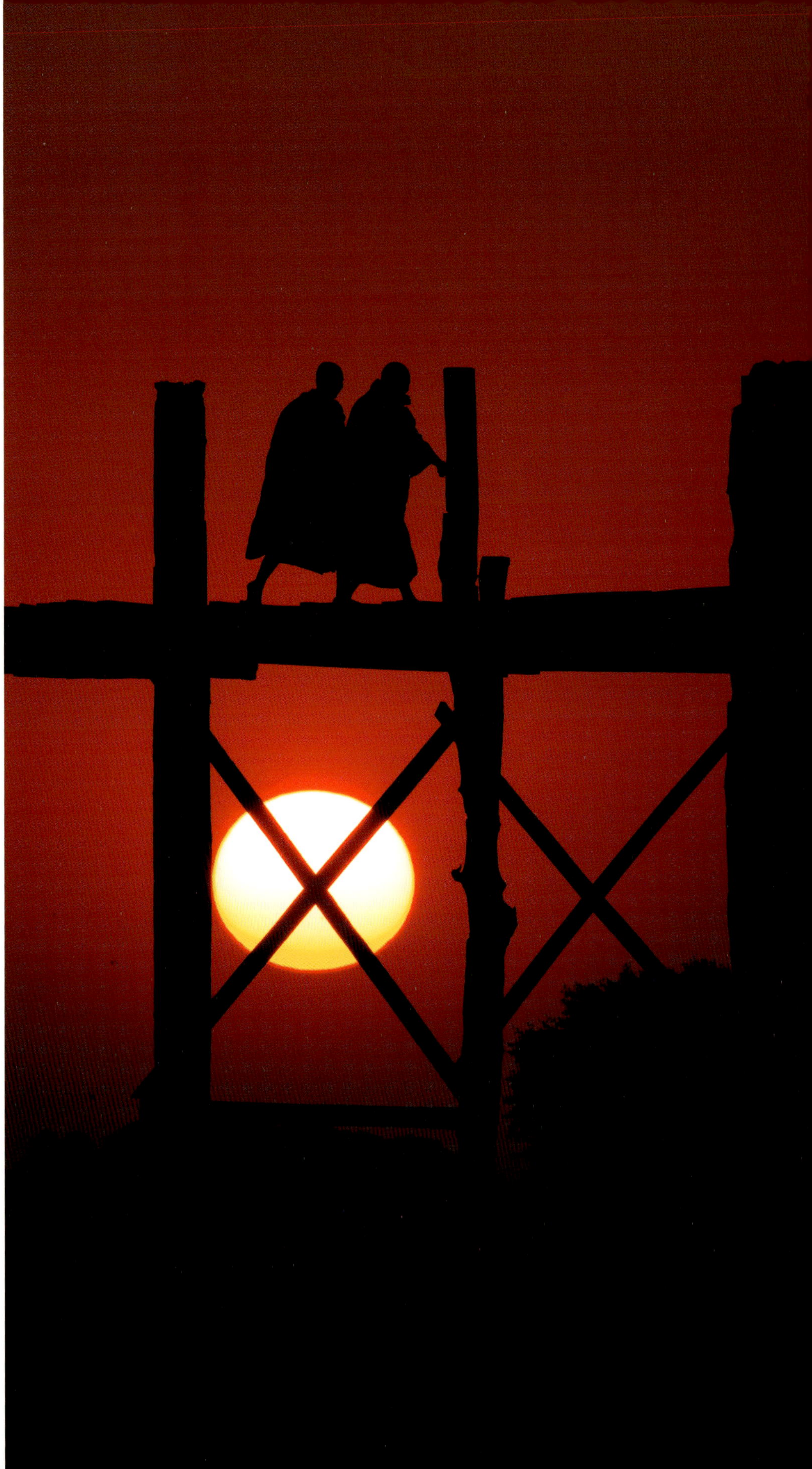

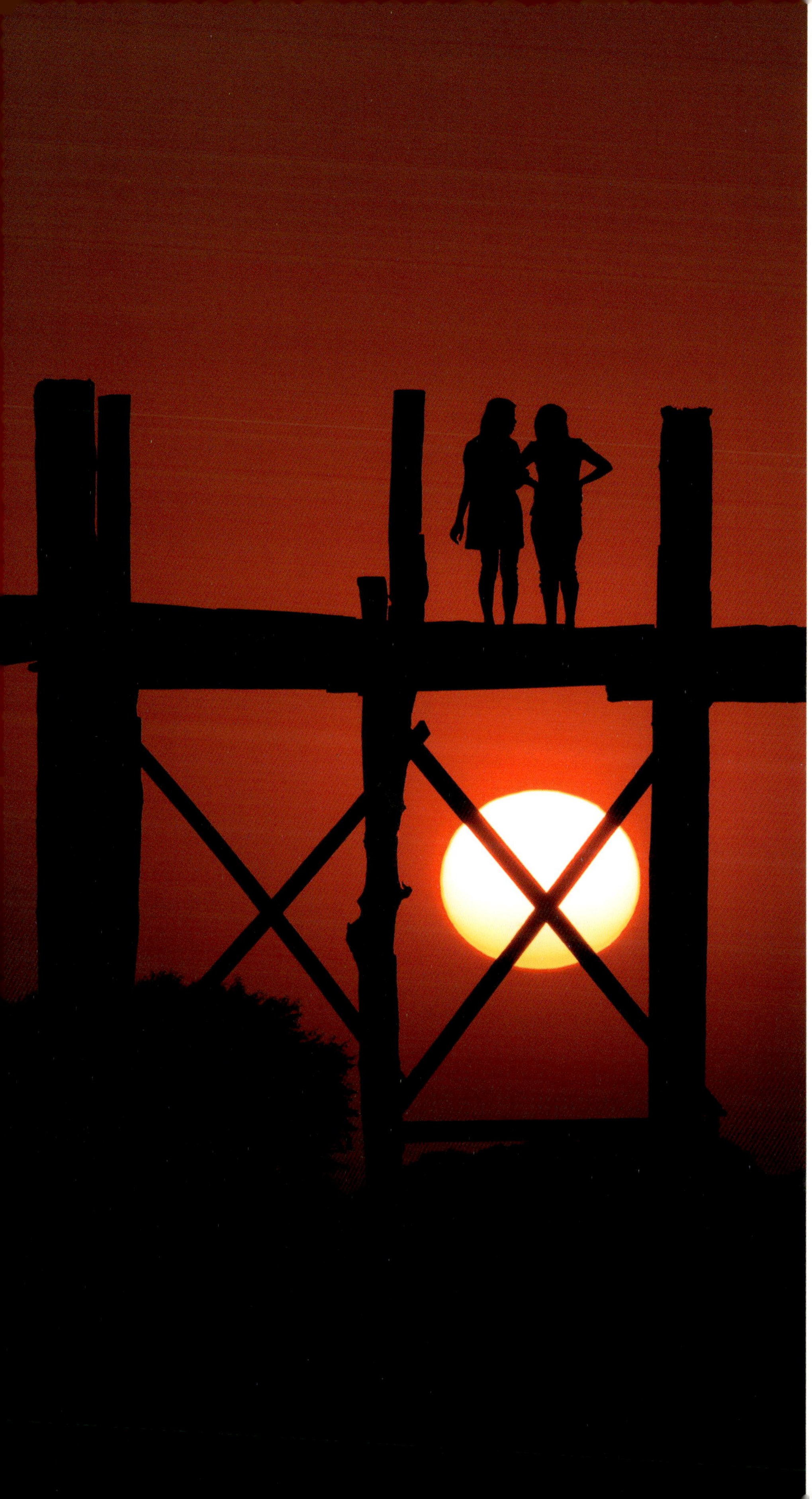

Unity, diversity and democracy

The past few years became the theatre of promising political and economic changes in Myanmar, that climaxed with the landslide victory of Aung San Suu Kyi's party at the 2015 General Elections. Nevertheless there still are numerous remaining challenges for the government. Among those arises the crucial stake of managing the diversity. It will have to work toward pacific cohabitation between ethnic and religious groups, in a rapidly evolving political system. First of all, the leaders will have – case by case – either to maintain or to negotiate peace with the armed ethnic groups, some of which face the Army for more than 60 years in the name of their political rights. It also has to accede, in a durable and sincere manner, to the requests of the religious and ethnic minorities.

At last it has to face and contend with the emergence of extremist religious tendencies, exploited for political purposes. The ultranationalist Buddhism reflects a deeper unease, tinted with xenophobic fears inherited from the era of colonisation, but also from the turbulent birth of the nation. The use of culture and religion by the juntas in order to unify the country renders the denial of the diversity of its population, but also the inflow of foreign influences, with significant impact. Access to citizenship is today a central problem, as 27% of the population does not have any official identity documents.

In other words, the current decision makers have to face the challenges of laying the foundations of a democratic Myanmar where miscellaneous ethnic groups and religions can live together without abandoning their sense of identity, in unity and diversity.

Une mosaïque
A mosaic

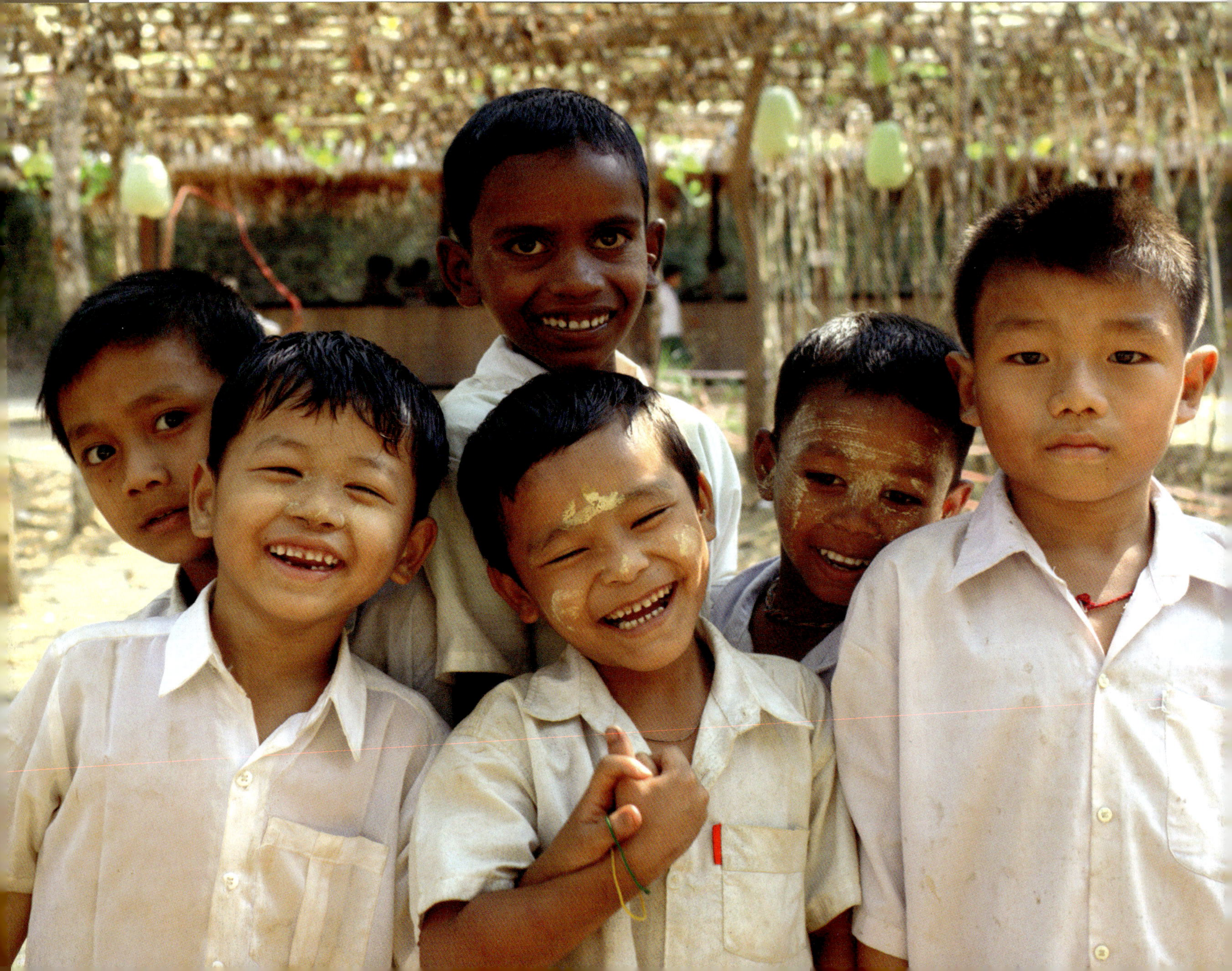

A la charnière des deux grands foyers de civilisation que sont l'Inde et la Chine, le Myanmar est le fruit d'une histoire complexe dont témoigne une population d'une extrême diversité. Au cours de l'Histoire, plus d'une centaine de groupes ethniques ont progressivement peuplé le territoire. Ils côtoient désormais des populations issues des migrations régionales plus récentes comme les descendants des Indiens, arrivés en nombre sous les colonies britanniques, et des populations d'origine chinoise, très actives dans le commerce. Mais l'identité birmane est composite et ne se limite pas à la seule ethnicité.

La Constitution de 2008 garantit officiellement la liberté de religion et celle-ci joue un rôle fondamental dans la définition de l'identité birmane contemporaine. Si le Myanmar est à majorité bouddhiste, il compte cependant de nombreuses minorités religieuses : musulmanes, hindouistes, chrétiennes — principalement baptistes et catholiques — et animistes.

Pour parfaire l'ensemble, le pays connaît une très grande diversité de paysages qui viennent ainsi modèler les modes de vie. Des contreforts himalayens aux îles de la mer Andaman, les activités et les vies des habitants se differencient au grè des climats ou de l'abondance de l'eau. Si les activités agricoles prévalent encore largement dans le pays, le secteur industriel et celui des services se développent rapidement dans les villes, entraînant pour les Birmans une disparité croissante des revenus.

Ces multiples composants de l'identité birmane s'assemblent en une mosaïque colorée, à la lecture aussi complexe qu'intrigante.

Located at the crossroad between the great Indian and Chinese civilisations, Myanmar is the result of a complex history, as portrayed by the extreme diversity of its population. Throughout history, more than a hundred ethnic groups have gradually populated the territory. They brought over their own socio-cultural elements that are now either integrated into the wider Burmese culture, continued to exist concurrently with it, or have disappeared into oblivion.

Burmese identity is itself complex, and not circumscribed to an ethnic component. Religion also plays a fundamental role in the definition of the contemporary Burmese identity. Legally, the 2008 Constitution guarantees freedom of religion. While Myanmar is predominantly Buddhist, it also counts numerous religious minorities: Muslims, Hindus, Christians – mainly Baptists and Catholics – and Animists.

To add to this remarkable ethnic and religious diversity, the country is characterized by a great miscellany of landscapes that has a considerable impact on the lifestyles of its people. From the Himalayan foothills to the islands of the Andaman Sea, varied climates and uneven access to water shape the inhabitants' daily lives. While agricultural activities still prevail in the countryside, industry or service sectors are developing rapidly in cities, prompting increasing income disparity for the Burmese people.

These multiple components of Burmese identity come together to create a colourful mosaic, that is both complex and puzzling.

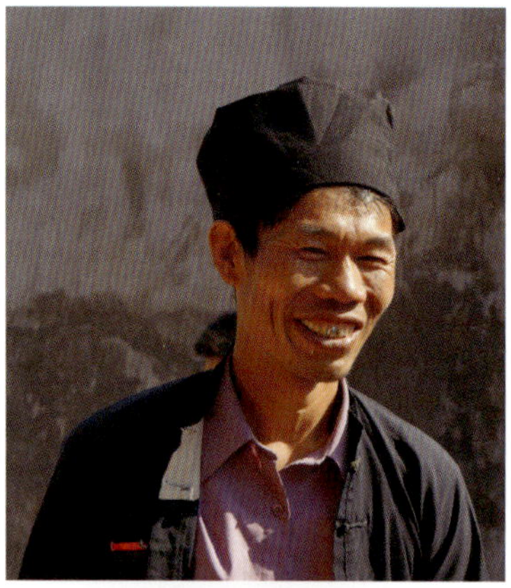
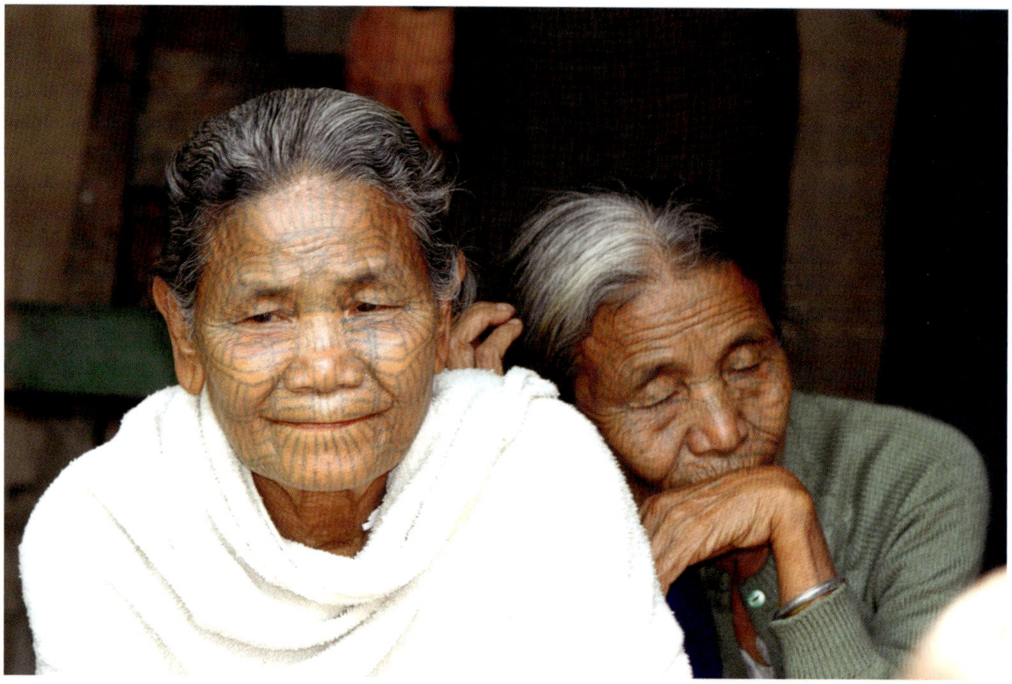
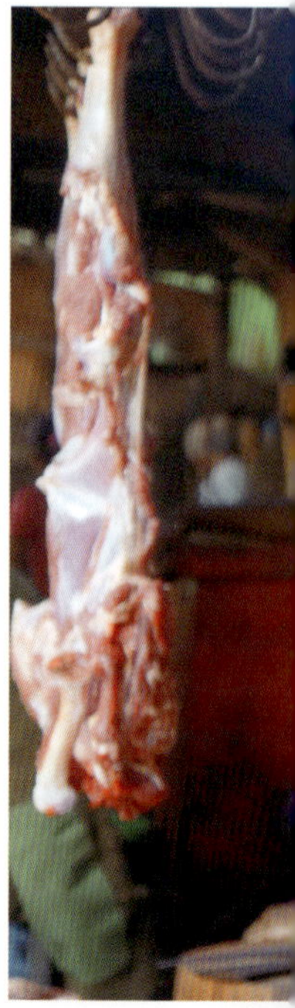
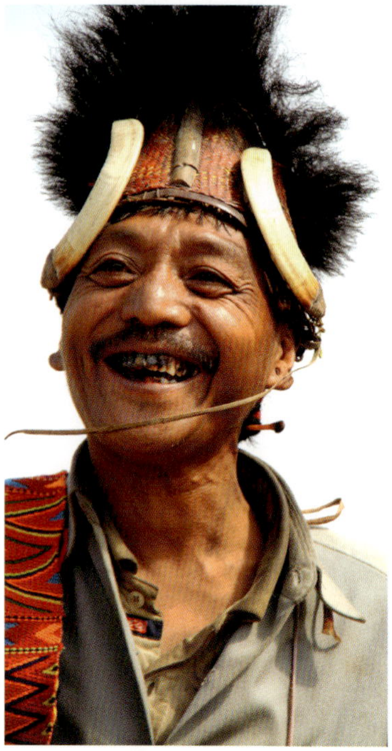
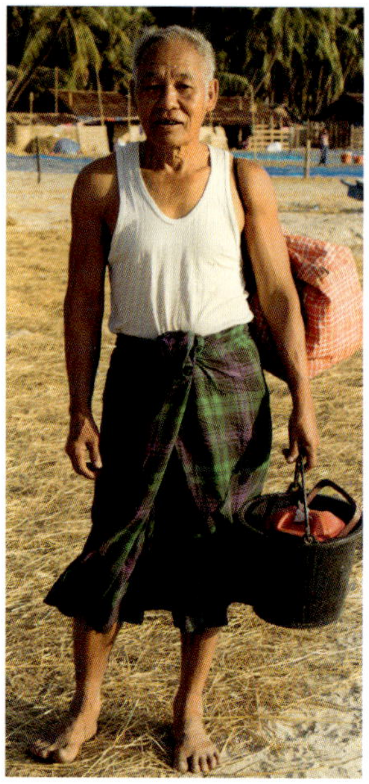
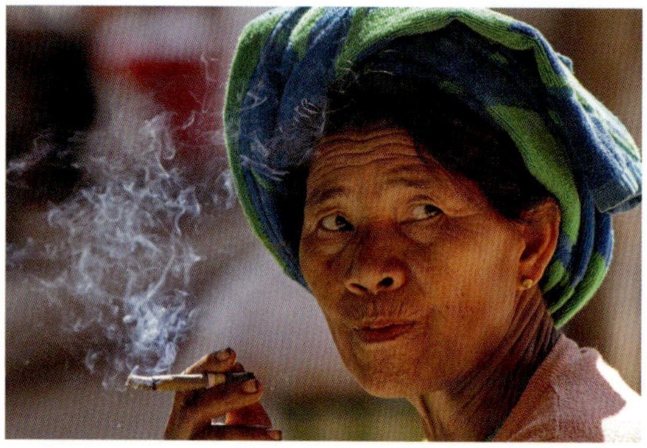
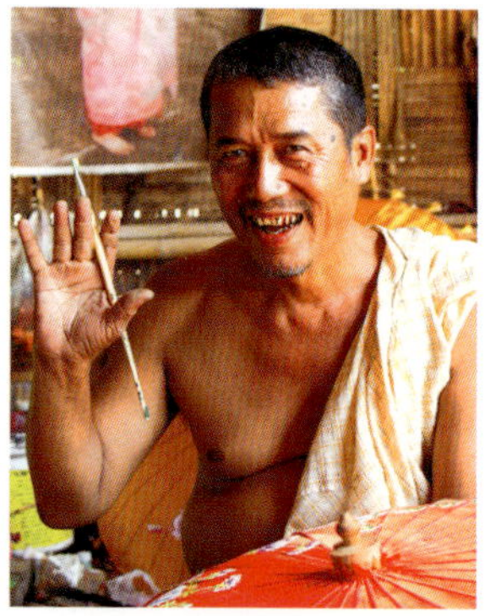

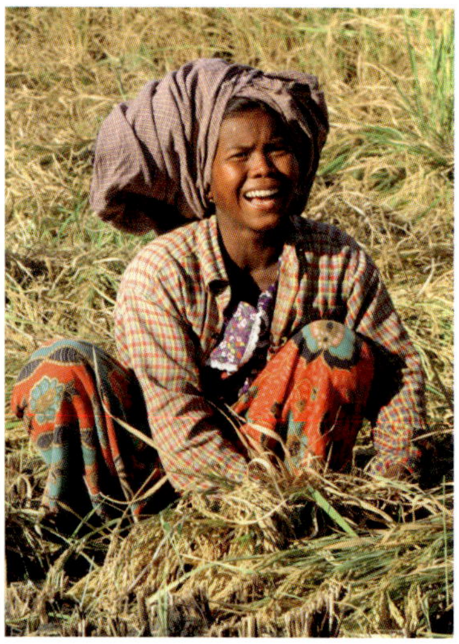
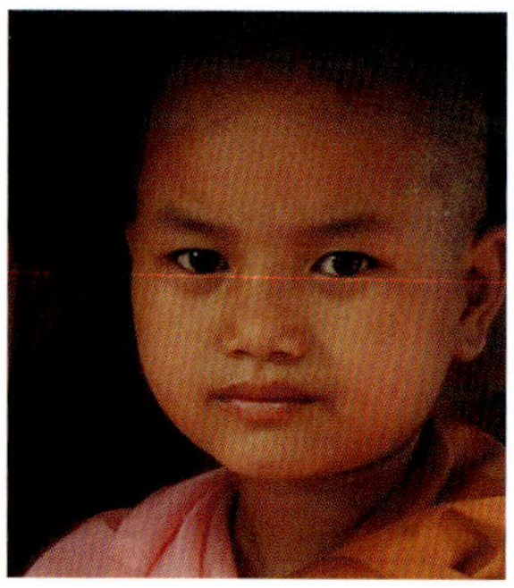
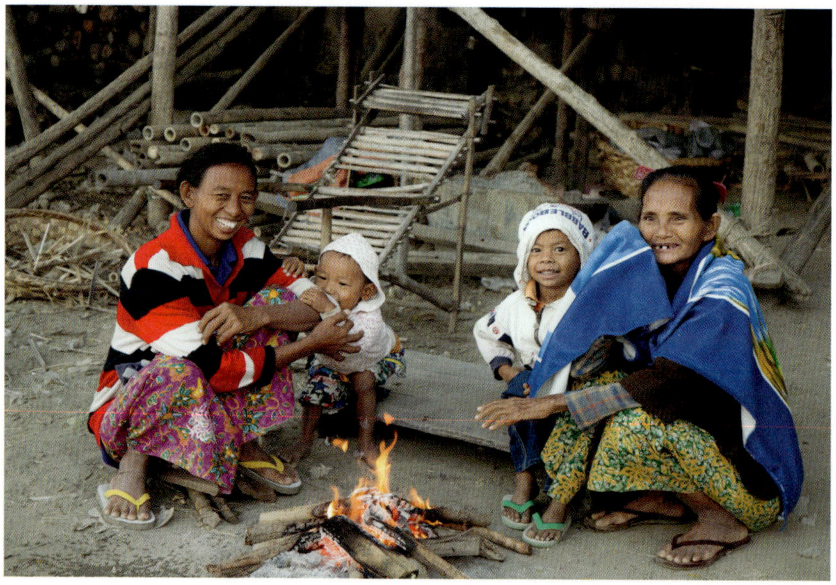
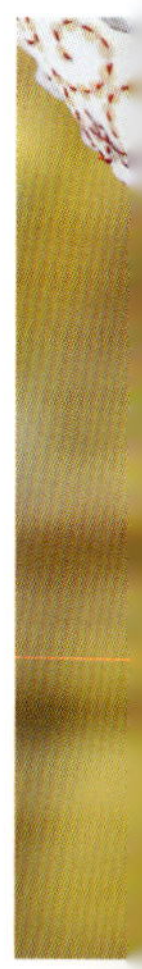

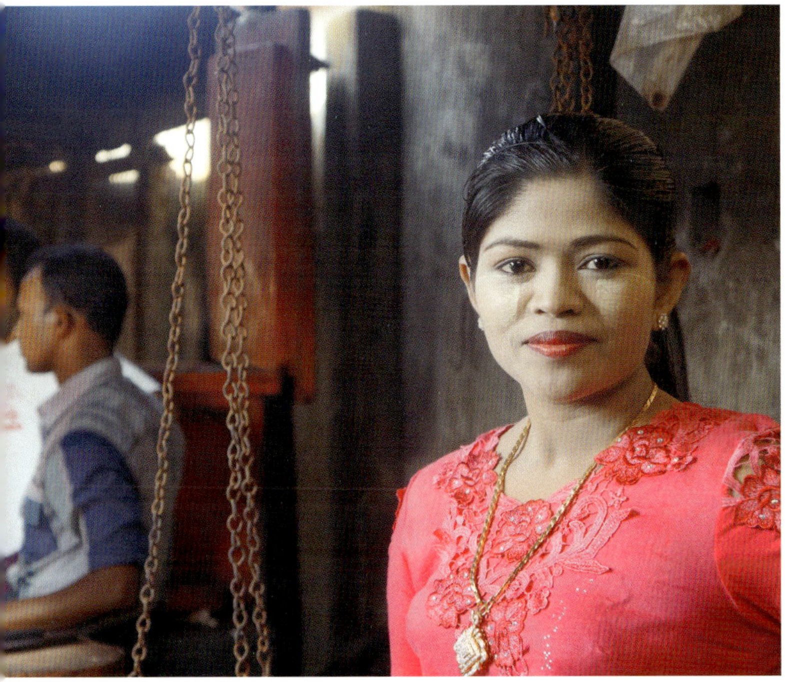
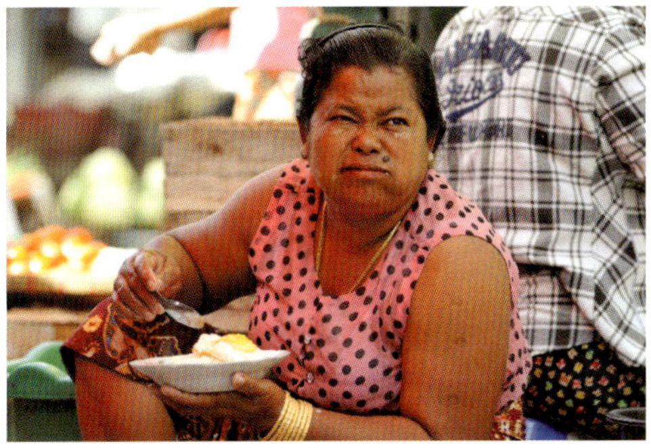
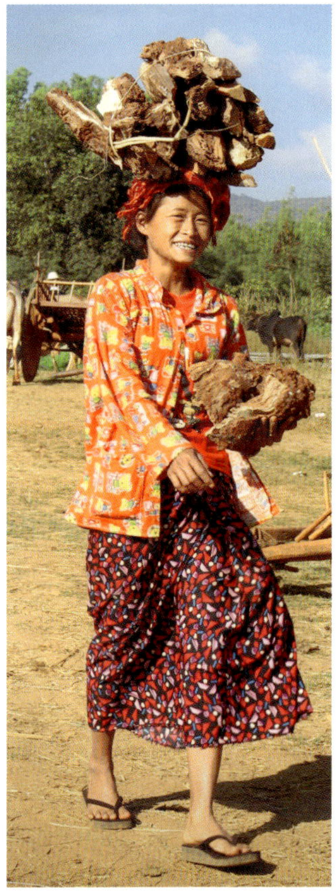
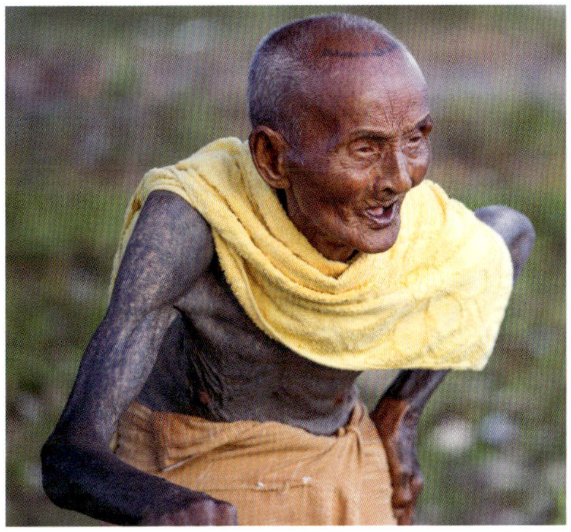
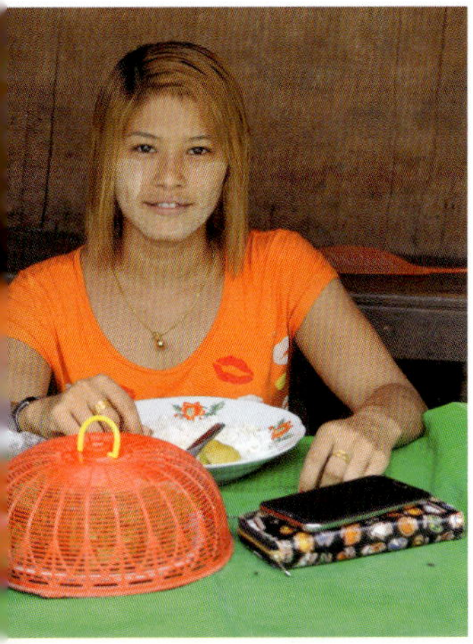
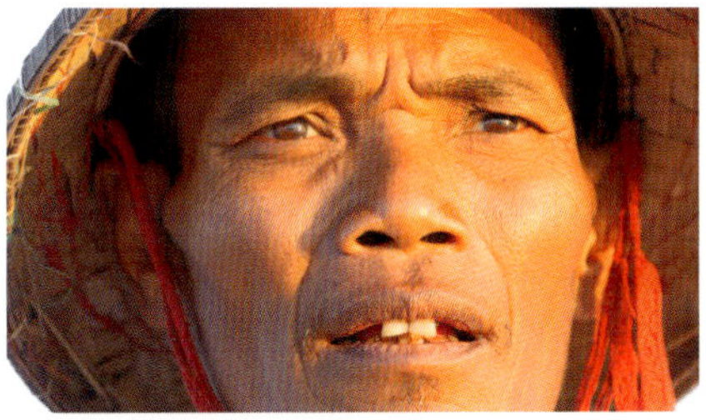
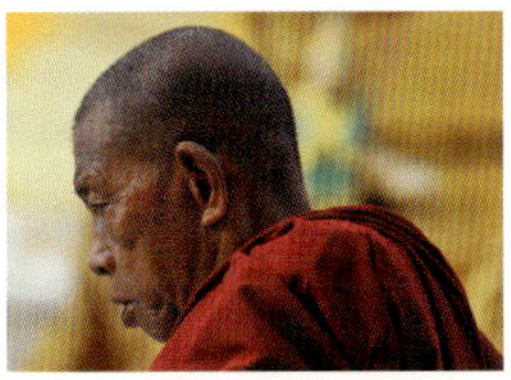
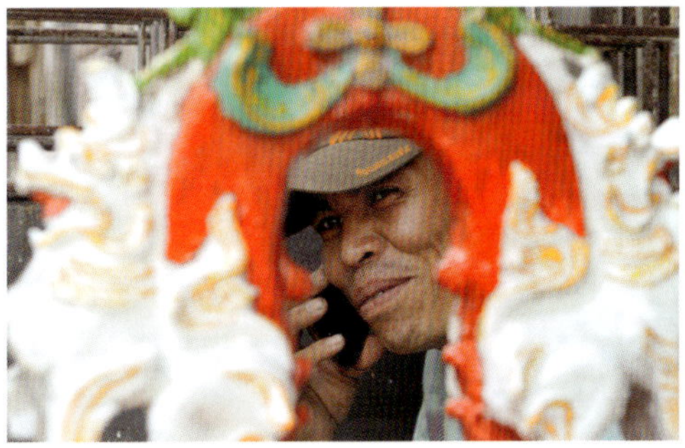
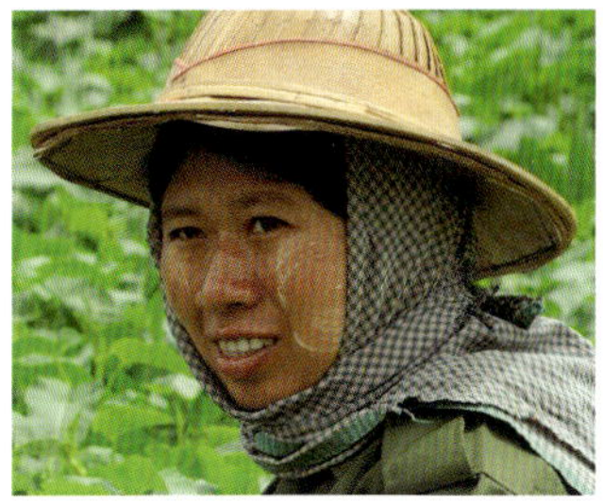
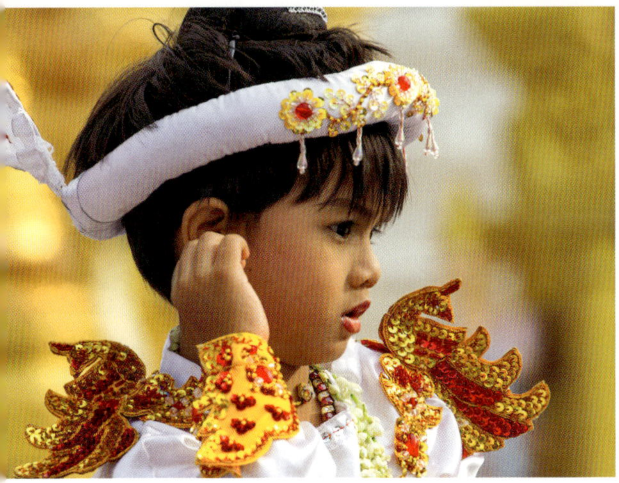

Chin, Shan, Karen, Pa-O, Naga, Lisu... autant de groupes et sous-groupes ethniques qui cohabitent sur le sol birman.

Le gouvernement ne reconnaît pas moins de 135 groupes ethniques avec des langues et des religions différentes. La gestion de la diversité ethnique et religieuse est devenue un facteur déterminant pour l'avenir du Myanmar.

Chin, Shan, Karen, Pa-O, Naga, Lisu... plenty of ethnic groups and subgroups living together on Burmese soil.

The government recognizes not less than 135 ethnic groups, speaking different languages and following various religions. The management of ethnic and religious diversity has become a pivotal factor for the future of Myanmar.

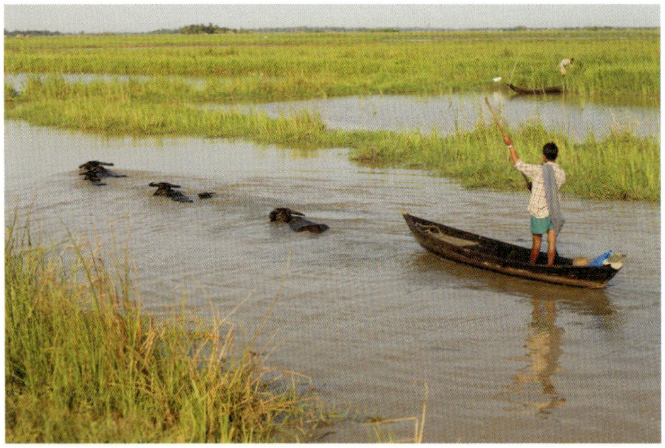
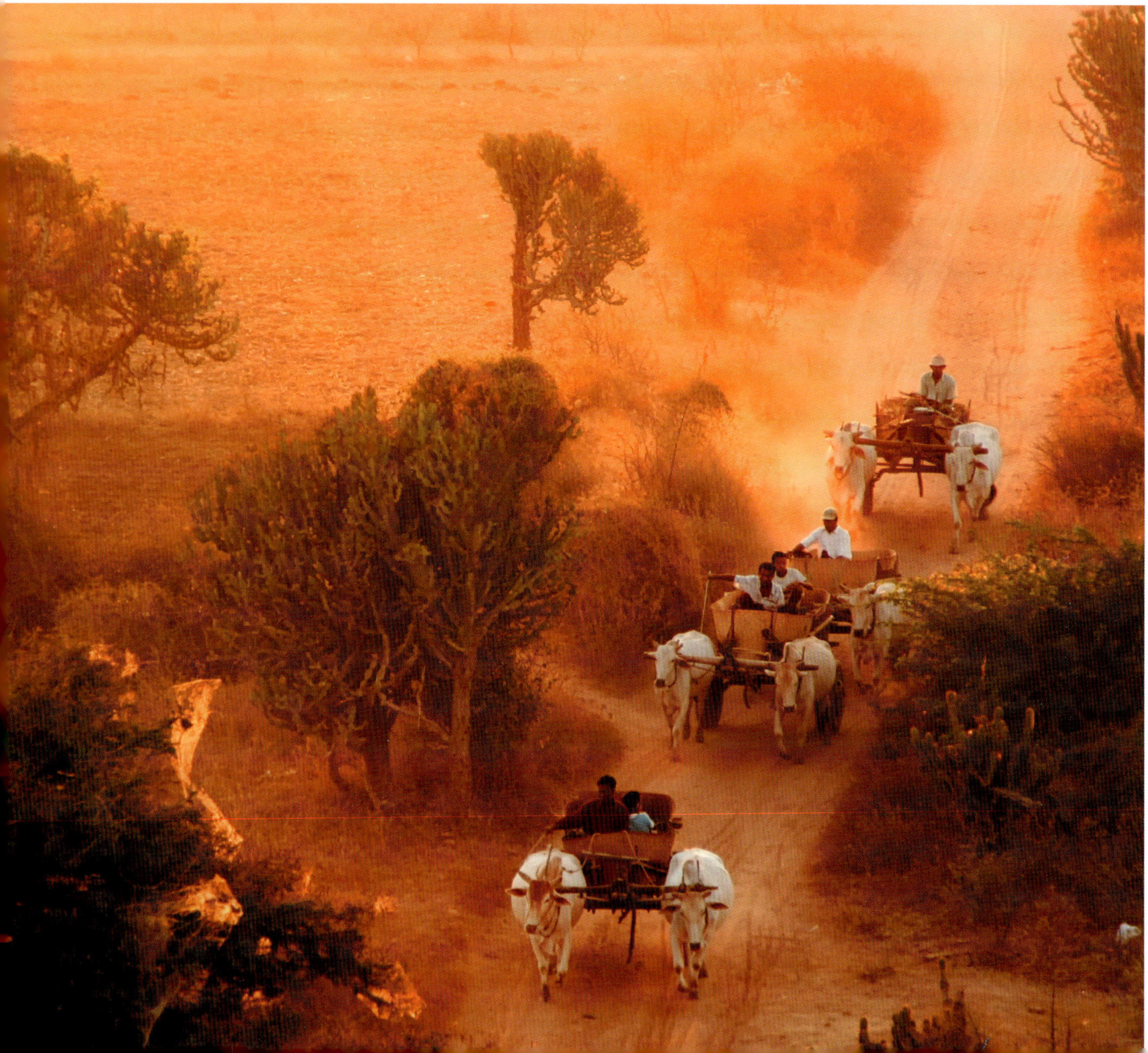
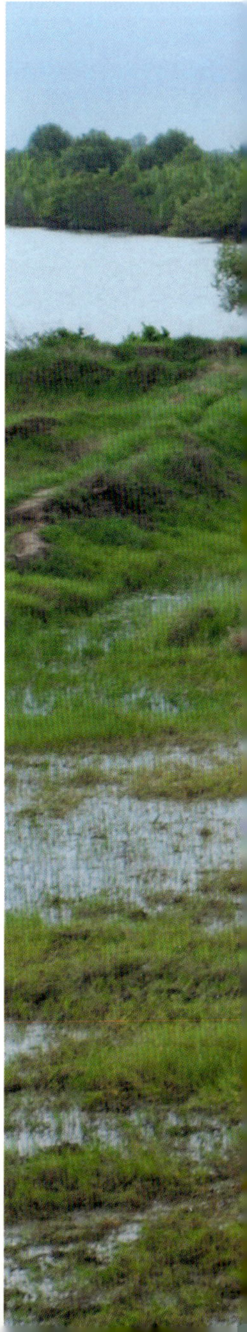

Un enfant mène des buffles dans les méandres du delta de l'Irrawaddy (haut). Chars à zébus - région de Bagan (gauche). Dans les rizières - État Shan (droite).

Le Myanmar connaît une très grande diversité de climats et de paysages, et si l'Irrawaddy traverse tout le pays, l'eau est une richesse inégalement répartie sur le territoire. Des plaines arides du centre où les températures dépassent les 40 degrés en saison sèche, aux rizières du delta, véritable grenier à riz du pays, l'agriculture doit s'adapter.

A child leads buffaloes in the Irrawaddy Delta (top). Ox cart – Bagan area (left). In the rice fields – Shan State (right).

Myanmar experiences a great diversity of climates and landscapes. The Irrawaddy River flows across the country. Yet water is an unevenly distributed resource across the territory. From the arid central plains where temperatures exceed 40 degrees during the dry season, to the rice fields of the Irrawaddy Delta – the rice bowl of the country – agriculture practices vary greatly.

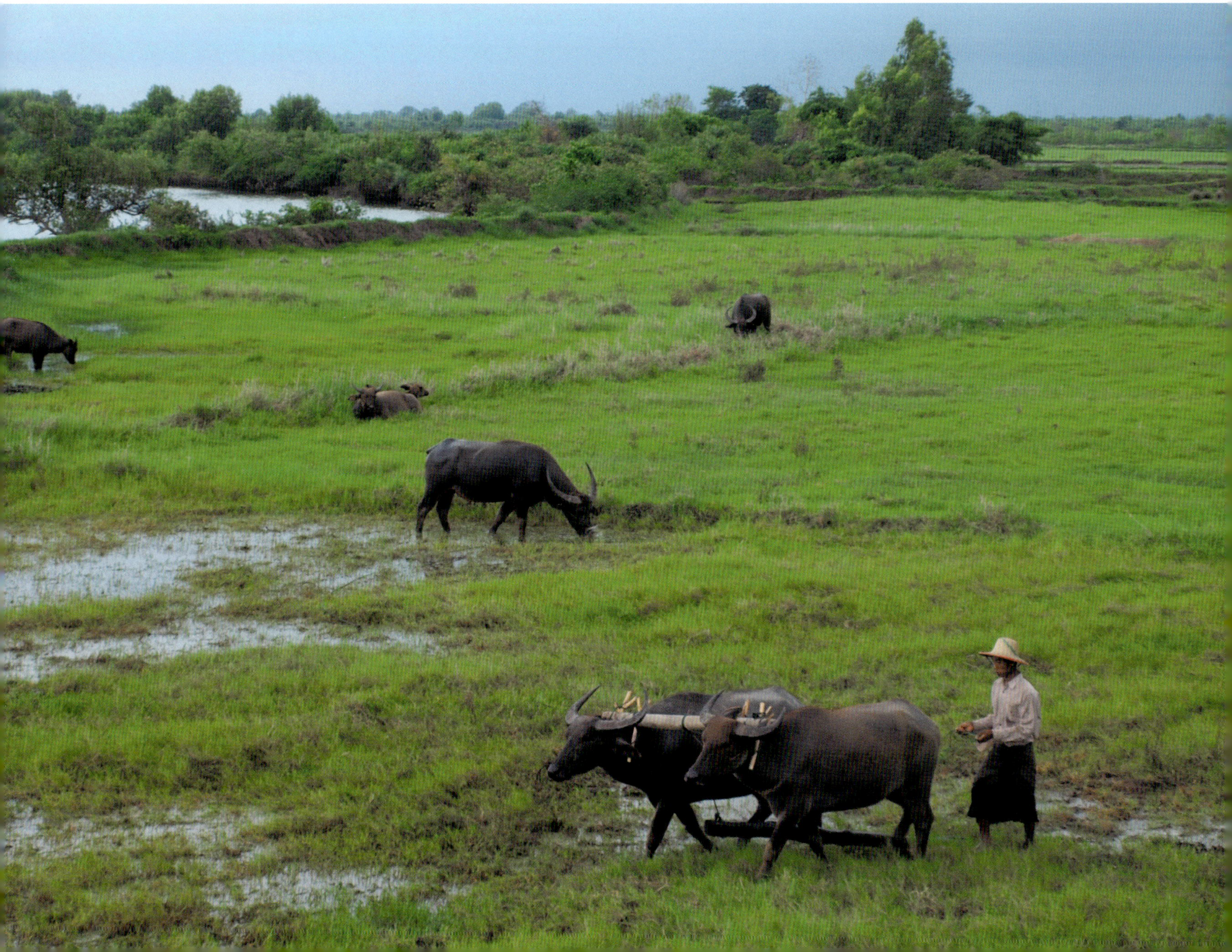

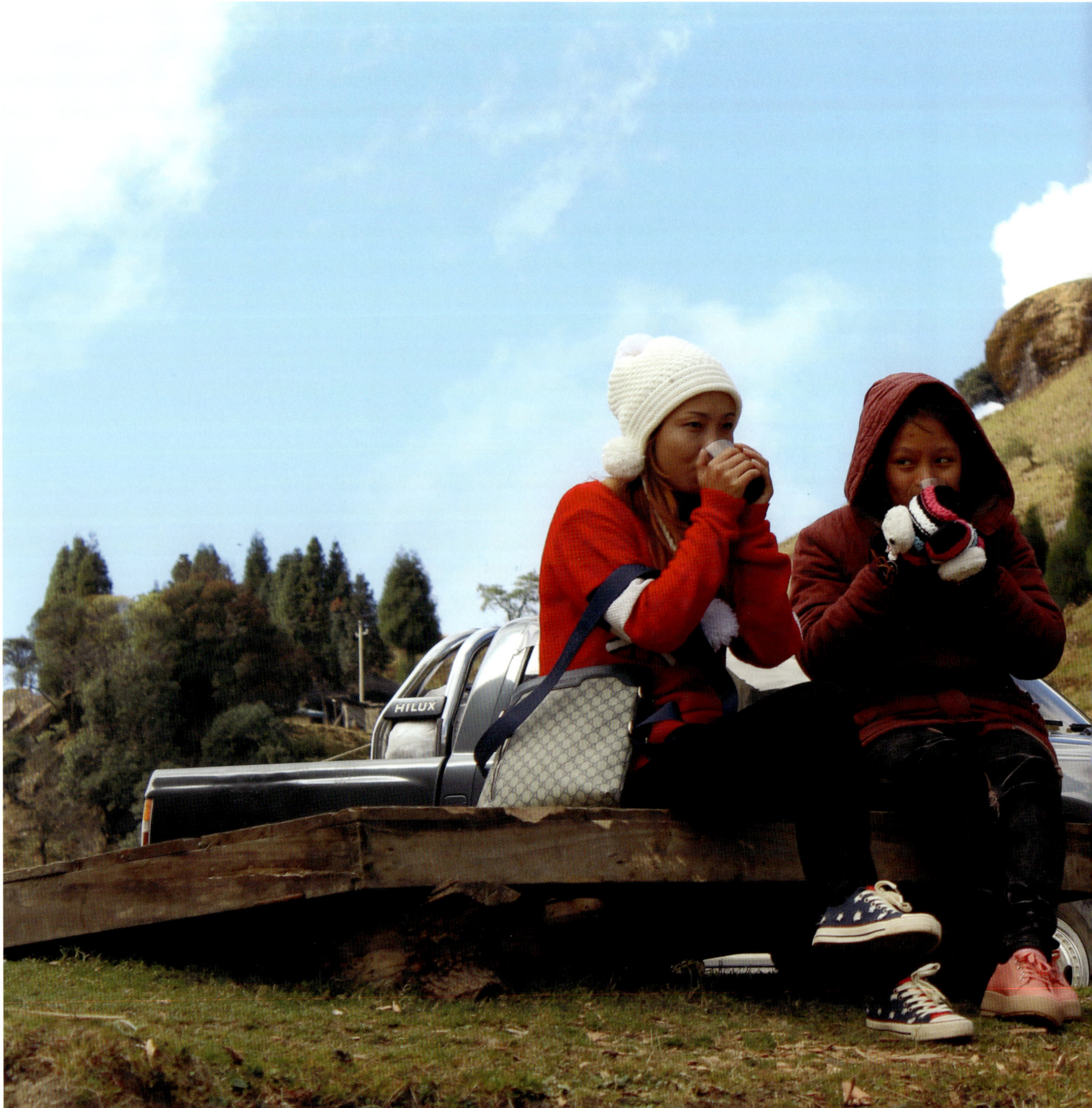
HILUX

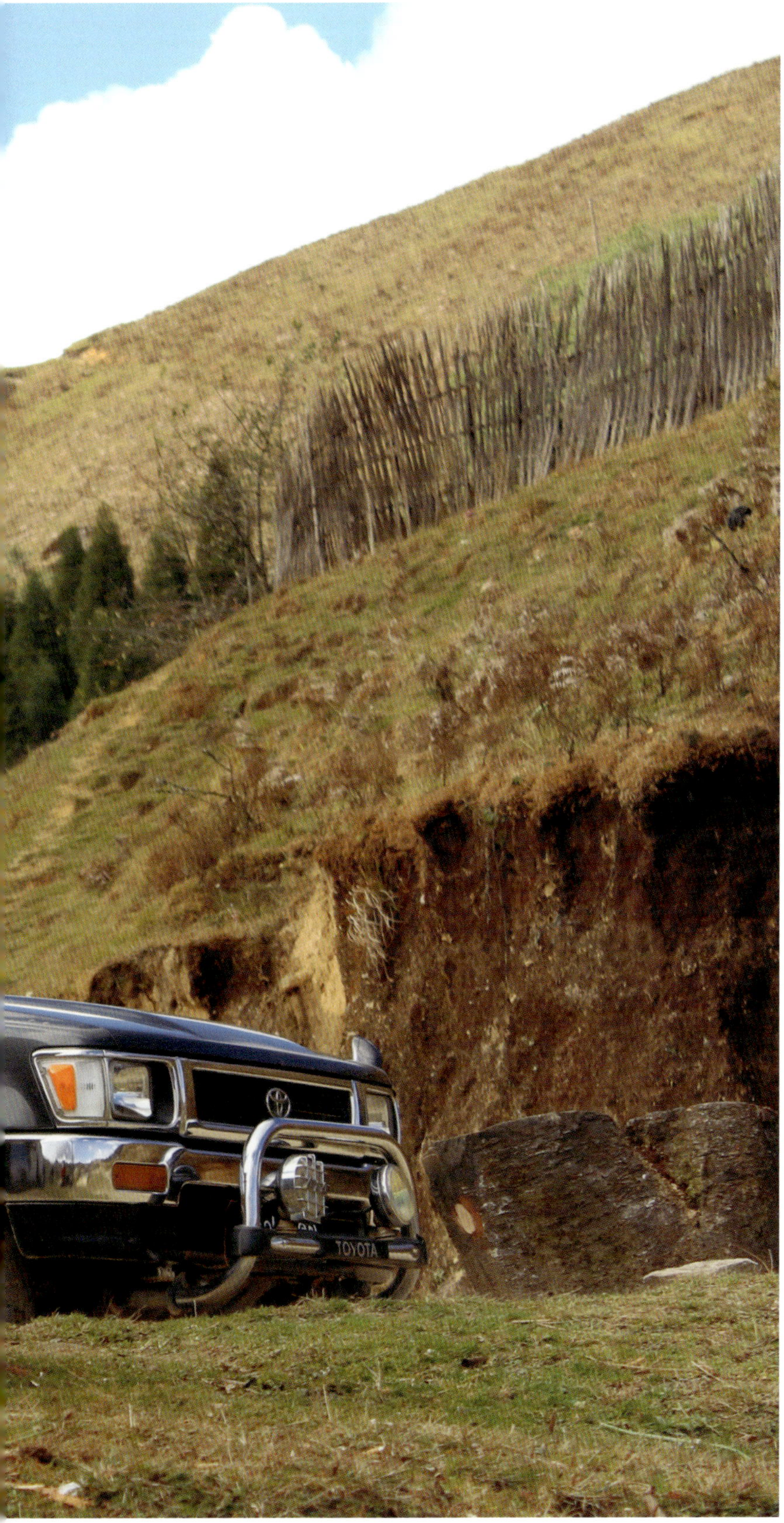

Pose thé en altitude, deux jeunes Kachin se réchauffent en attendant de reprendre la route – État Kachin.

Le Myanmar possède le point culminant d'Asie du Sud-Est, le Hkakabo Razi. Dans l'extrême Nord, les montagnes de l'État Kachin ne sont accessibles que par des pistes. Dans cette région, les températures peuvent chuter en dessous de zéro pendant plusieurs mois de l'année.

High altitude Tea break, two young Kachin warm up before taking the road – Kachin State.

Myanmar is the home of highest peaks of Southeast Asia, with Hkakabo Razi towering above all. In the far North, the mountains of Kachin State may only be reached by off-road tracks. Temperatures here fall below zero for several months of the year.

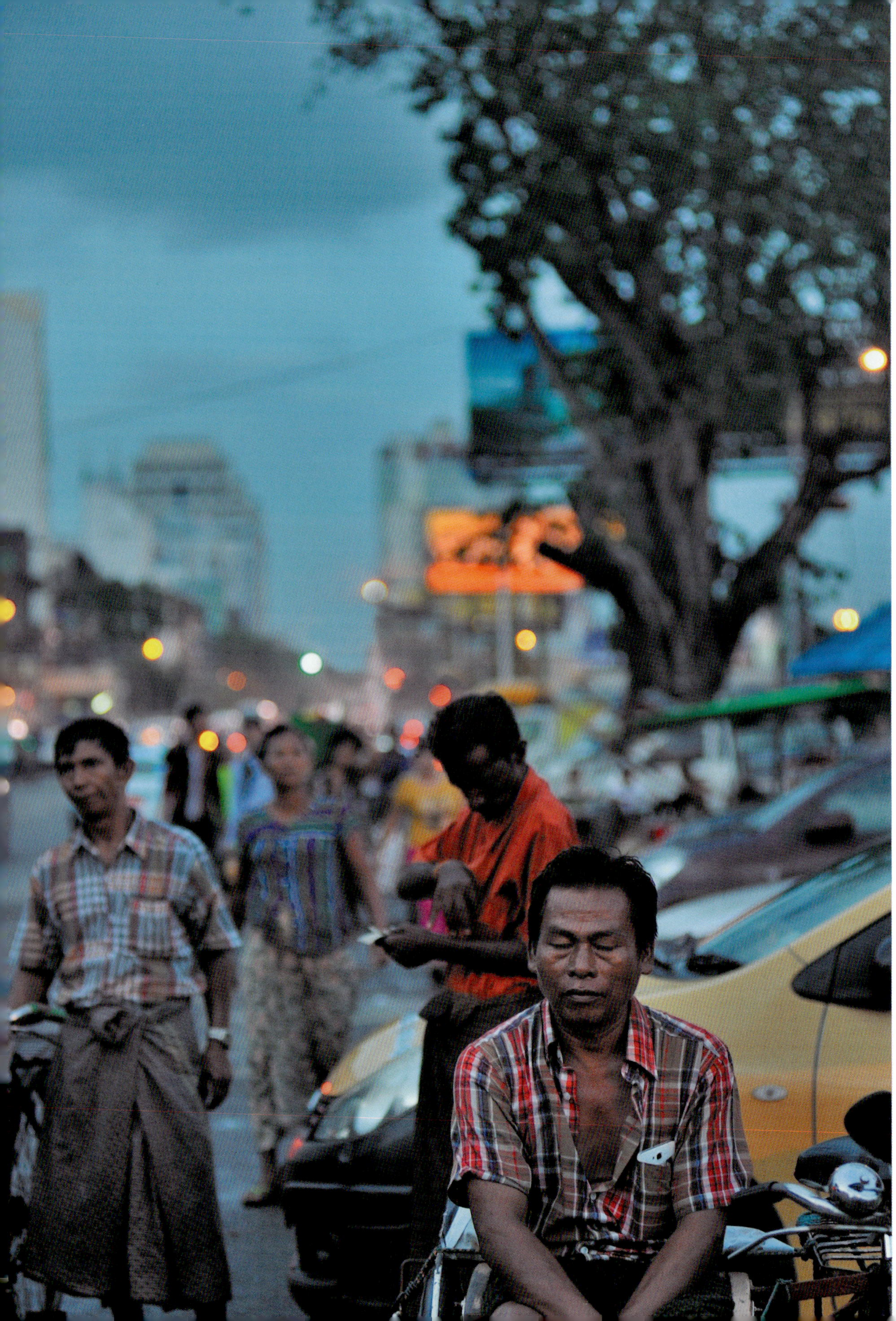

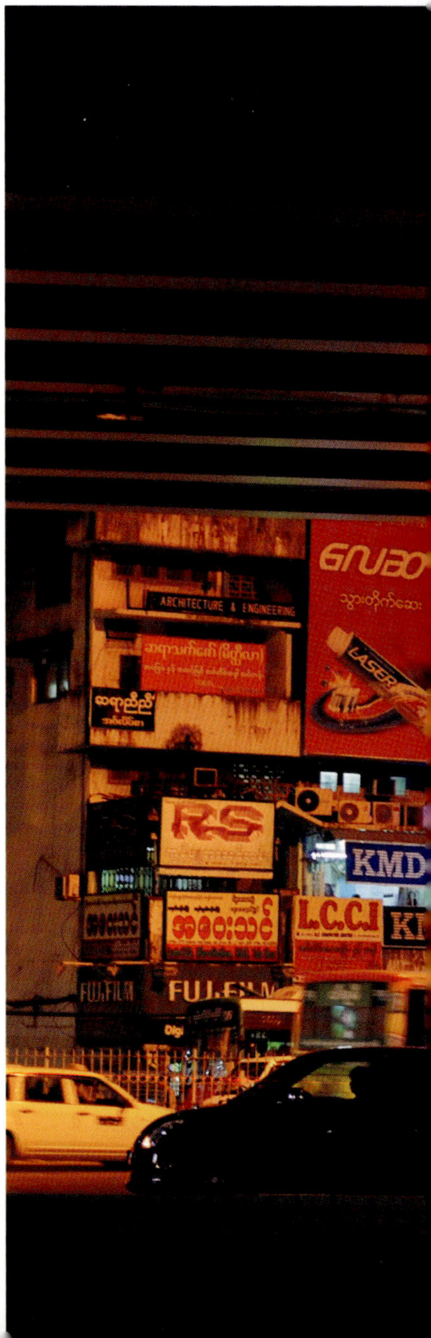
ARCHITECTURE & ENGINEERING
LASER
RS
KMD
L.C.C.I
FUJIFILM

Un instant de repos dans le tumulte de la ville pour un chauffeur de rickshaw – quartier de Myanigone, Yangon.

La densité de la population n'est pas un concept théorique pour des villes comme Yangon ou Mandalay. L'exode rural et l'urbanisation progressent rapidement. En 2014, plus d'un tiers de la population birmane était urbaine, une augmentation de 75 % en 50 ans !

Amidst the bustle, a trishaw driver takes rest – Myaynigone quarter, Yangon

Population density is not an abstract concept for cities like Yangon or Mandalay. The rural exodus and urbanisation progress rapidly. In 2014, more than one third of the Burmese population were living in the cities, which means an increase of 75% in 50 years!

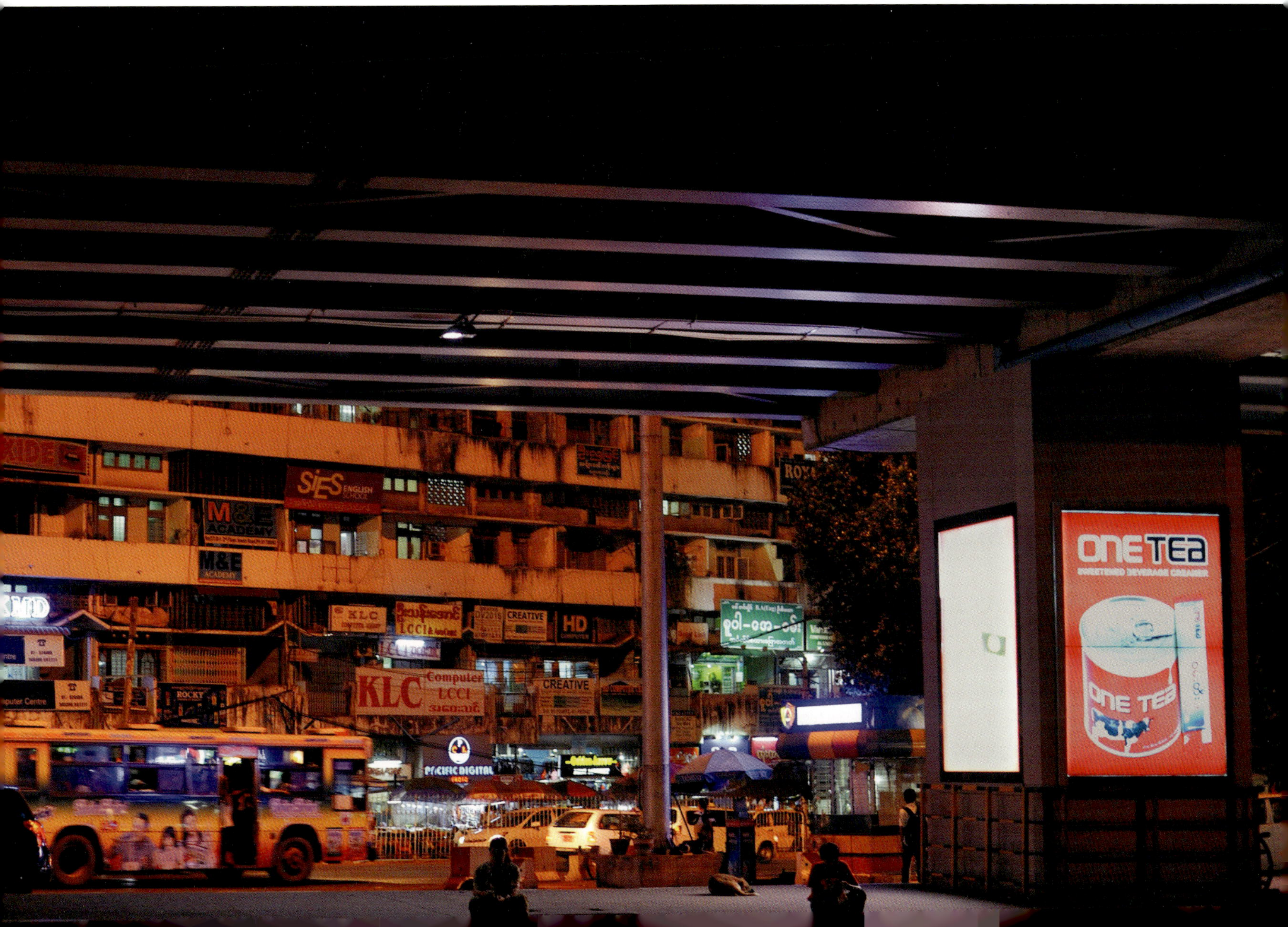

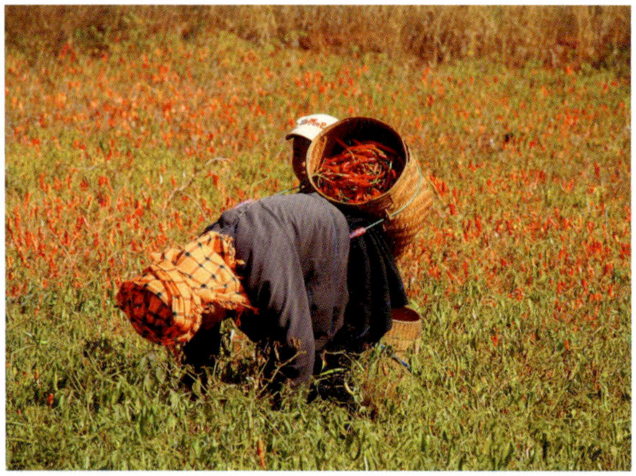

Une femme Pa-O récolte des piments – Kalaw, État Shan (haut). Des paysans repiquent des plants de riz – Loilem, État Shan (gauche). Une femme tamise des feuilles après les avoir séchées – Magwe.

70% de la population vit en zone rurale et l'agriculture demeure un secteur économique fondamental.

A Pa-O woman harvesting chilli – Kalaw, Shan State (top). Peasants transplanting rice plants – Loilem, Shan State (left). A woman sifts leaves after drying them – Magway.

70% of the population lives in rural areas and agriculture remains a key economic sector.

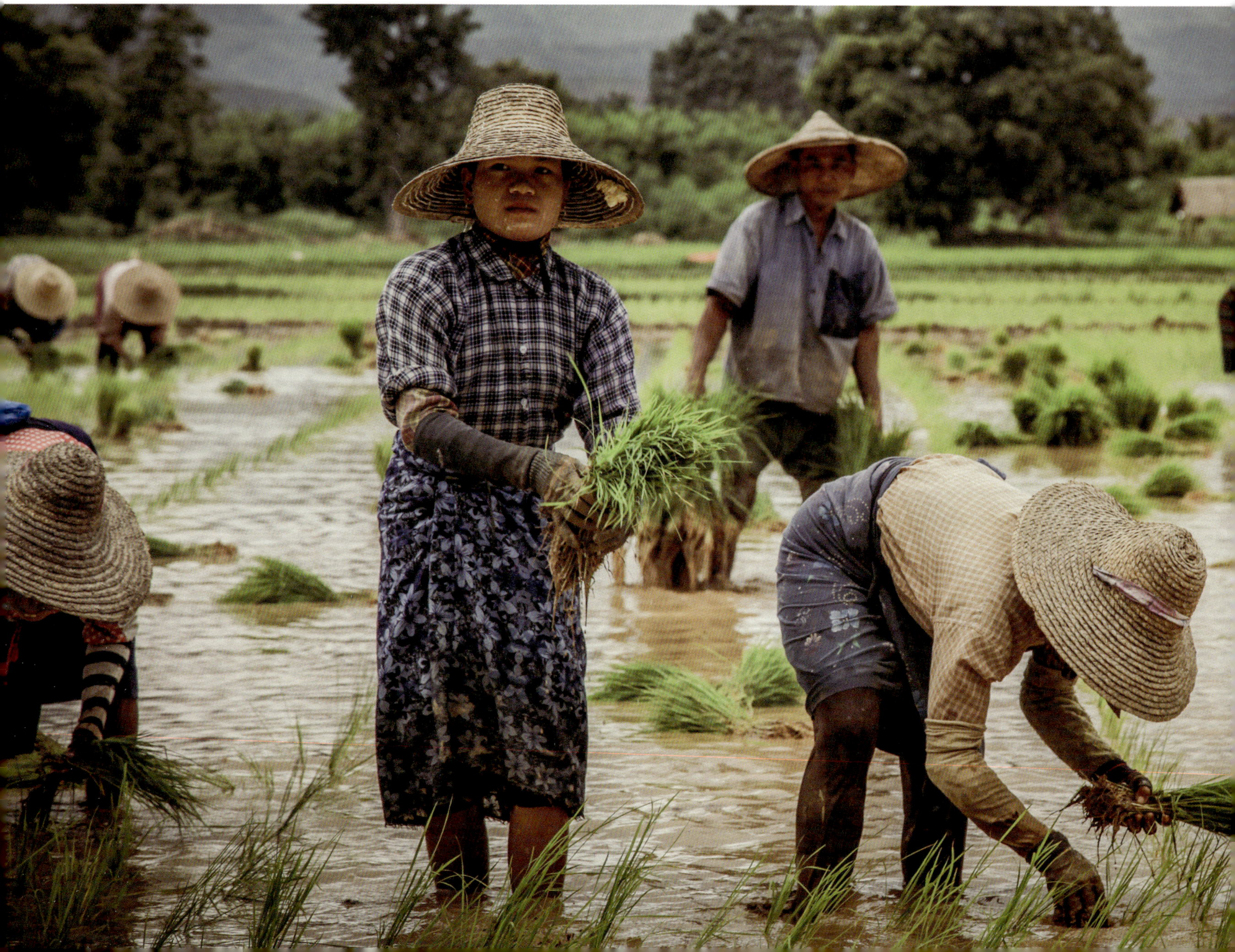

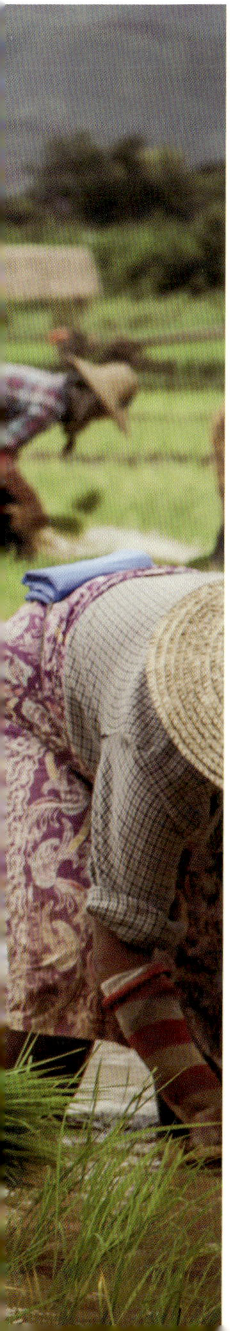

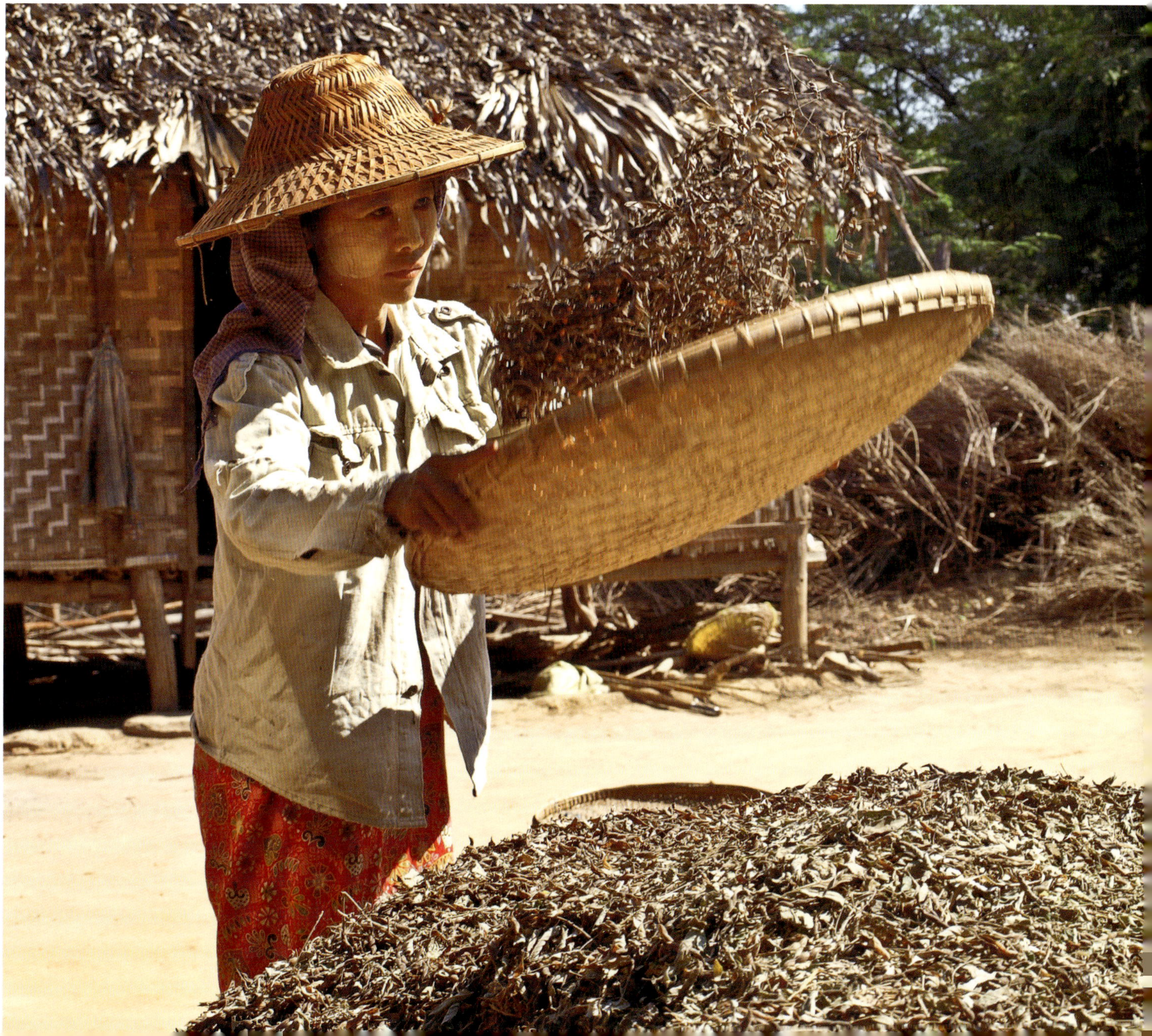

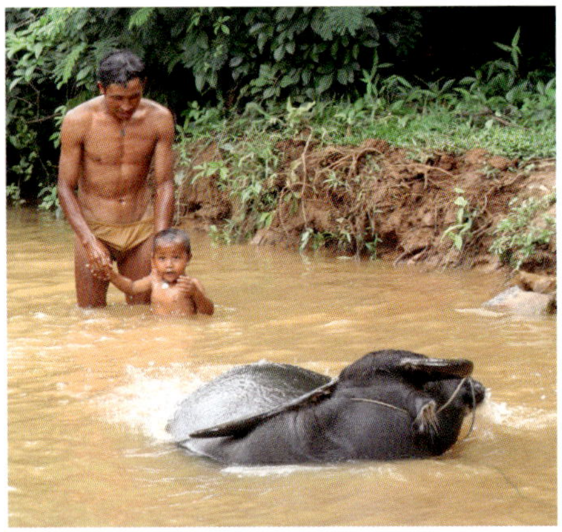

De la région d'Inle (haut et bas gauche) à Bagan (haut droite) en passant par l'Arakan (bas droite), le cheptel birman est estimé à 18 millions de bovins.

L'agriculture demeure marginalement mécanisée au Myanmar. L'élevage à petite échelle de buffles, zébus ou vaches permet aux exploitations familiales de mettre le bétail à contribution pour les tâches agricoles et les transports.

From the Inlay region (top and bottom left), to Bagan (top right), passing through the Rakhine State (bottom right), Burmese livestock is estimated to be some 18 million cattle.

Agricultural mechanization remains limited in Myanmar. Small-scale farming of buffaloes, ox or cows, allows family farms to use livestock for agricultural tasks and transportation.

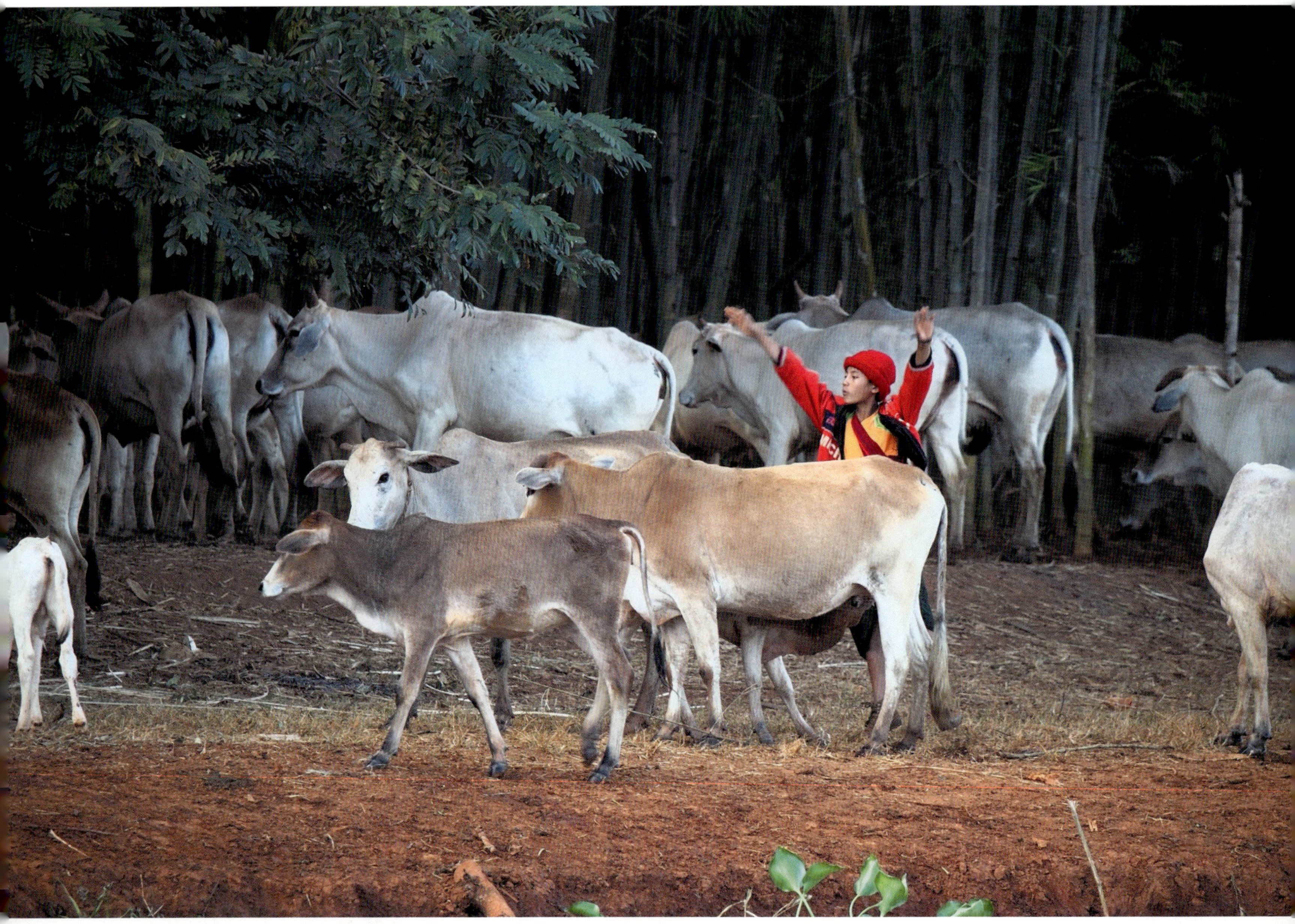

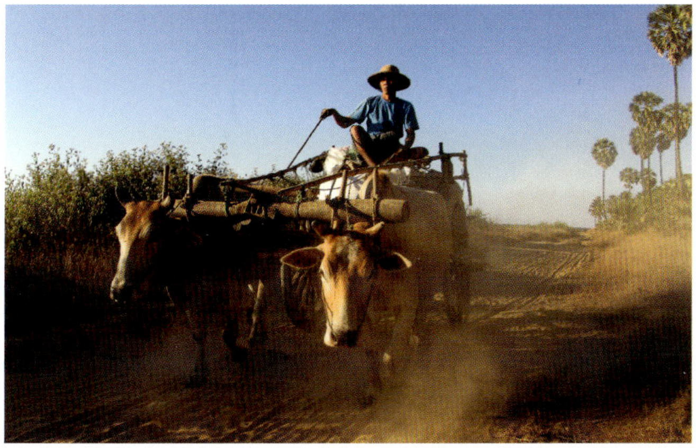

Double-page suivante : Aux premières heures du jour sur le Lac Inle – État Shan.
Les Intha ont la particularité d'aménager des potagers flottants sur le lac, malheureusement menacé par la pollution et la surexploitation.

Next double page spread: *Dawn on the Inlay Lake – Shan State*
The Intha have expertise in cultivating floating vegetable gardens on the lake, unfortunately this is threatened by pollution and excessive exploitation.

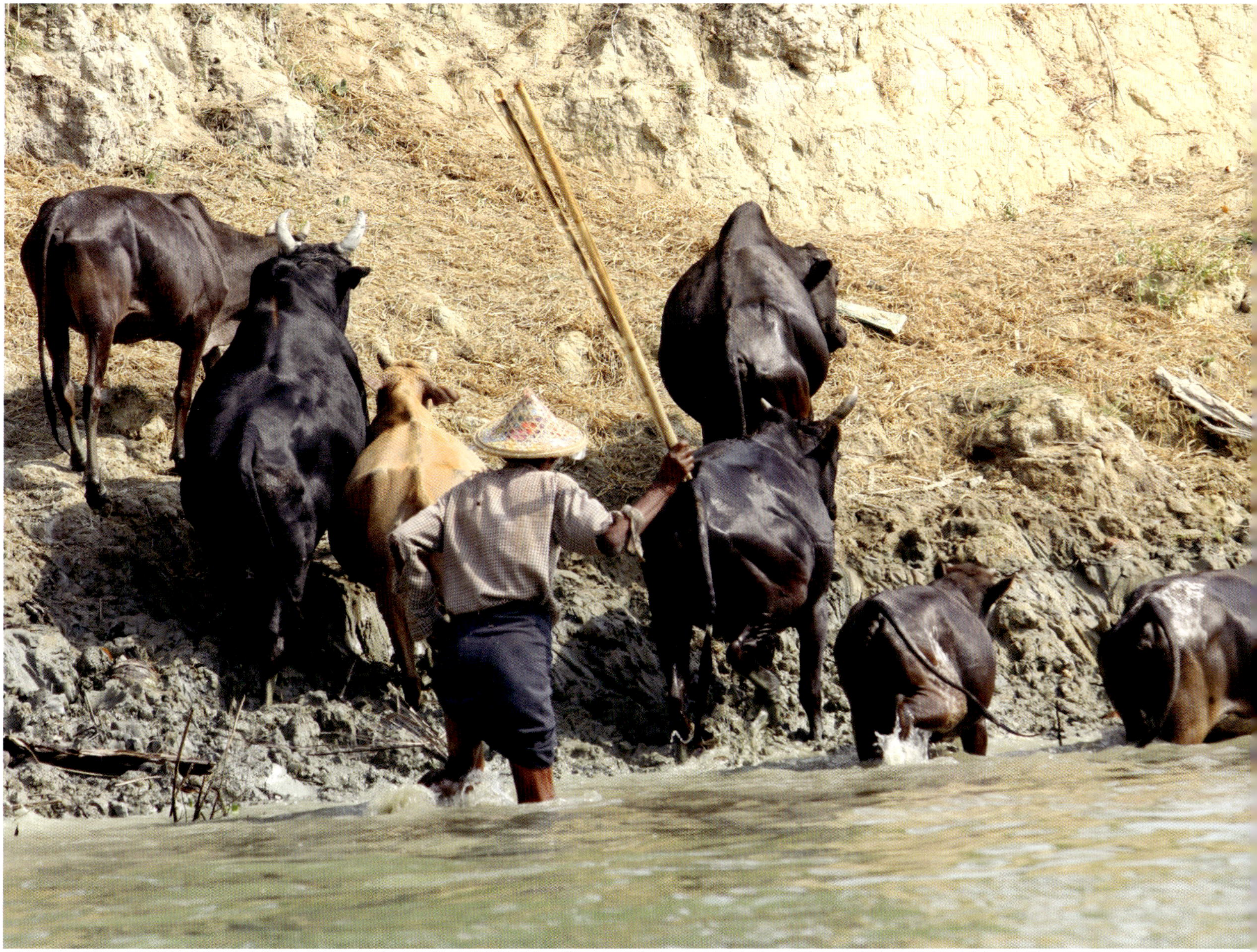

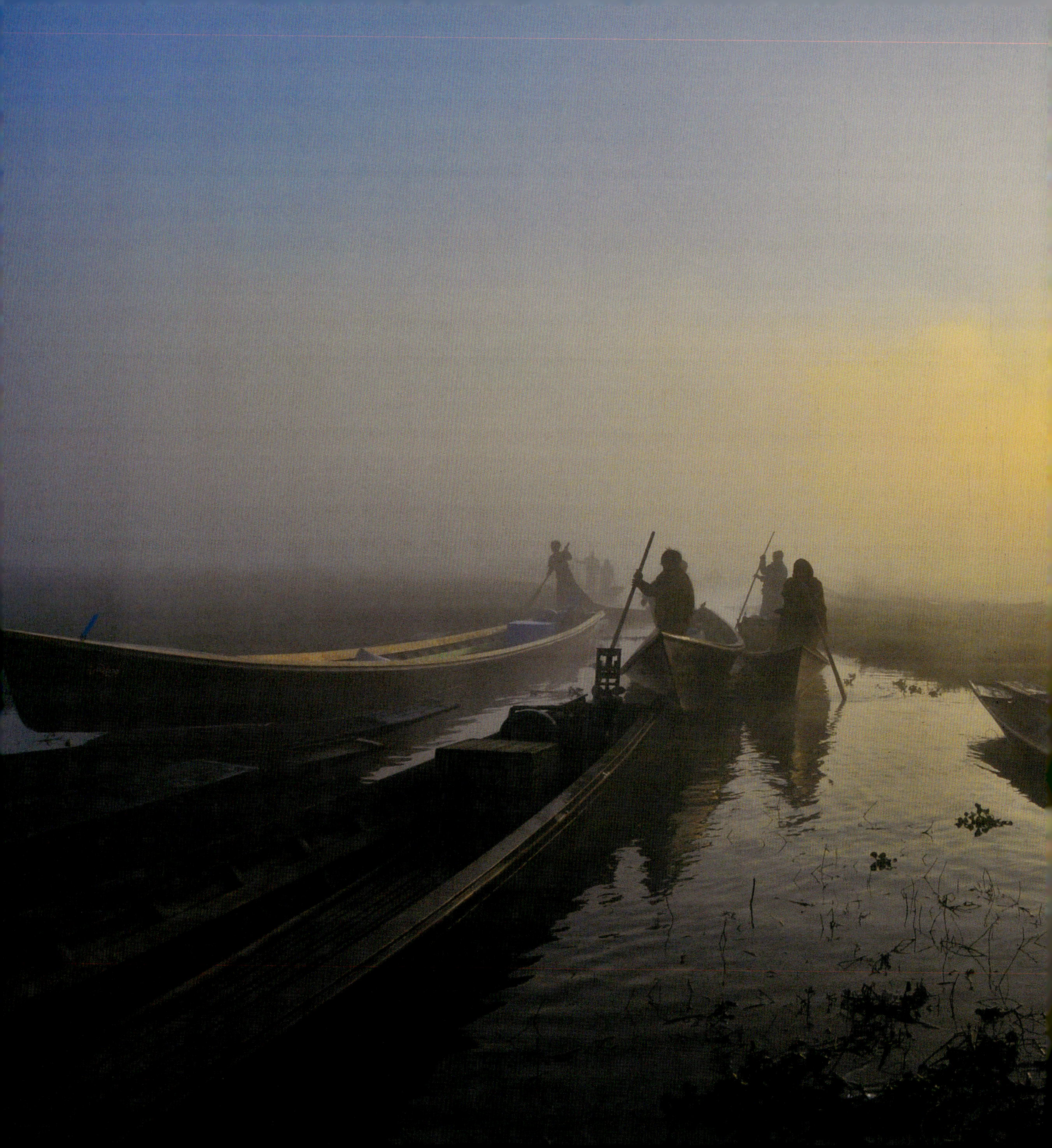

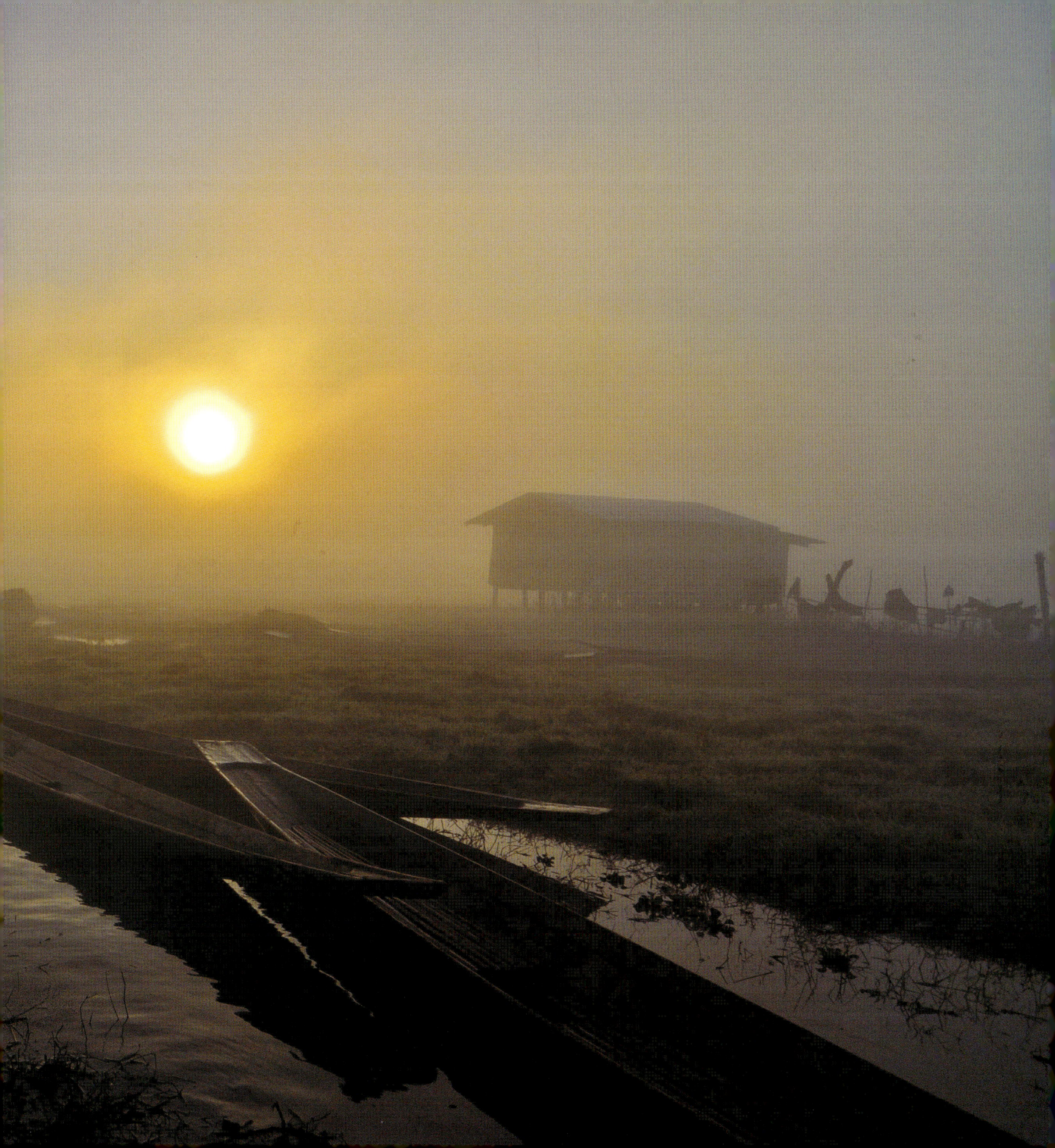

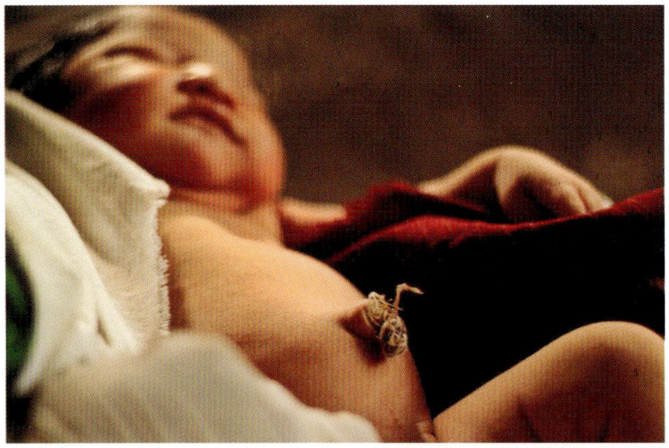

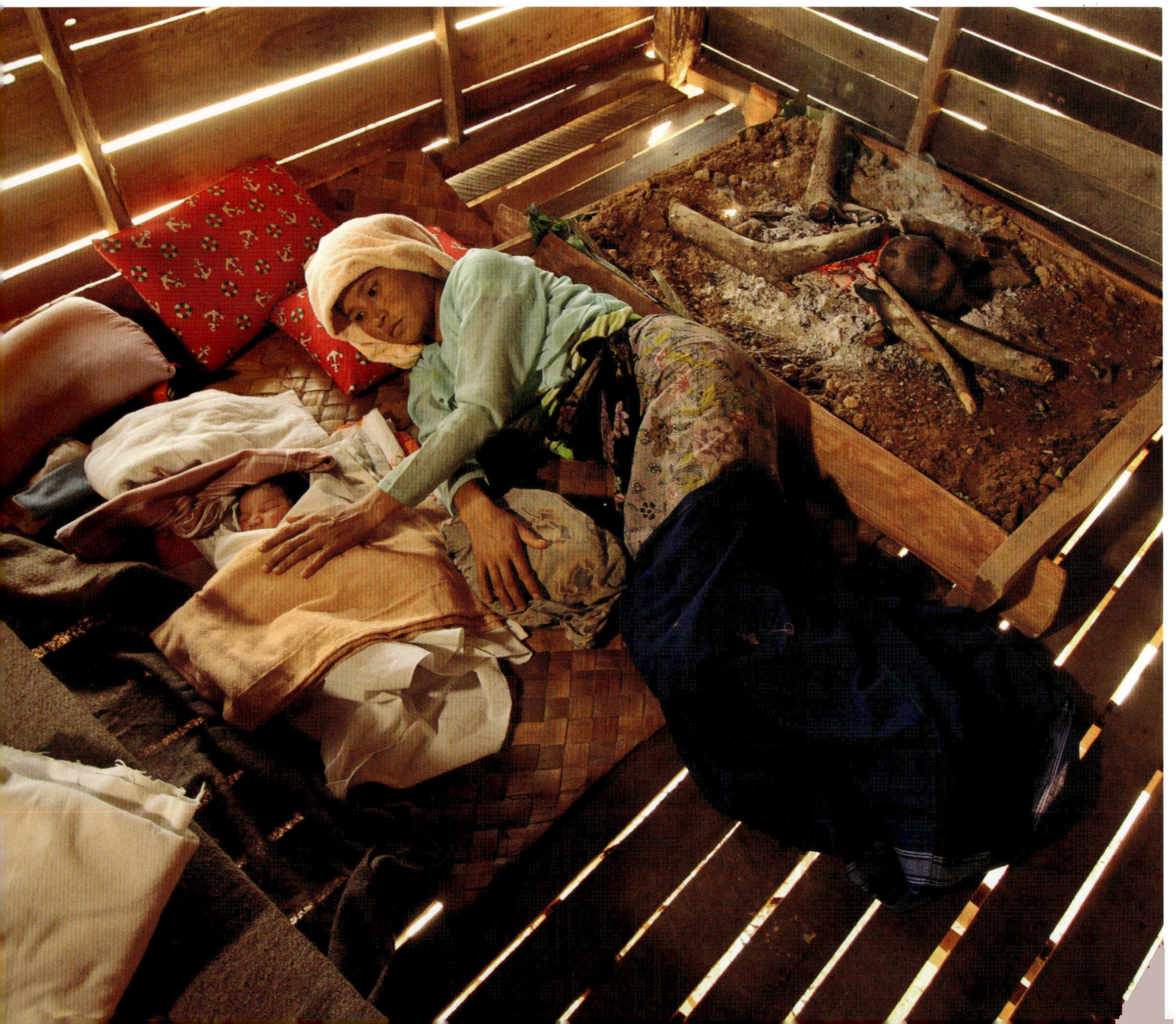

Beaucoup de mères accouchent encore à domicile dans les zones rurales où les soins de santé demeurent l'apanage des soigneurs traditionnels – État Karen (page de gauche). Des enfants attendent leur professeur – État Karen (page de droite).

Le taux de mortalité infantile national est de 6,2%, mais il reste bien plus élevé dans les régions rurales. La proportion d'enfants dans la population révèle également de larges disparités régionales. L'État Chin compte par exemple 72% d'enfants contre 41% pour la région de Magwe, en Birmanie centrale.

Many mothers still give birth at home in rural areas, where healthcare remains the prerogative of traditional healers – Kayin State (left page). Children waiting for their teacher – Kayin State (right page).

The national infant mortality rate is 6.2%, but this figure is much higher in rural areas. The proportion of children is also much higher in rural areas. In Chin State, for example, 72% of the population are children, whereas Magwe, in central Myanmar, has 41%.

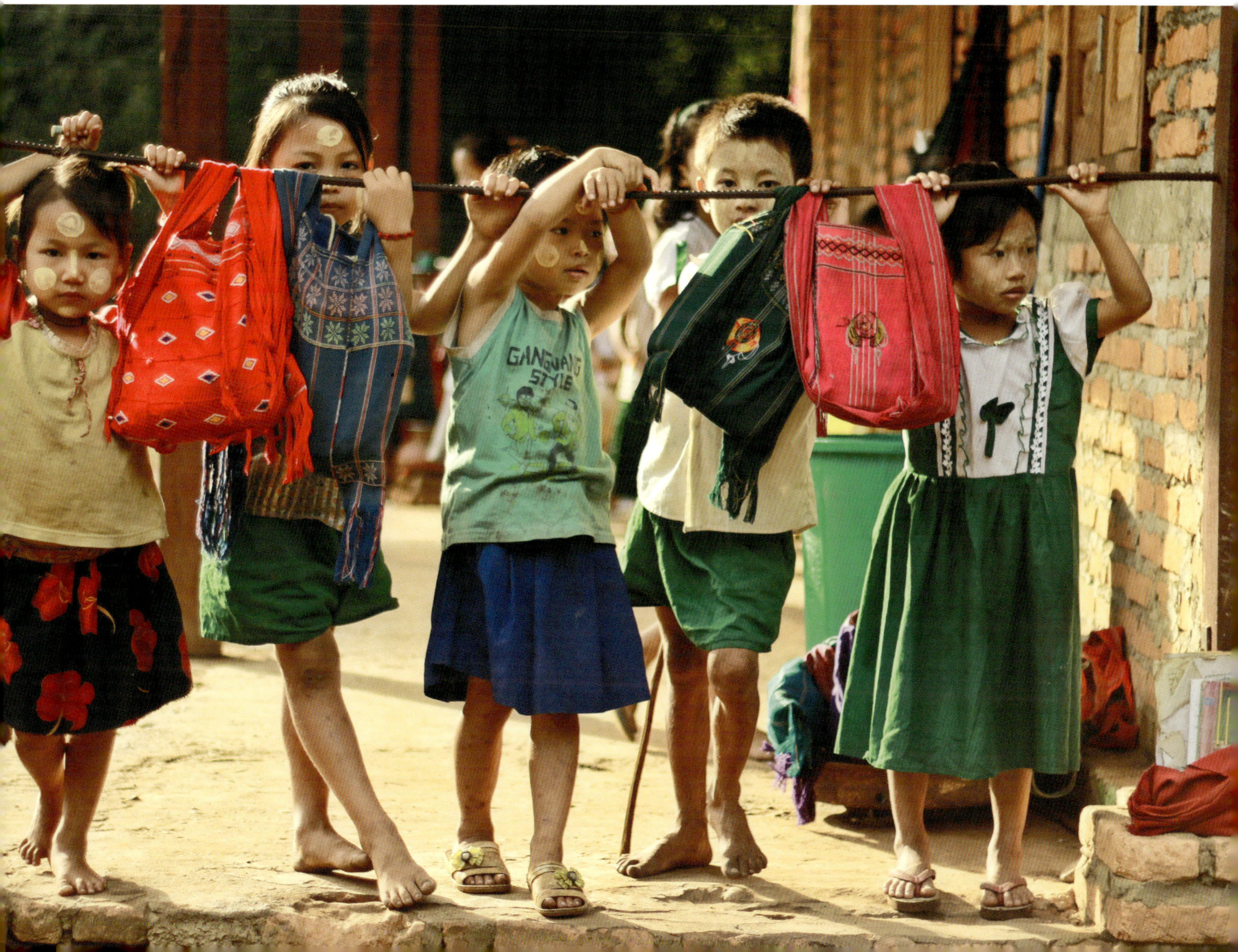

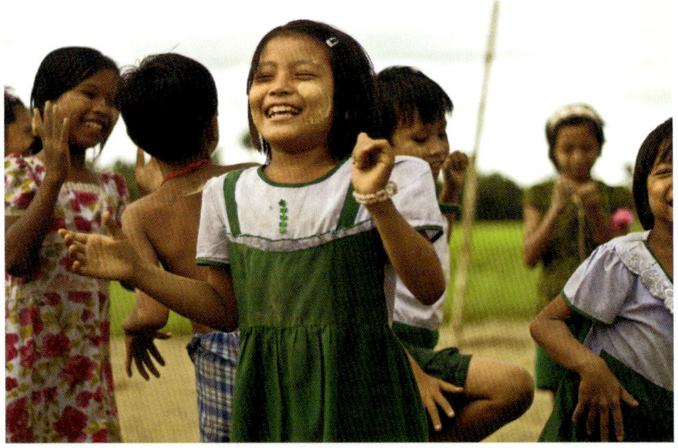

Au Myanmar, l'école primaire est obligatoire et les écoliers s'y rendent en uniforme blanc et vert.

L'école constitue un élément moteur de la construction de l'identité nationale et un vecteur puissant de diffusion de la langue birmane. Le pays compte 8,5 millions d'écoliers.

In Myanmar, primary school is compulsory, and pupils have to wear white and green uniforms.

School represents an essential element for the construction of national identity and a powerful instrument to spread the Burmese language. The country has some 8.5 million pupils.

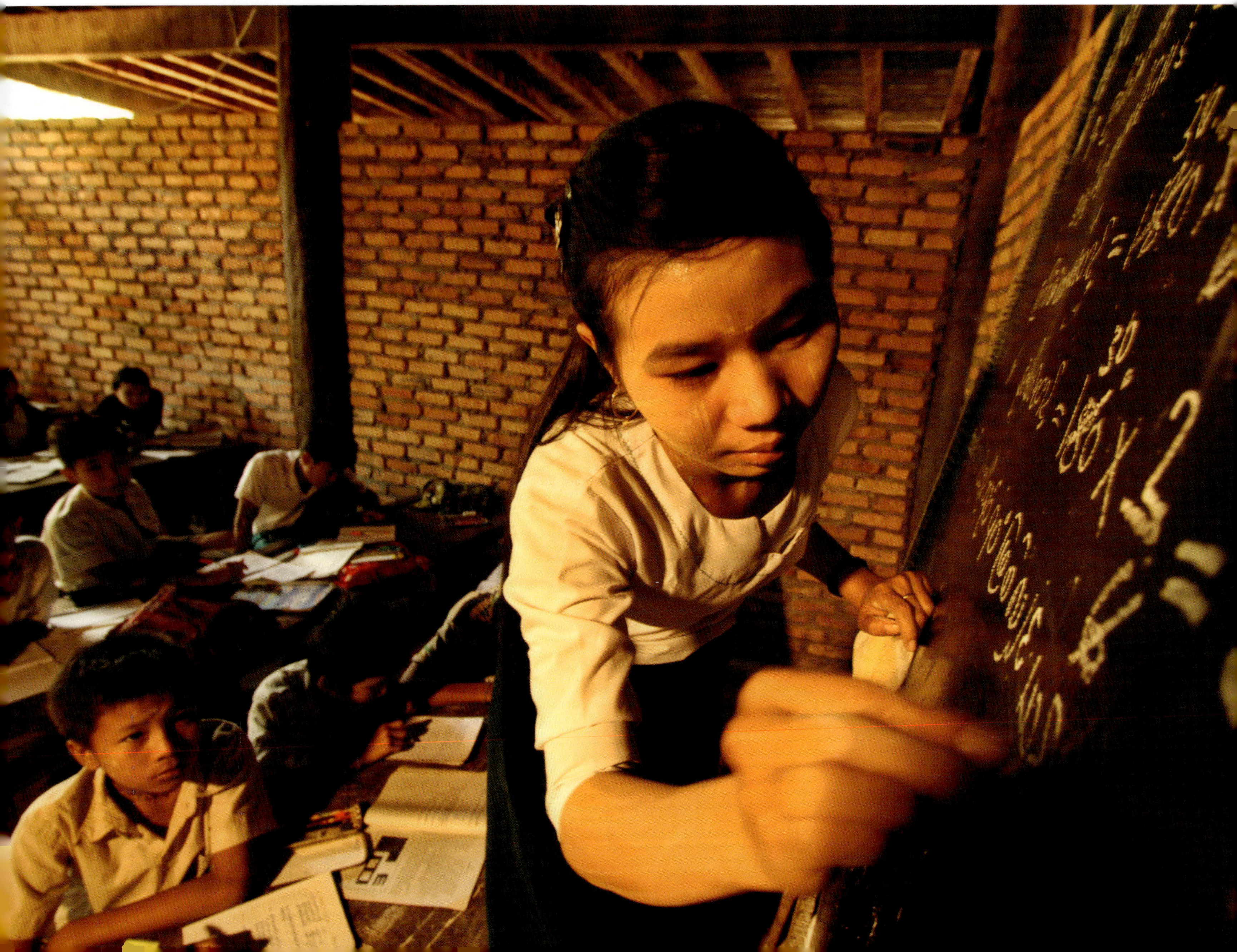

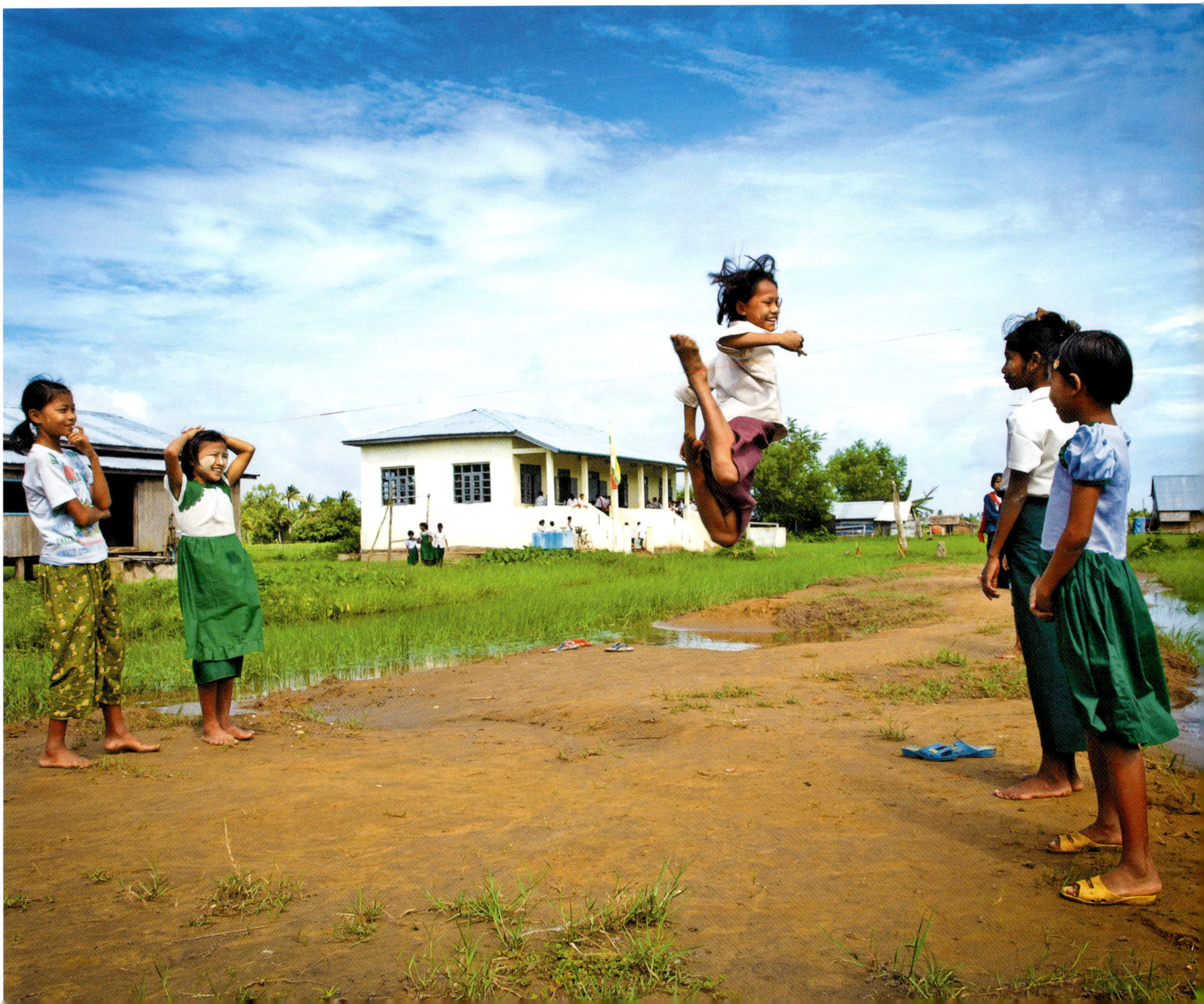

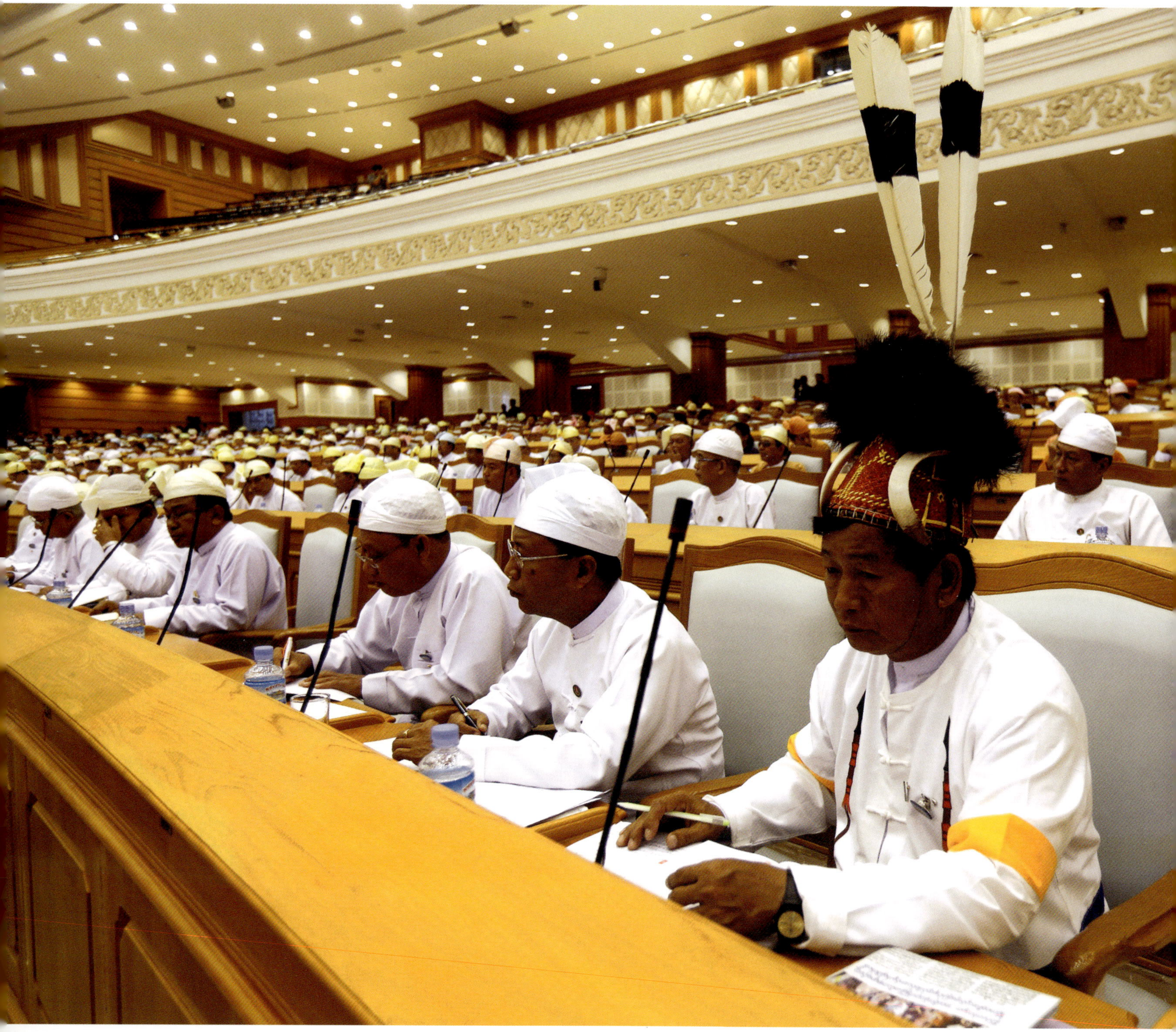

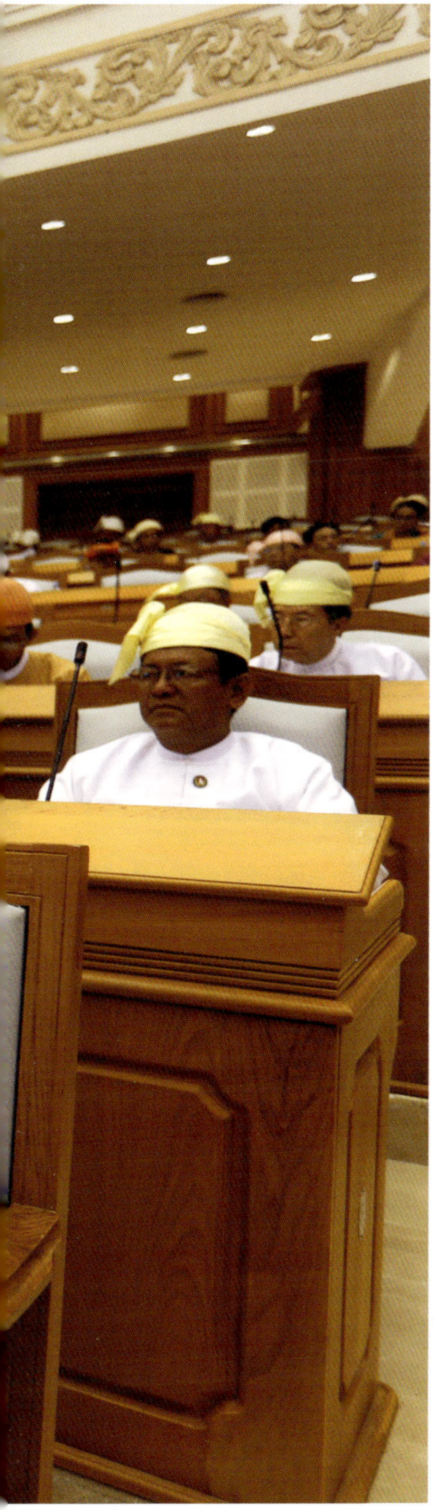

En 2013, un parlementaire Naga (gauche) et un Pa-O (droite) siègent à la *Pyidaungsu Hluttaw*, l'Assemblée de l'Union – Naypyitaw.
Le parlement a été (re)formé en 2011. Les représentants issus de groupes ethniques siègent généralement en habits et couvre-chefs traditionnels.

In 2013, a Naga (left) and a Pa-O (right) Member of the Parliament sit in the "Pyidaungsu Hluttaw", the Union Assembly – Naypyitaw.
The parliament was (re-) formed in 2011. The representatives of ethnic groups usually attend in their traditional costumes and headgears.

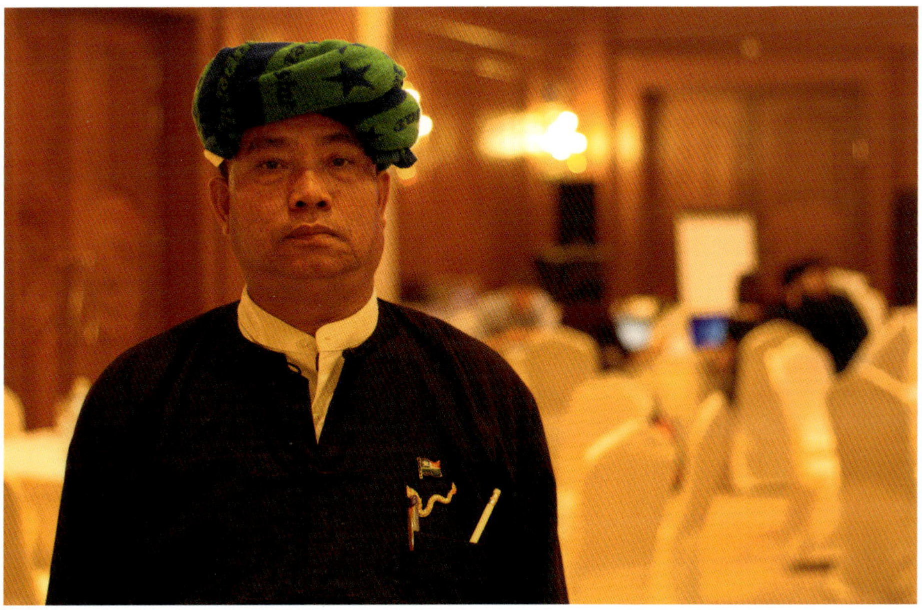

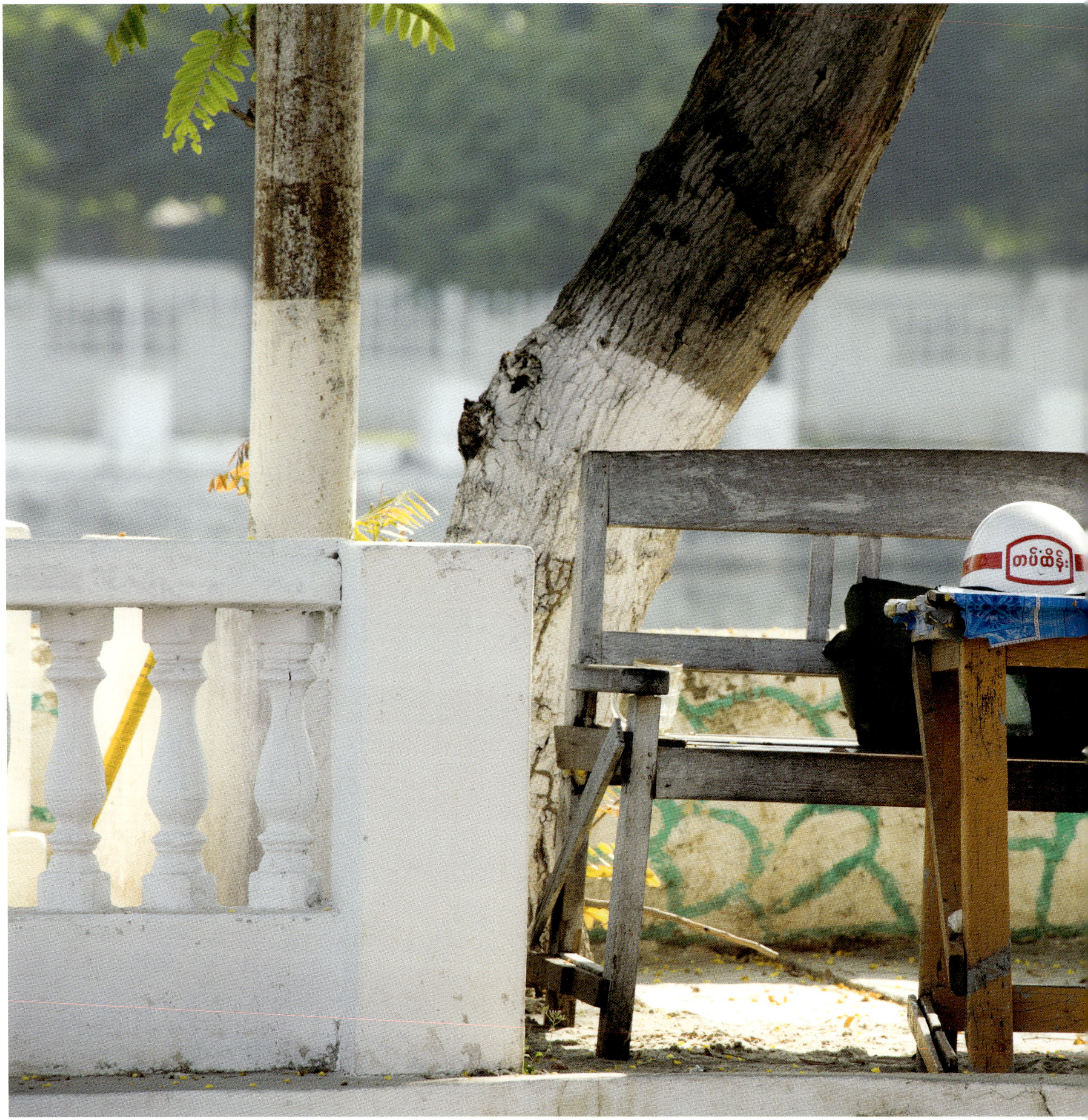
တပ်ထိန်း

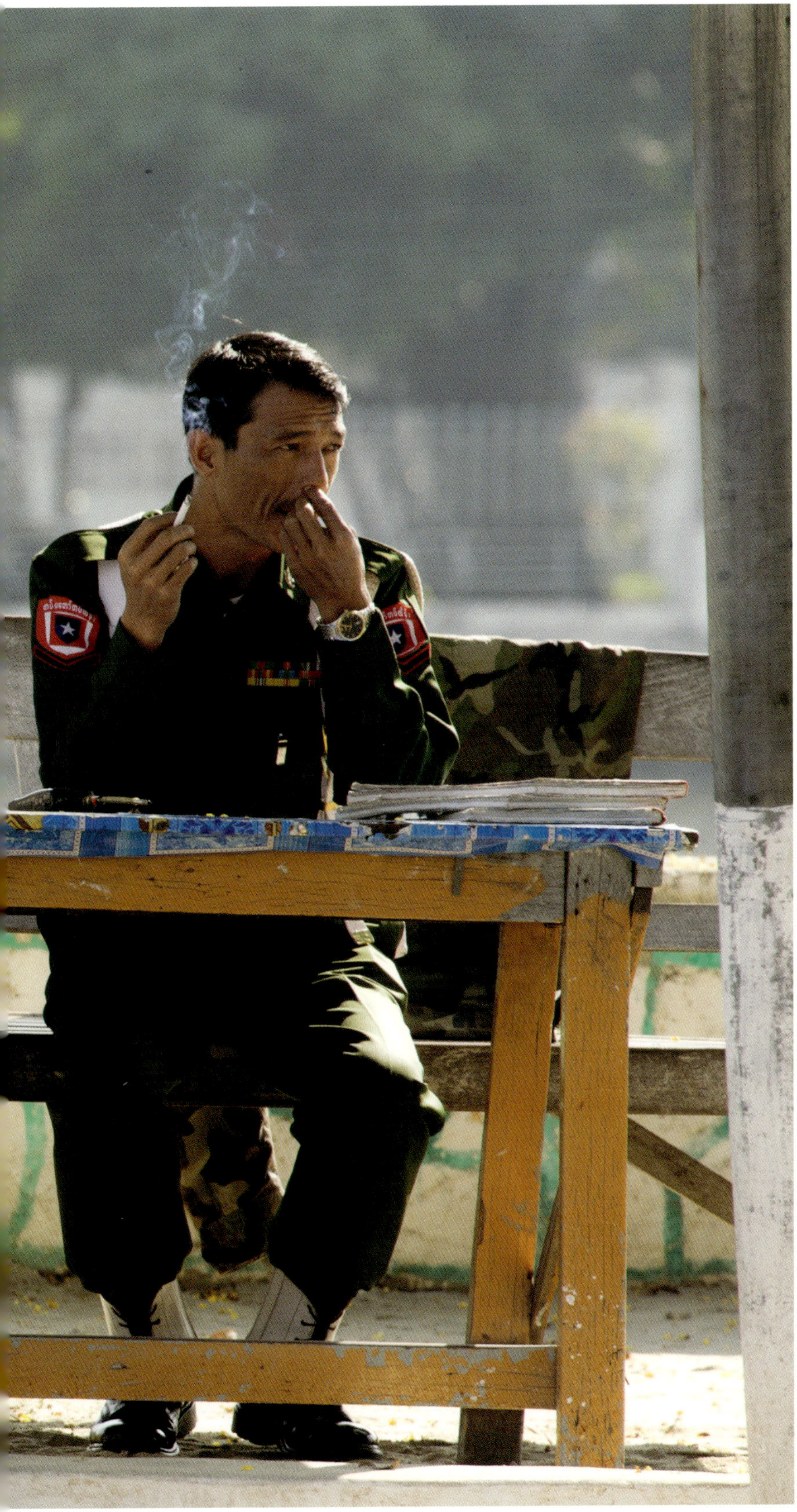

Un militaire attend près d'un péage – Mandalay.
La Tatmadaw, l'armée birmane, autrefois omniprésente, s'est largement retirée du paysage urbain depuis le début de la transition démocratique. Elle a dirigé le Myanmar, en proie à de nombreux conflits internes, d'une main de fer pendant plus de soixante ans en maintenant par la force la mosaïque ethnique.

Soldier by the toll booth – Mandalay.
The Tatmadaw, the Burmese armed forces, which used to be omnipresent, almost disappeared from the urban landscape since the beginning of the democratic transition. It led Myanmar, beset by internal conflicts, with an iron fist for more than sixty years, maintaining the ethnic mosaic by force.

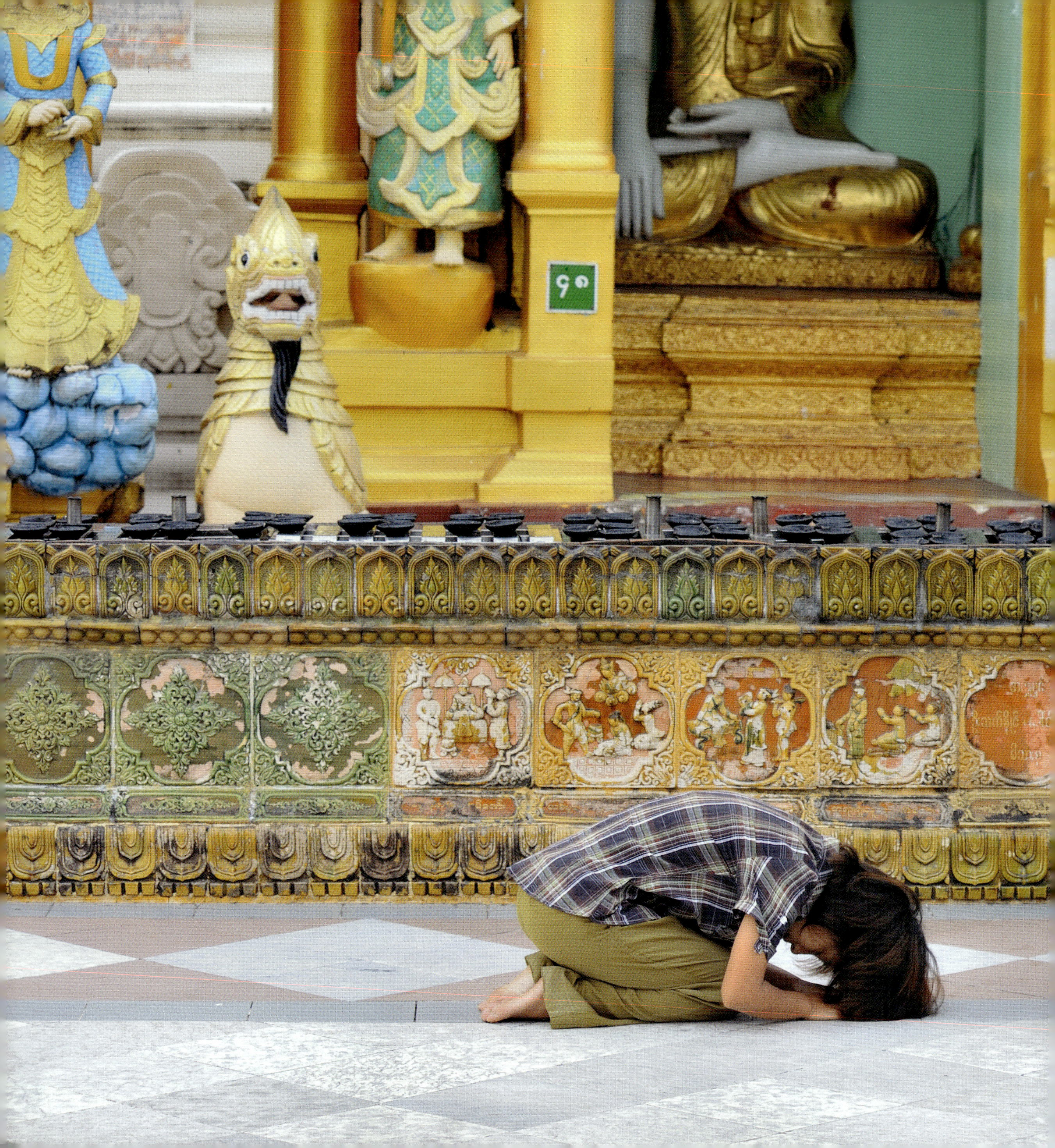

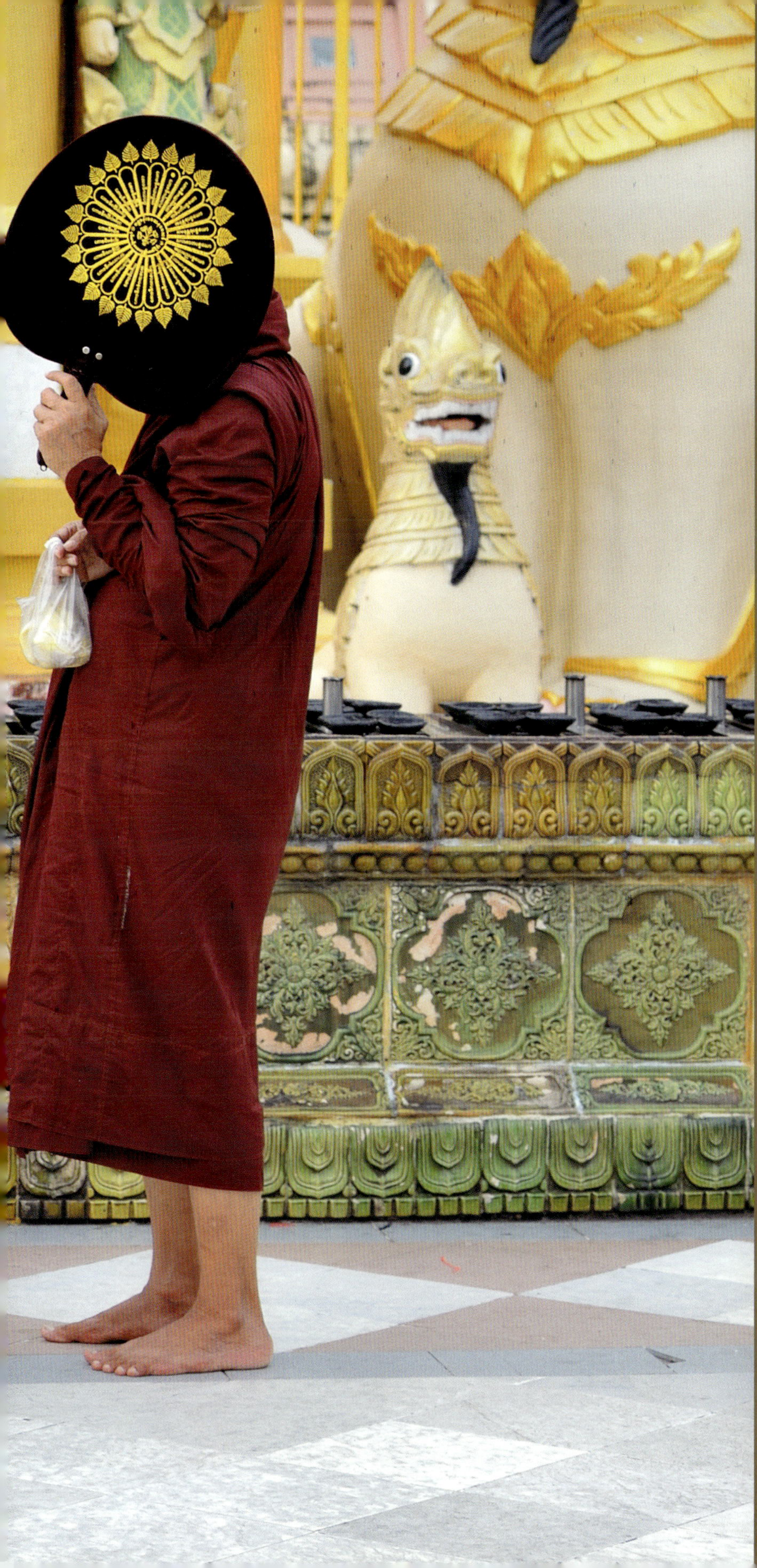

Religion

Une fidèle se prosterne devant un moine en signe de respect – pagode Swedagon, Yangon.

Le bouddhisme est pratiqué par près de 80 % des Birmans. Il a longtemps été considéré par les dirigeants comme un ciment de l'unité nationale et de l'identité birmane, au détriment des autres religions. Les moines jouent un rôle important dans la vie sociale au Myanmar ; ils dispensent l'enseignement religieux et dirigent des organisations à l'influence politique considérable. La population monastique s'élèverait à un demi-million d'individus.

A believer bowing in front of a monk in a sign of respect – Shwedagon Pagoda, Yangon.

Buddhism is practised by an estimated 80% of the Burmese. It has long been considered by the leaders as a pillar of the national unity and the Burmese identity, and at the cost of other religions. Monks play an important part in the social life, teaching religion and leading organisations with a substantial political power. The total monastic population is estimated to be as high as half a million in Myanmar.

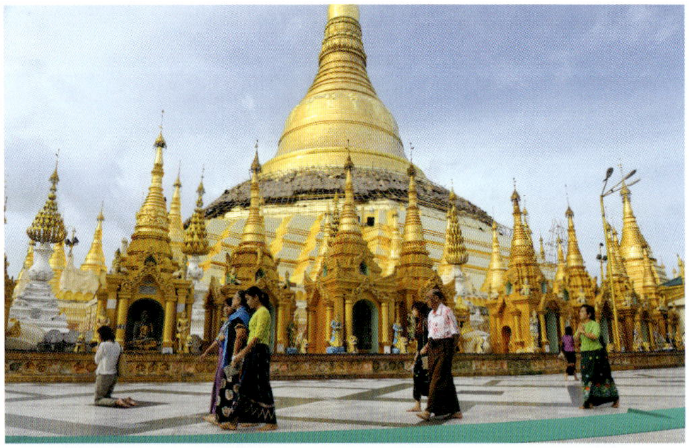

La pagode Shwedagon est le lieu bouddhique le plus sacré du Myanmar – Yangon.

En birman *shwe* signifie doré et Dagon était l'ancien nom de Yangon. Avec son stupa de 98 mètres de haut, la pagode attire des pèlerins de tout le pays et émerveille les touristes du monde entier. On dit que la pagode abriterait de précieuses reliques du Bouddha. Pour les bouddhistes, Bouddha n'était pas un Dieu, mais un exemple à suivre.

The Shwedagon pagoda is the most sacred of all the Buddhist places of Myanmar – Yangon.

In Burmese shwe *means golden and Dagon was the former name of Yangon. With its 98 meter stupa, the pagoda attracts pilgrims from all over the country, and enthrals tourists from all over the world. The pagoda is said to host precious Buddha relics. For the Buddhists, Buddha was not a God, but an example to follow.*

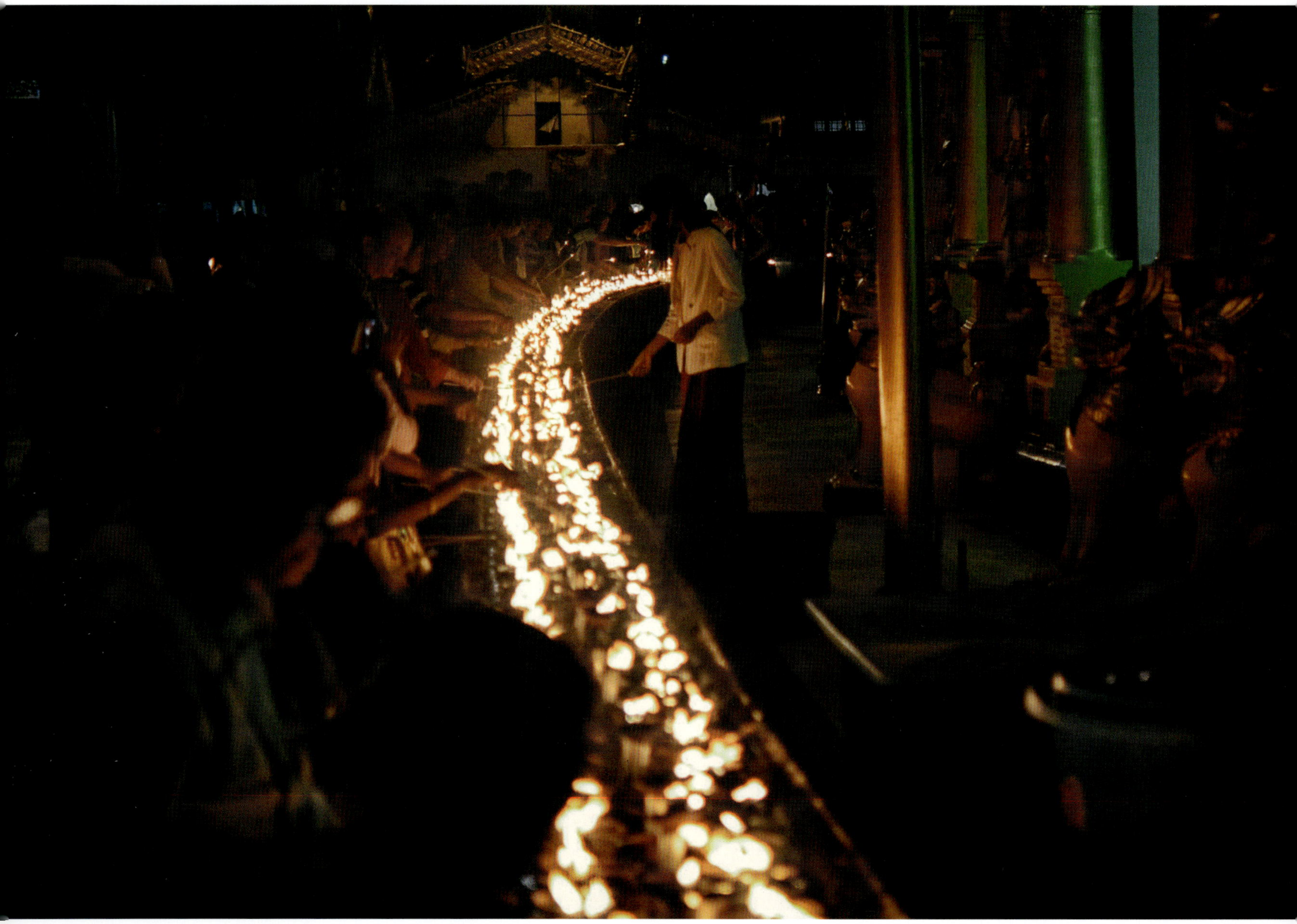

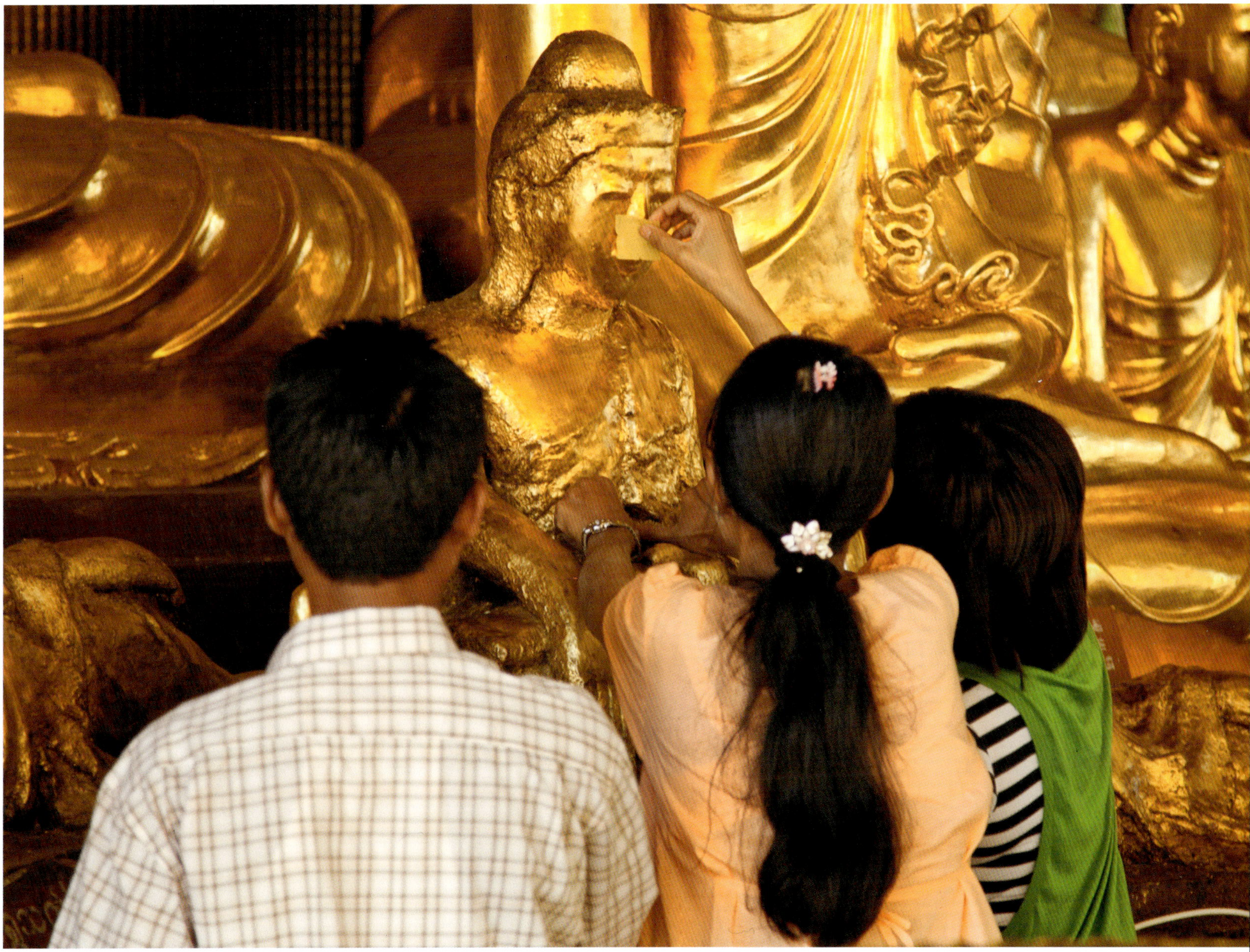

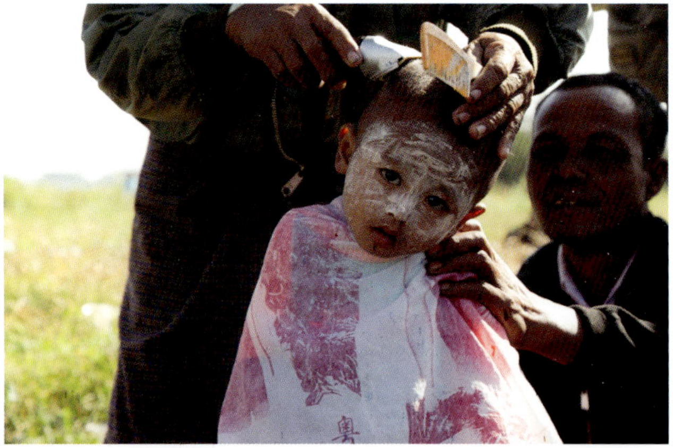

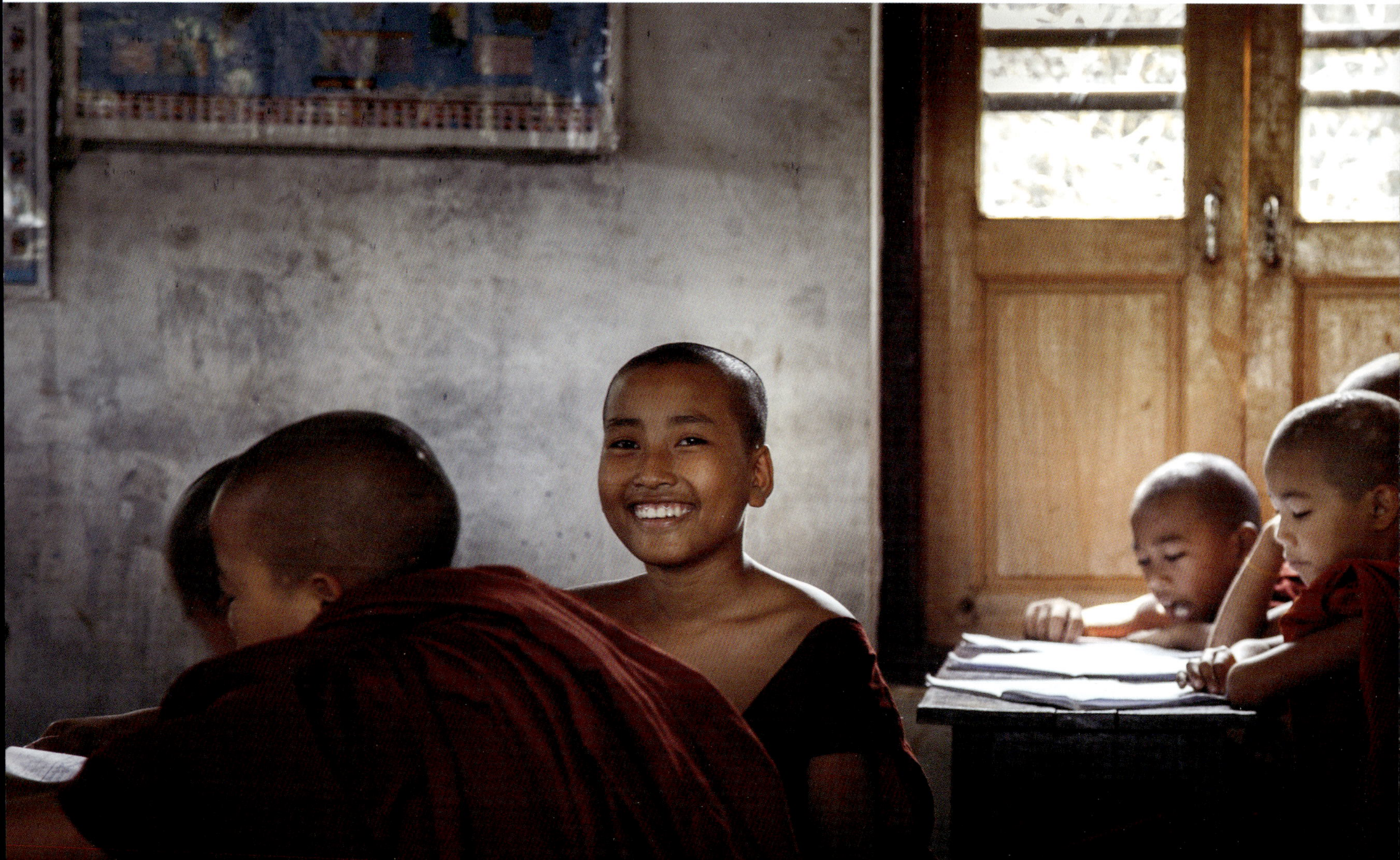

Au monastère

Selon un proverbe birman : « Avant d'être homme, il faut être moine ». Ainsi, entre 5 et 15 ans, les garçons entrent au monastère comme *samanera* (novice) et se font raser la tête. Habituellement le novice reste quelques semaines, le temps d'apprendre les principes de base essentiels pour devenir un bon bouddhiste. S'il décide de rester, le novice devra apprendre et respecter les 227 règles disciplinaires du code monastique. La rupture des trois principales - le vol, le meurtre ou les relations sexuelles - entraîne son expulsion immédiate.

At the monastery

According to a Burmese saying: "Before being a man, one has to be a monk". Thus, between 5 and 15 years-old, boys enter the monastery as samanera *(novice) and get their head shaved. Usually the novice stays a few weeks to learn the basic principles that are essential to become a good Buddhist. If he decides to stay on, the novice will have to learn and respect the 227 disciplinary rules of the monastic code, knowing that breaking one of the three principles – theft, murder or sexual relations – leads to immediate expulsion.*

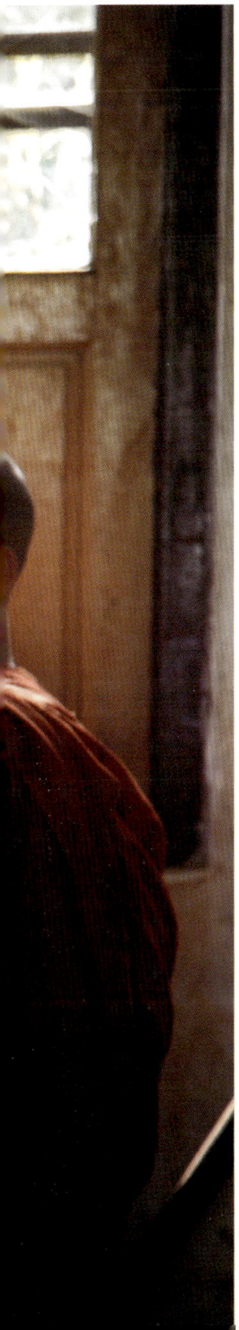

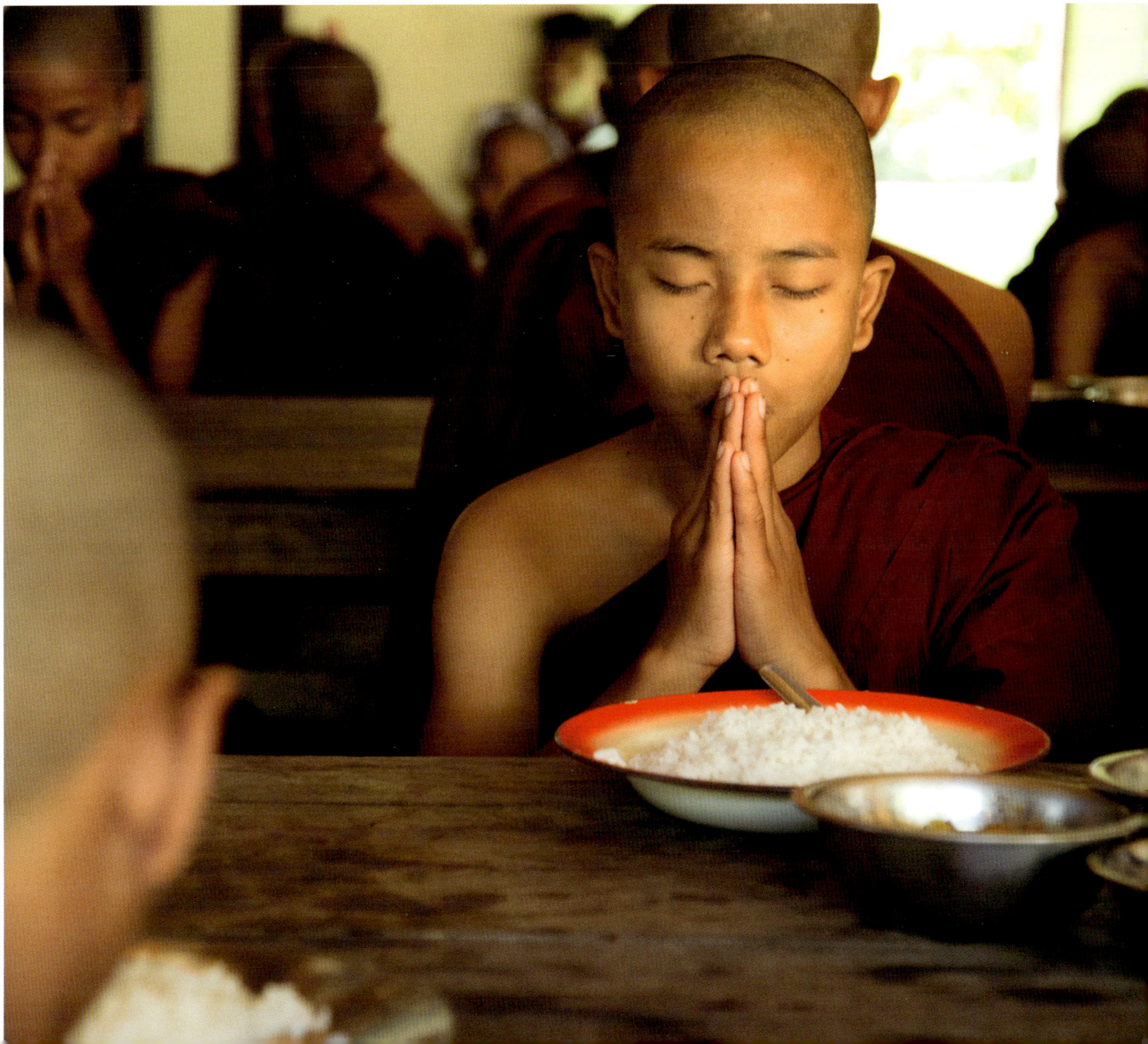

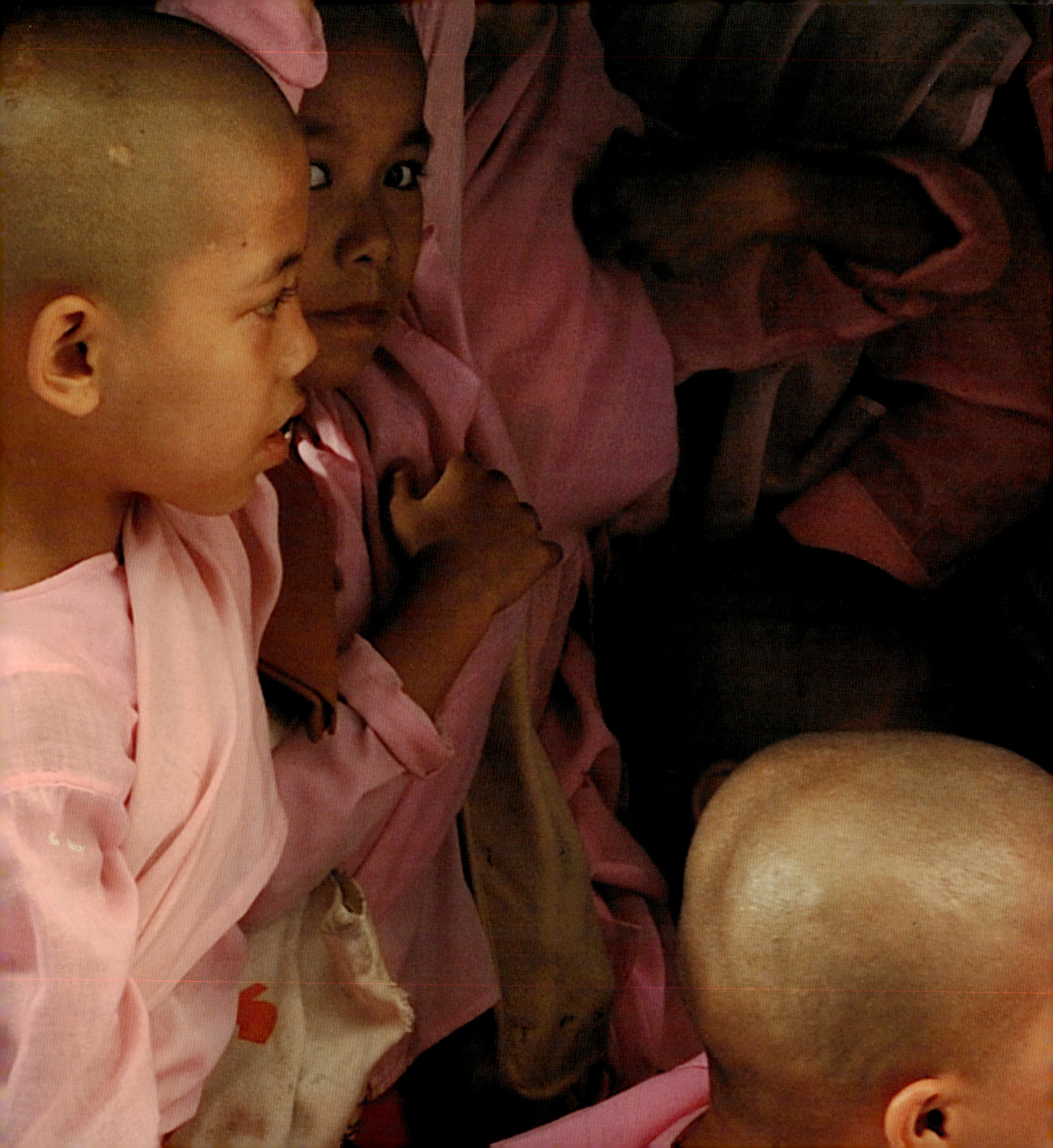

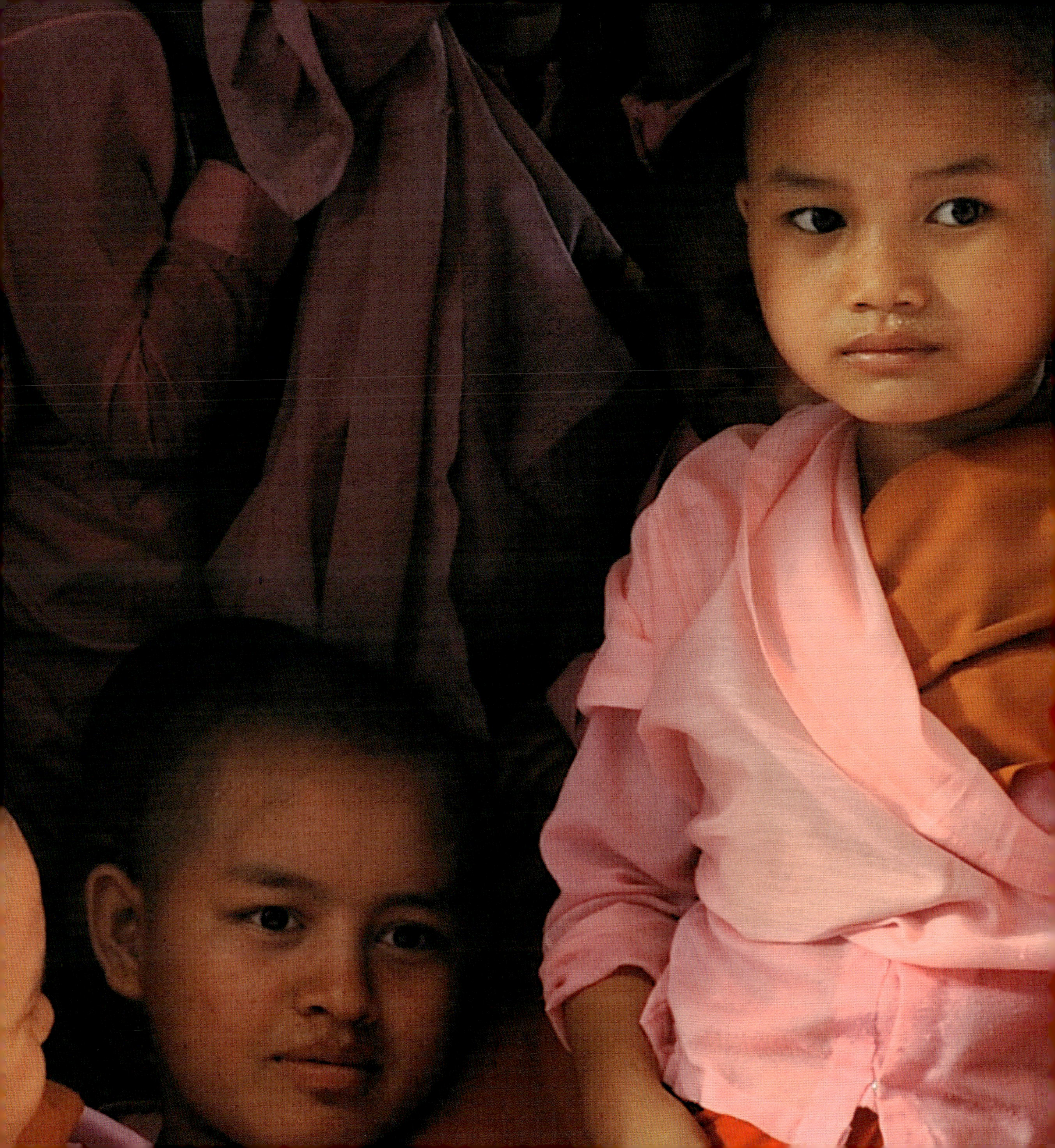

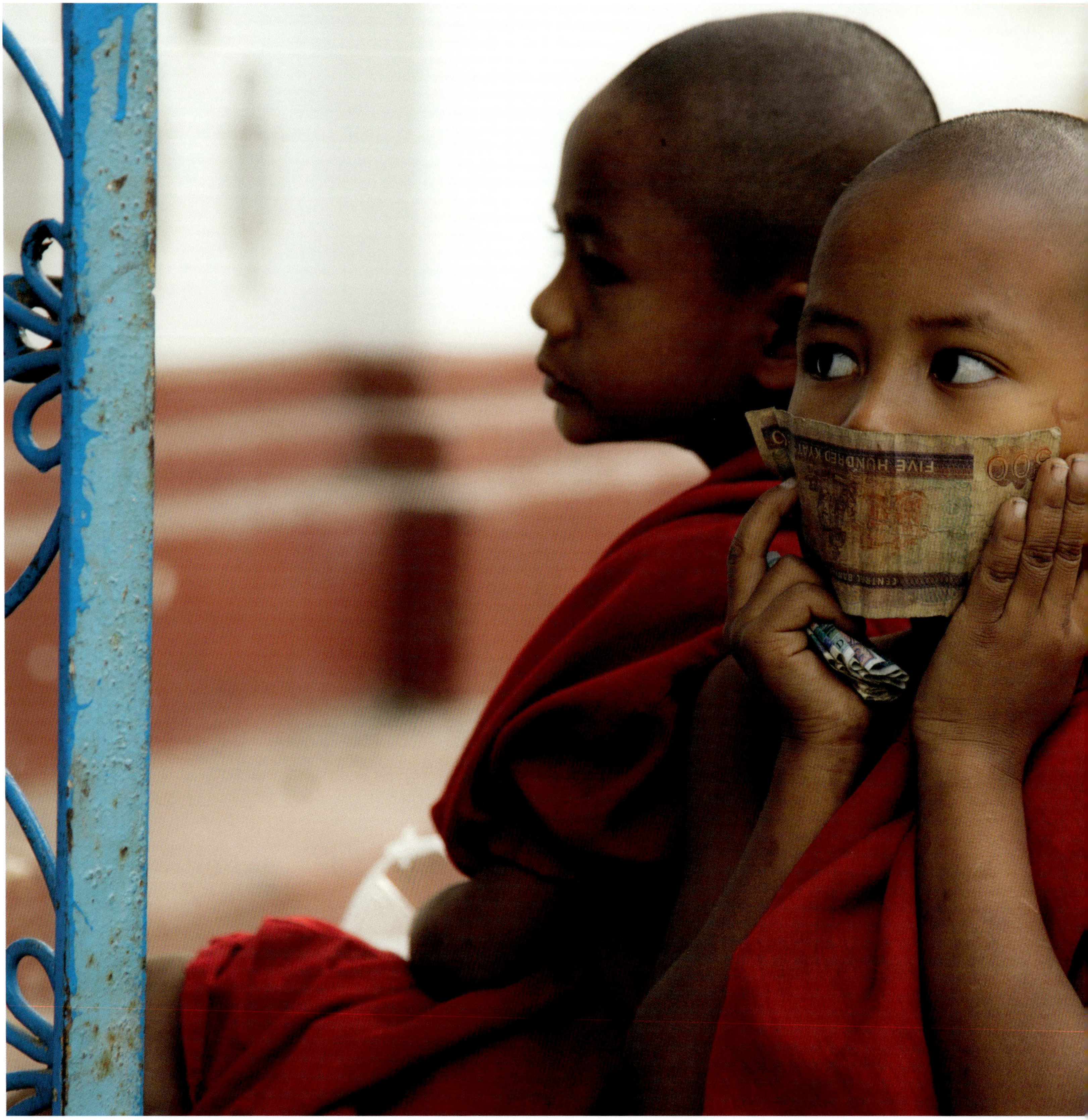
FIVE HUNDRED

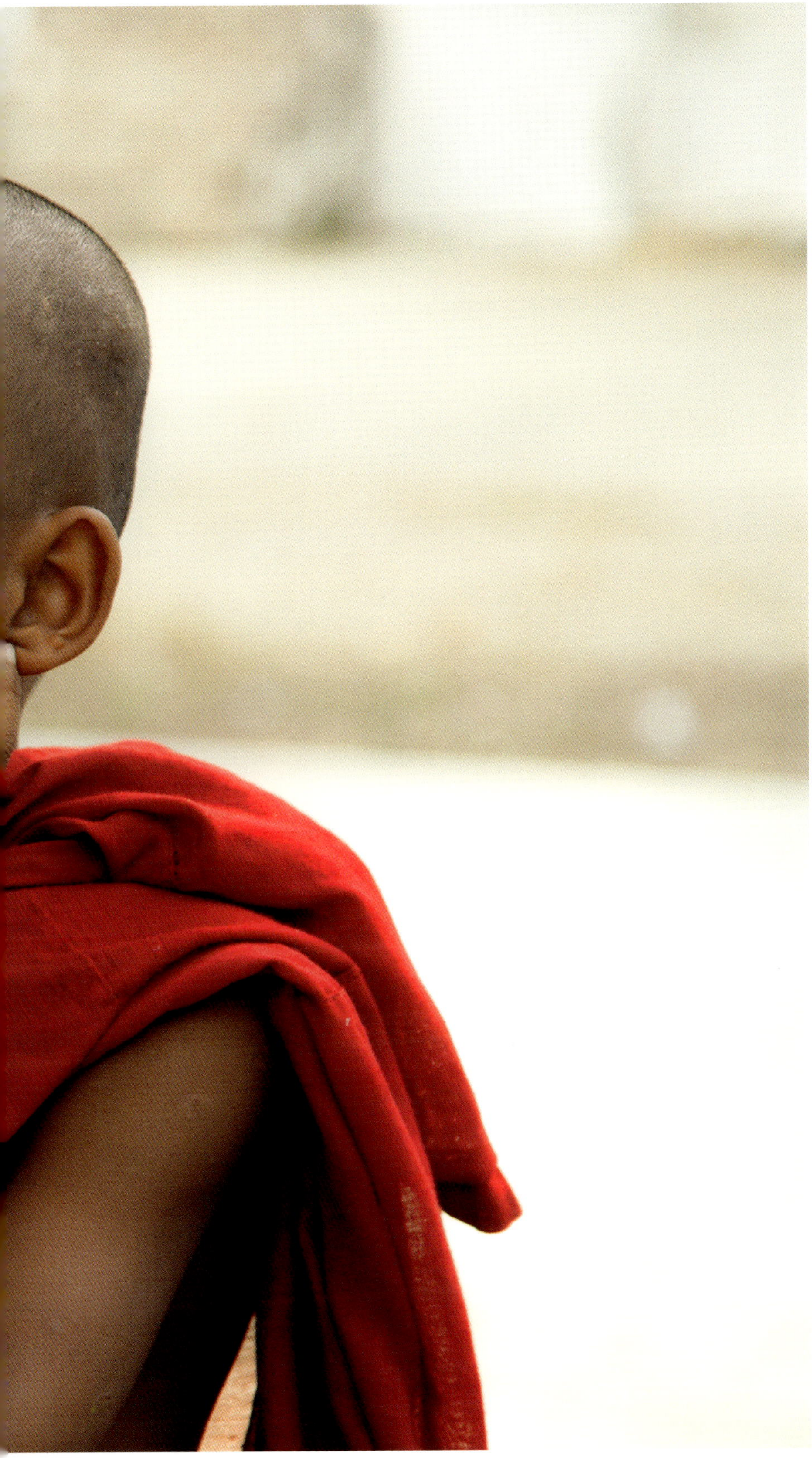

Double-page précédente : Le Myanmar compte environ 25 000 nonnes bouddhistes qui se différencient des moines par leurs robes rose pâle. Elles ne peuvent pas être ordonnées comme leurs homologues masculins. De plus, certains lieux ou statues sacrés ne peuvent être touchés par les femmes.

Previous double-page spread: Myanmar hosts about 25 000 Buddhist nuns, who may be differentiated from the monks due to their pale pink robe. Unlike their male counterparts, they cannot be ordained. Moreover, women cannot touch certain sacred statues or visit certain places within holy sites.

Le bouddhisme et l'argent

En théorie, selon certains membres du *Sangha* (la communauté des moines), les moines ne devraient pas toucher d'argent liquide. Pourtant, les dons des fidèles – dont ceux en espèces – peuvent participer à l'acquisition de mérites. Faire un don aux moines est considéré comme un acte bienfaisant permettant au fidèle de progresser sur les plans moral et spirituel vers la délivrance.

Buddhism and money

In theory, according to some members of the « Sangha » (community of monks), the monks should not receive cash. However, the followers' donations – including cash – lead to the acquisition of merits. Offerings to the monks is viewed as an act of charity, giving the follower the opportunity to progress in the spiritual and moral plans, towards the liberation.

Pélerinage au rocher d'Or de Kyaiktiyo — État Môn.

Ce rocher serait retenu en équilibre grâce à un cheveu de Bouddha. Les fidèles (de sexe masculin uniquement) acquièrent des mérites en s'y rendant et en y collant des feuilles d'or.

Pilgrimage to the Golden rock at Kyaiktiyo – Mon State.

It is believed that the rock is balanced solely thanks to a strand of Buddha's hair enshrined within the rock. The male (only) followers may gain merits by sticking golden leaves on it.

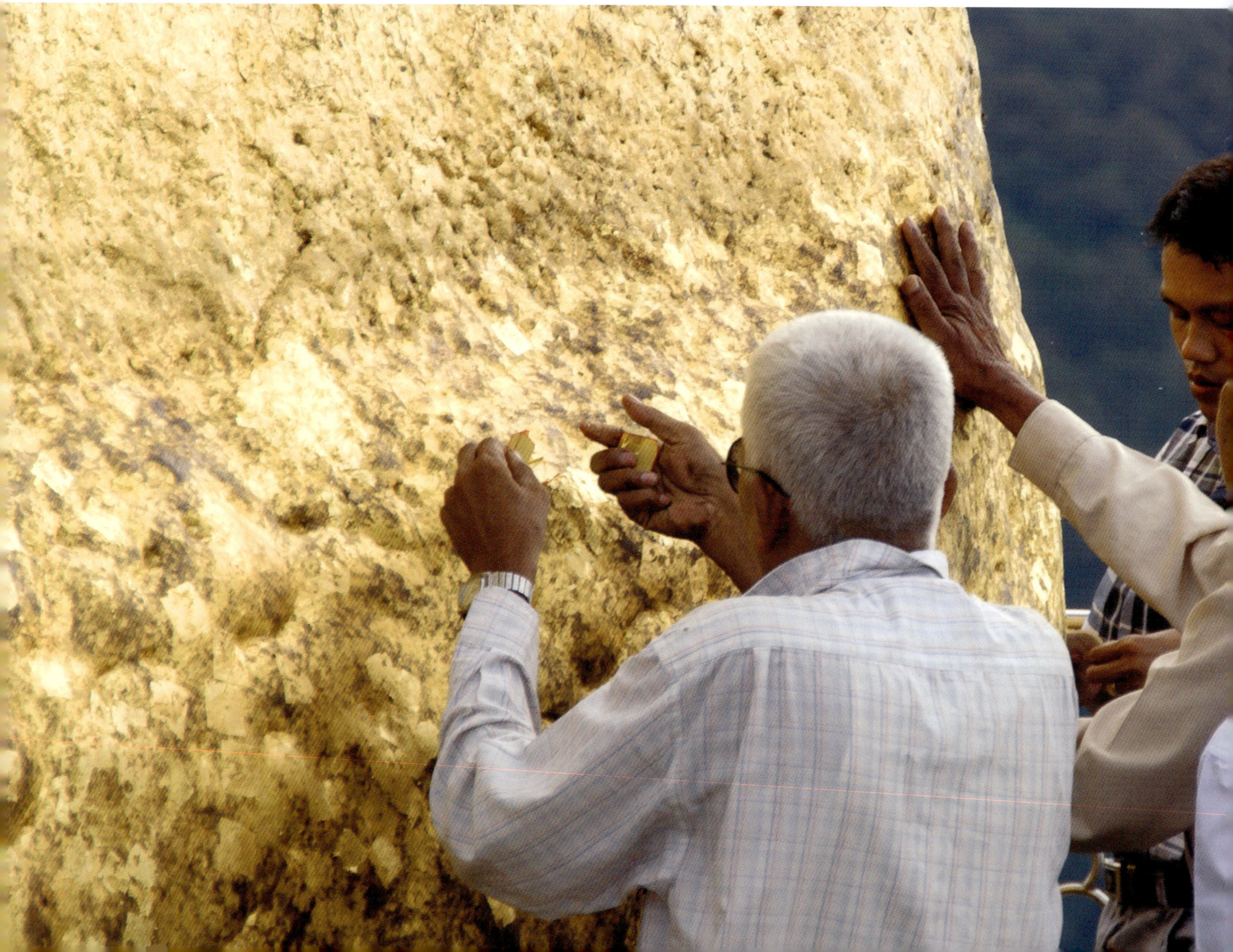

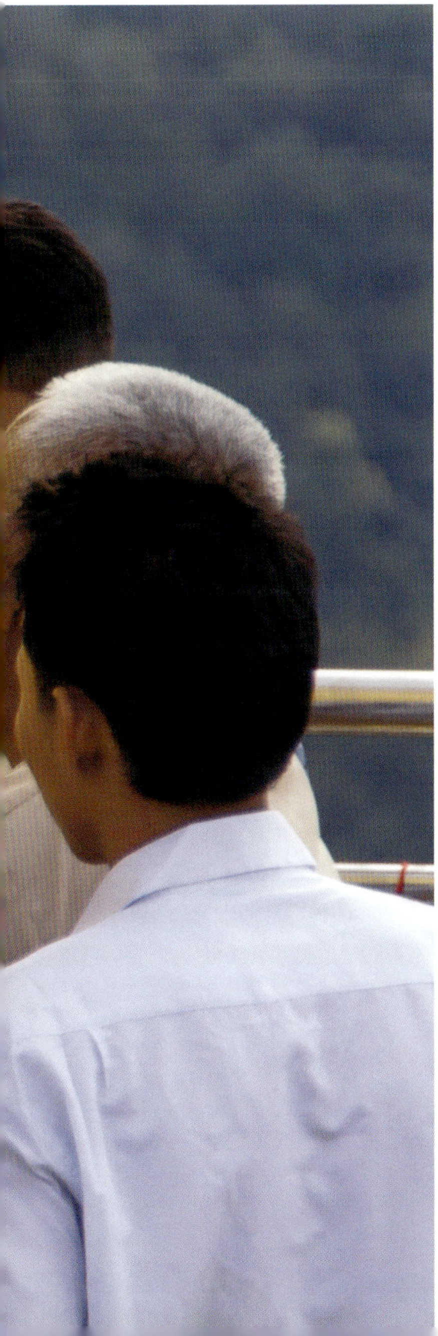
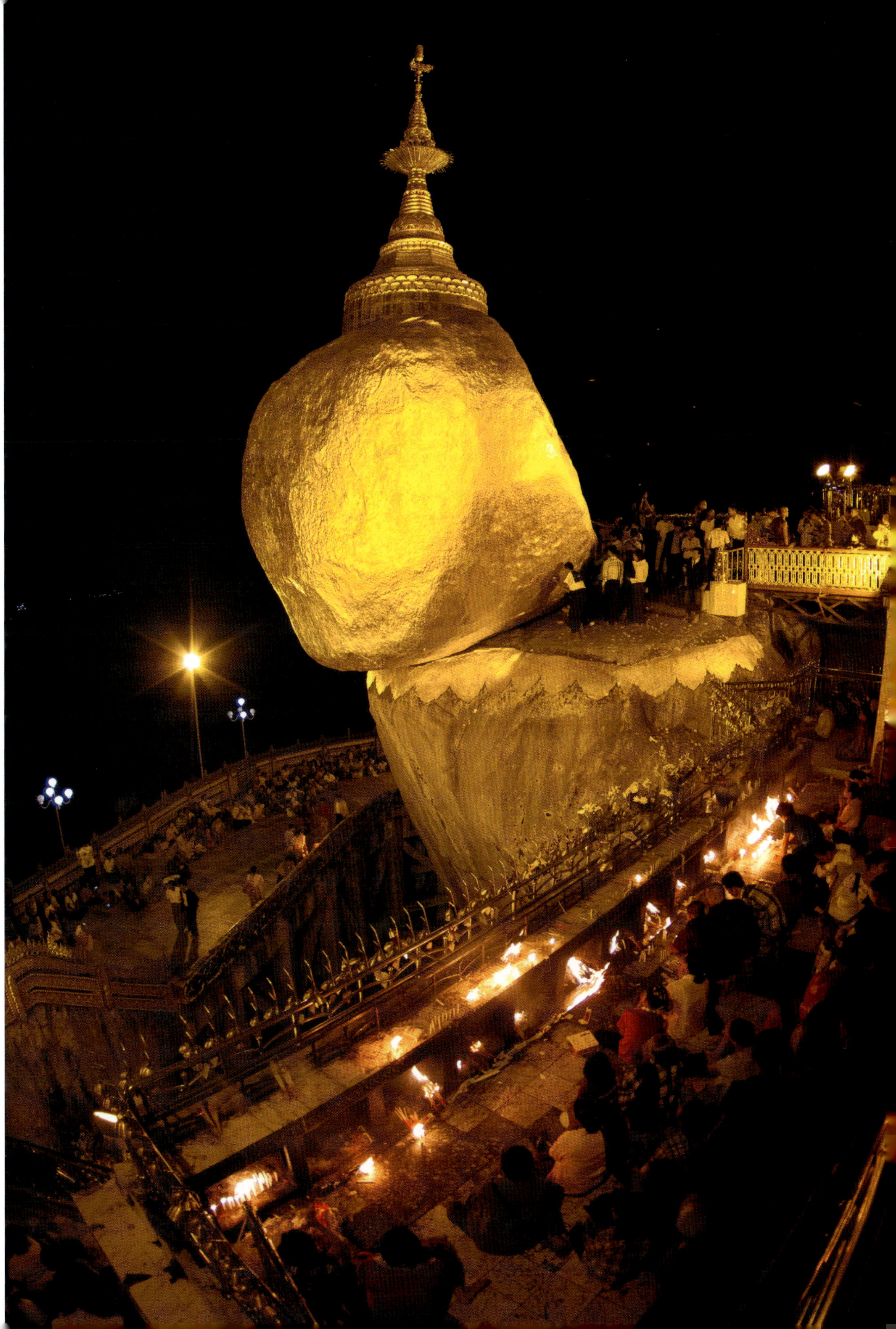

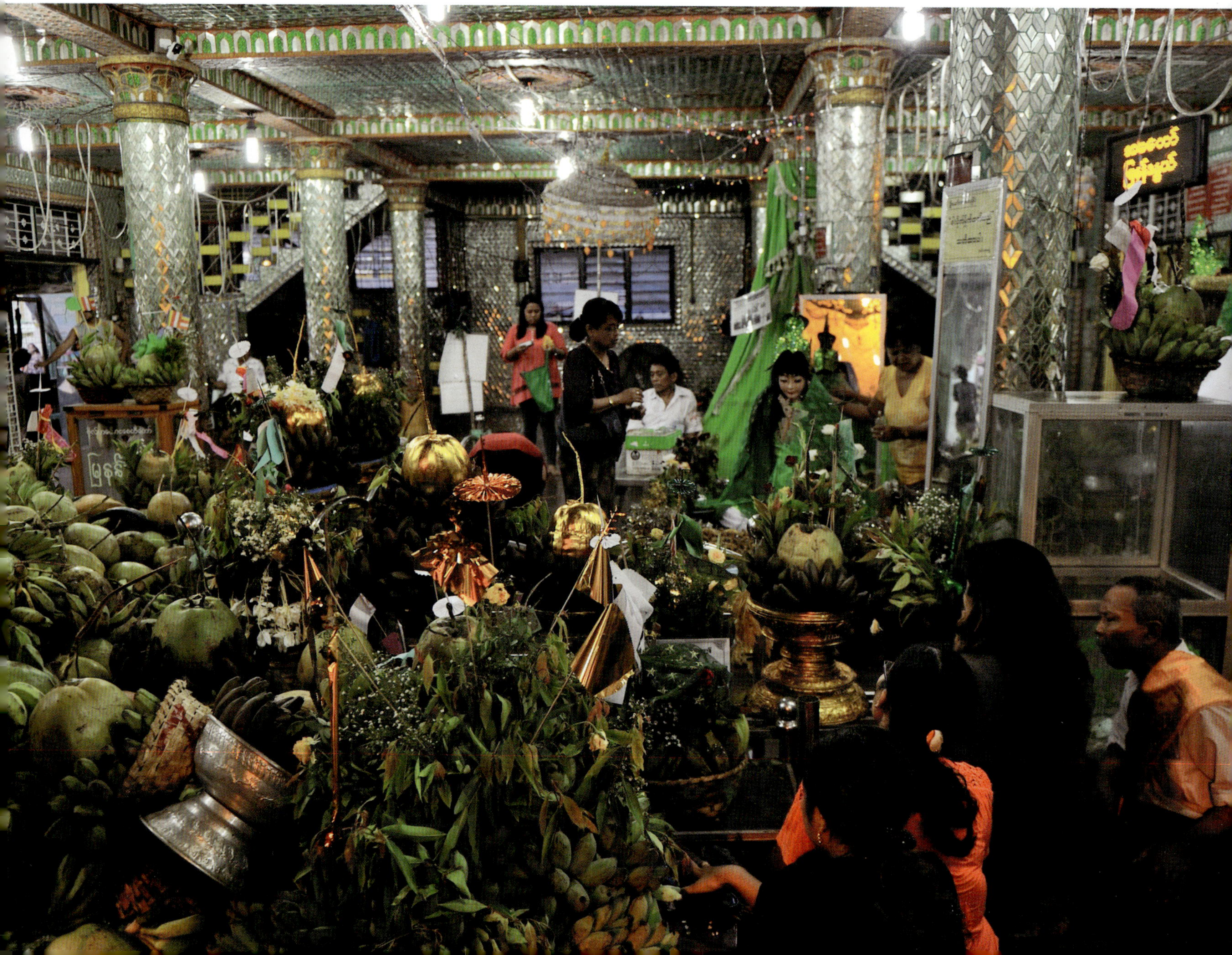

Cérémonie en l'honneur d'un nat - pagode Botahtaung, Yangon.
Le culte des 37 nats, ou esprits autochtones, se trouve souvent intégré au bouddhisme par un syncrétisme religieux qui a permis la cohabitation de croyances et religions pendant des siècles. Certaines salles de culte bouddhistes abritent ainsi des statues de nats, comme celle-ci, incarnant la déesse de la rivière Yangon.

Ceremony celebrating a nat – Botahtaung Pagoda, Yangon.
The cult of 37 nats, or native spirits, is often mainstreamed into Buddhism thanks to the religious syncretism that made beliefs and religions co-existing for decades. Some Buddhist worshiping rooms host nats' statues, such as this one, representing the Yangon River goddess.

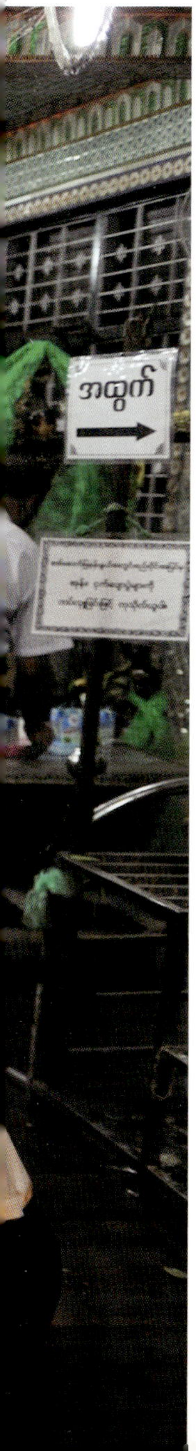

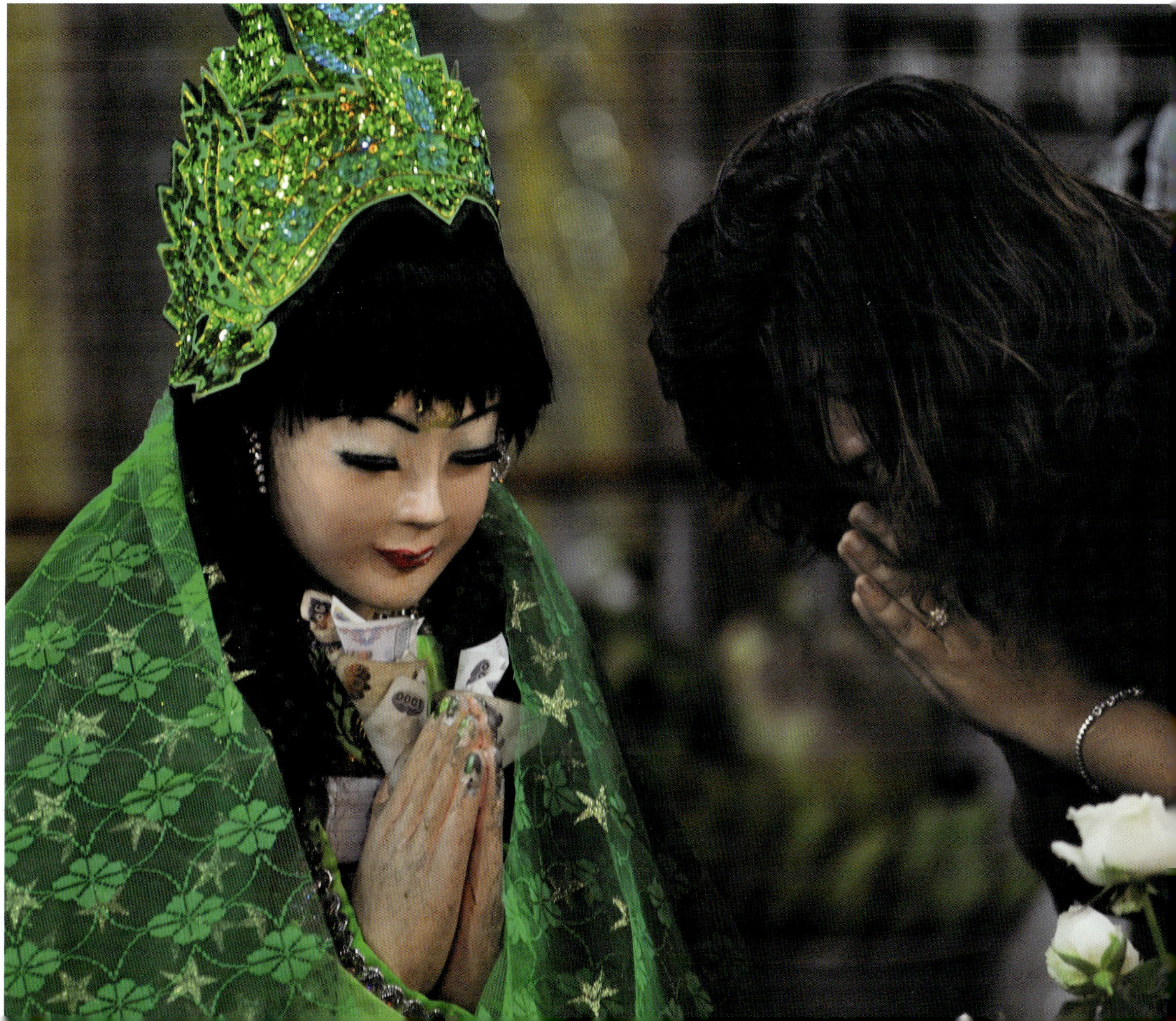

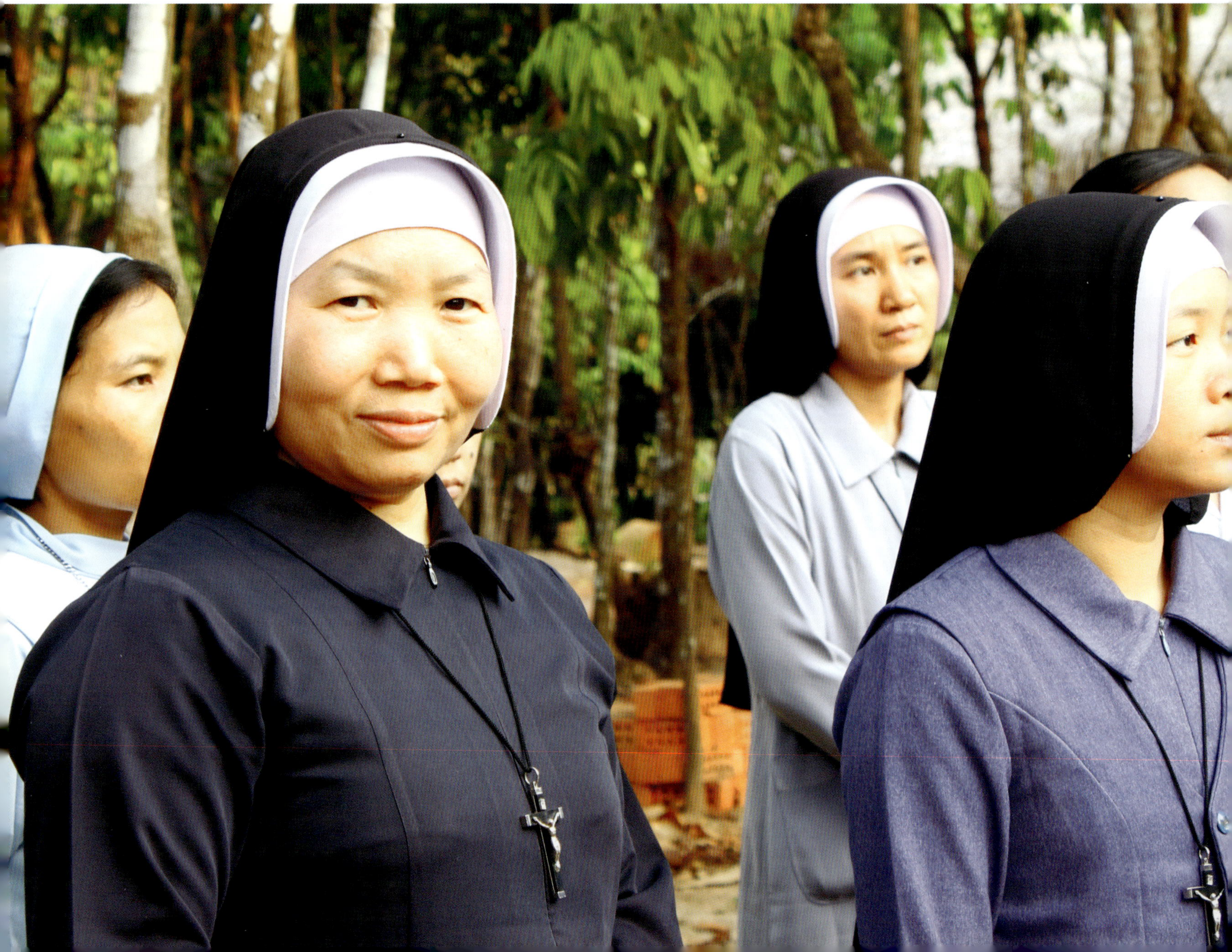

Des nonnes catholiques dans l'État Kachin (gauche) et à la cathédrale Sainte-Marie de Yangon (droite).

À partir du XIXe siècle, les missionnaires européens et américains ont évangélisé des ressortissants des minorités ethniques. Leur héritage est toujours tangible puisque les Kachin et les Chin, par exemple, sont pour la plupart chrétiens. Les catholiques ne constitueraient aujourd'hui qu'environ 1% de la population.

Catholic nuns in the Kachin State (left) and in Saint Marie of Yangon Cathedral (right).

From the 19th century onward, European and American missionaries have evangelized ethnic minorities. Their heritage is still tangible since some minorities such as the Kachin and the Chin are mainly Christians. Nowadays, the Catholics represent only 1% of the population.

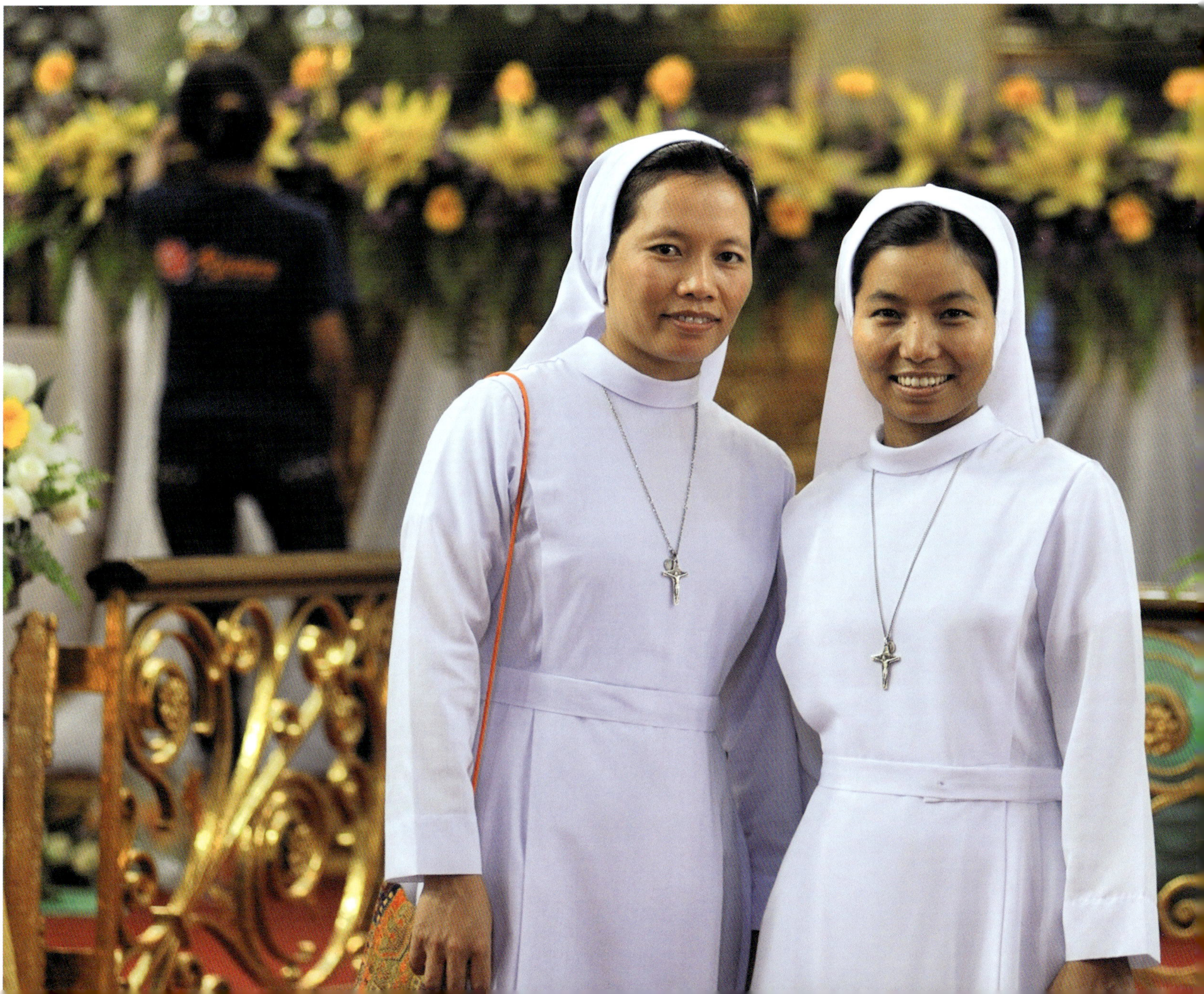

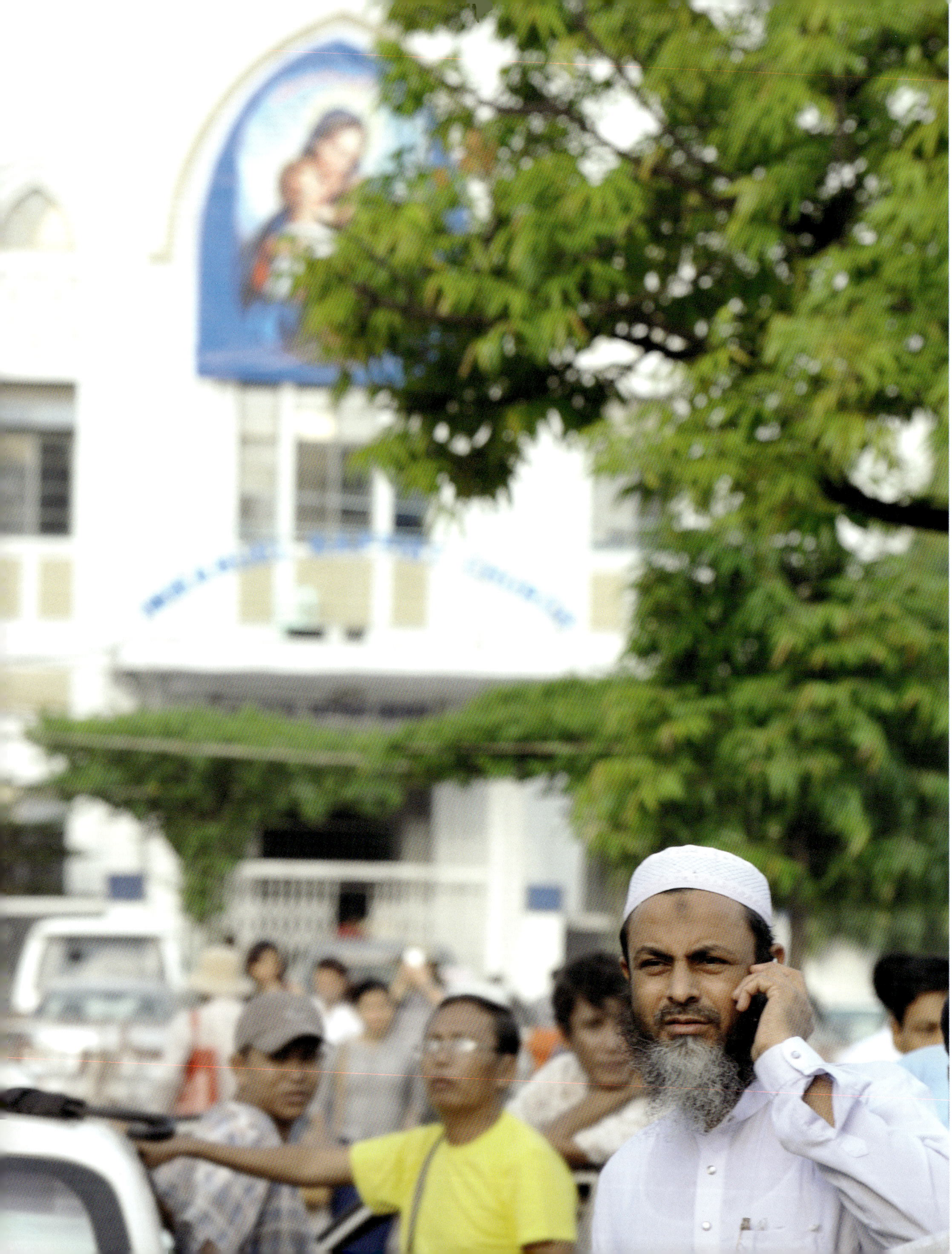
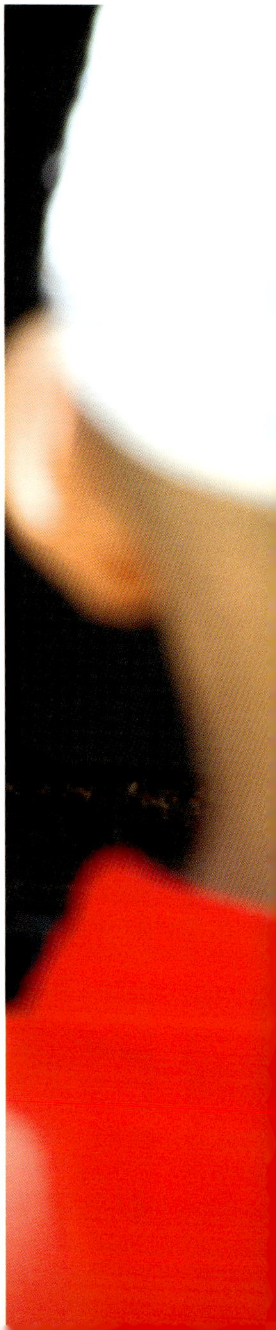

Un Birman musulman devant l'église baptiste Sainte-Emmanuelle – Yangon (gauche). Deux enfants sympathisent dans les rues de Yangon (droite).

La communauté musulmane, particulièrement visible dans les grandes villes du pays, souffre depuis quelques années de la plus flagrante discrimination dans un contexte de crispation identitaire. L'Islam serait pratiqué par 4 % de la population selon les statistiques officielles, bien plus selon certains chercheurs.

A Muslim Burmese in front of the Saint Emmanuelle Baptist Church – Yangon (left). Two children getting acquainted in the streets of Yangon (right).

Muslim community, more visible in the country's large cities, has been suffering from serious discrimination in a political context of identity crystallisation. Islam is said to be practised by 4% of the population according to official data, a figure thought much higher according to other research.

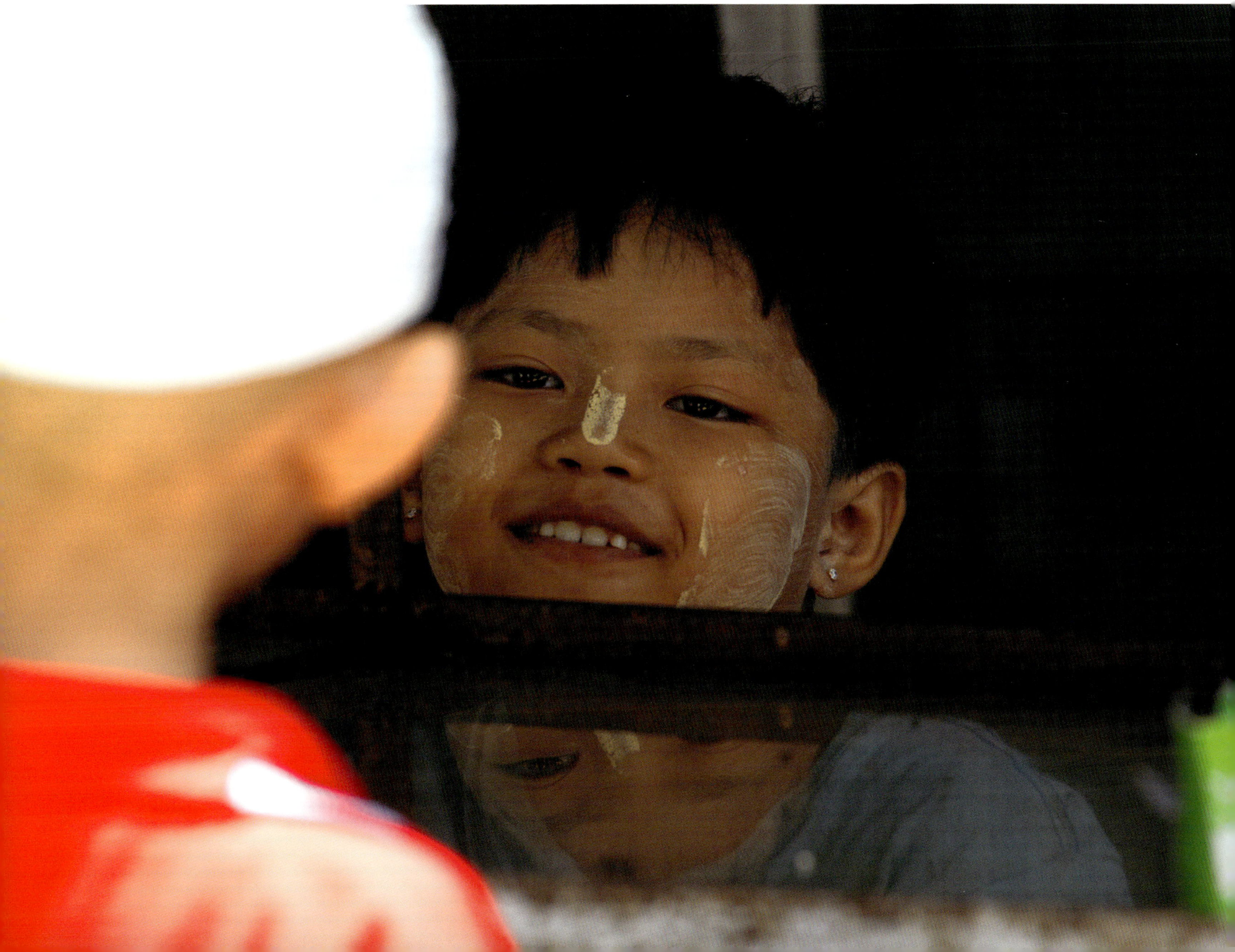

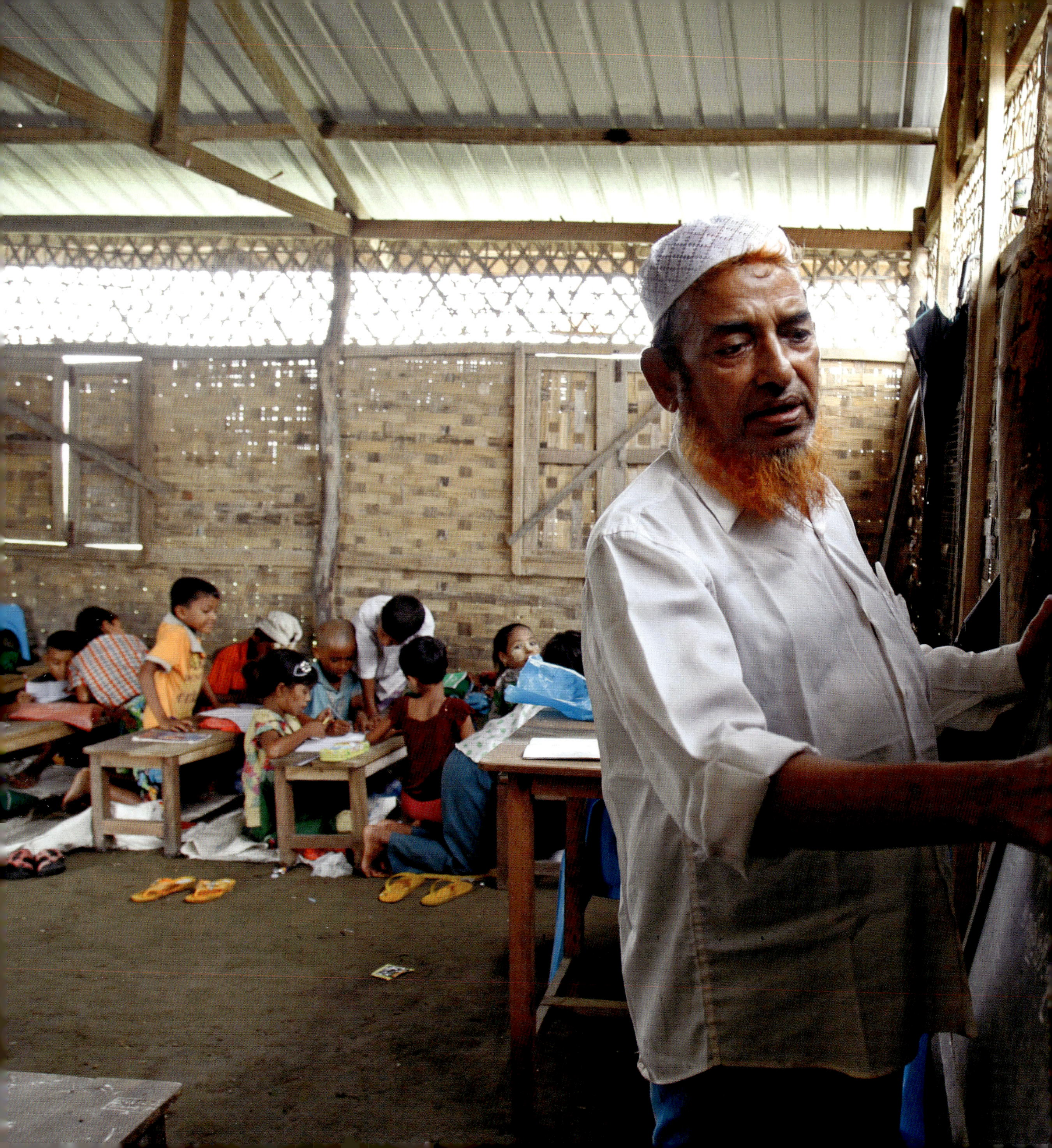

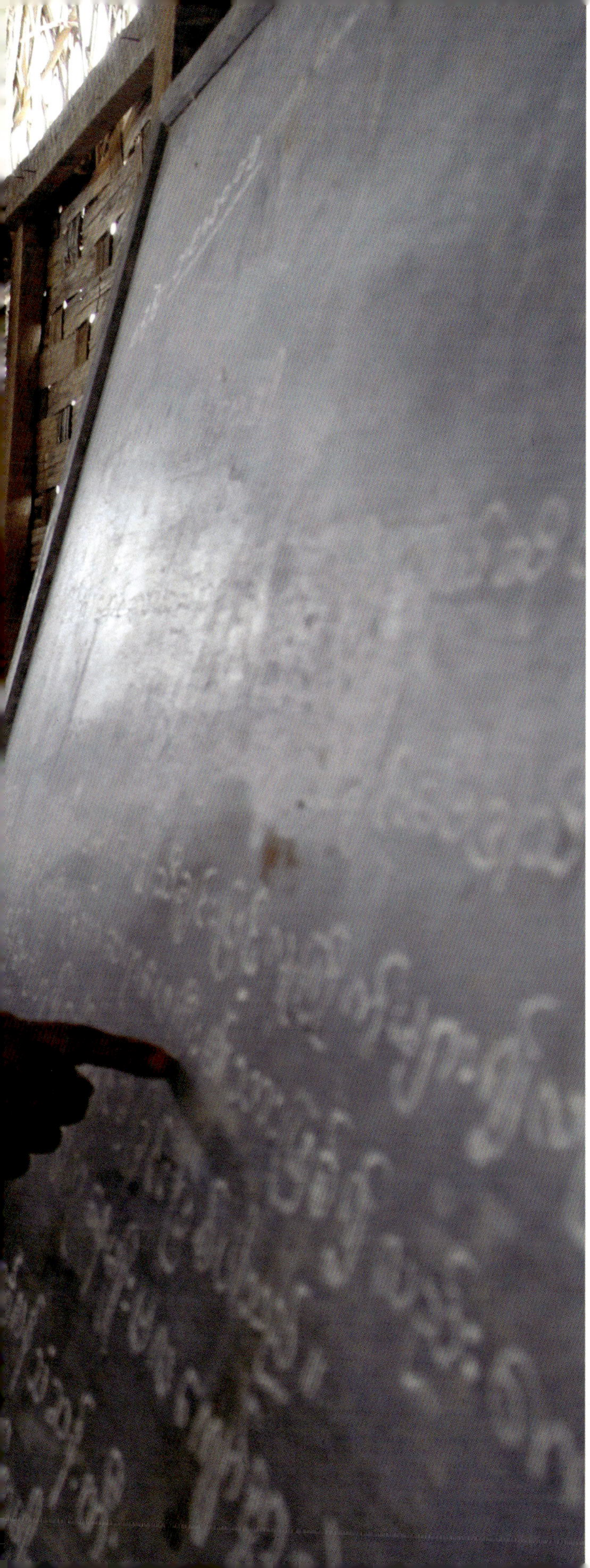

Un professeur donne cours au camp de déplacés internes musulmans de Thet Kel Pyin en septembre 2015 – Sittwe, Arakan.

Il y a plus de 140 000 déplacés internes – en grande majorité musulmans – en Arakan, suite à des violences intercommunautaires. Dans le Nord de l'Arakan, les Rohingya, musulmans considérés comme des immigrés illégaux par le gouvernement birman, portent depuis plus d'une décennie le qualificatif peu enviable de « minorité la plus persécutée du monde » selon la formulation de l'ONU.

A teacher is giving a class at the Muslim internal displaced persons' camp of Thet Kel Pyin in September 2015 – Sittwe, Rakhine State.

There are 140,000 internally displaced persons – great majority being Muslims – in Rakhine State as the result of inter-communal violence. In Northern Rakhine State, the Muslim Rohingya minority is considered by the government as illegal immigrants. According to UN reports, the have for decades been the "most persecuted minority in the world".

Cérémonie hindoue à la déesse Kali – Yangon.
Une importante minorité indienne s'était établie dans les grandes villes pendant les colonies anglaises. À Rangoun, elle constituait la moitié de la population. Ceux qui sont restés suivent fidèlement leurs traditions et perpétuent les rites hindous.

Hindu ceremony dedicated to the goddess Kali – Yangon.
Hindu tamils, an important Indian minority settled in the large cities during the British colonial times. In Rangoon, then capital of the country, Indians represented half of the population. Their descendants still faithfully perpetuate traditions and Hindu rituals.

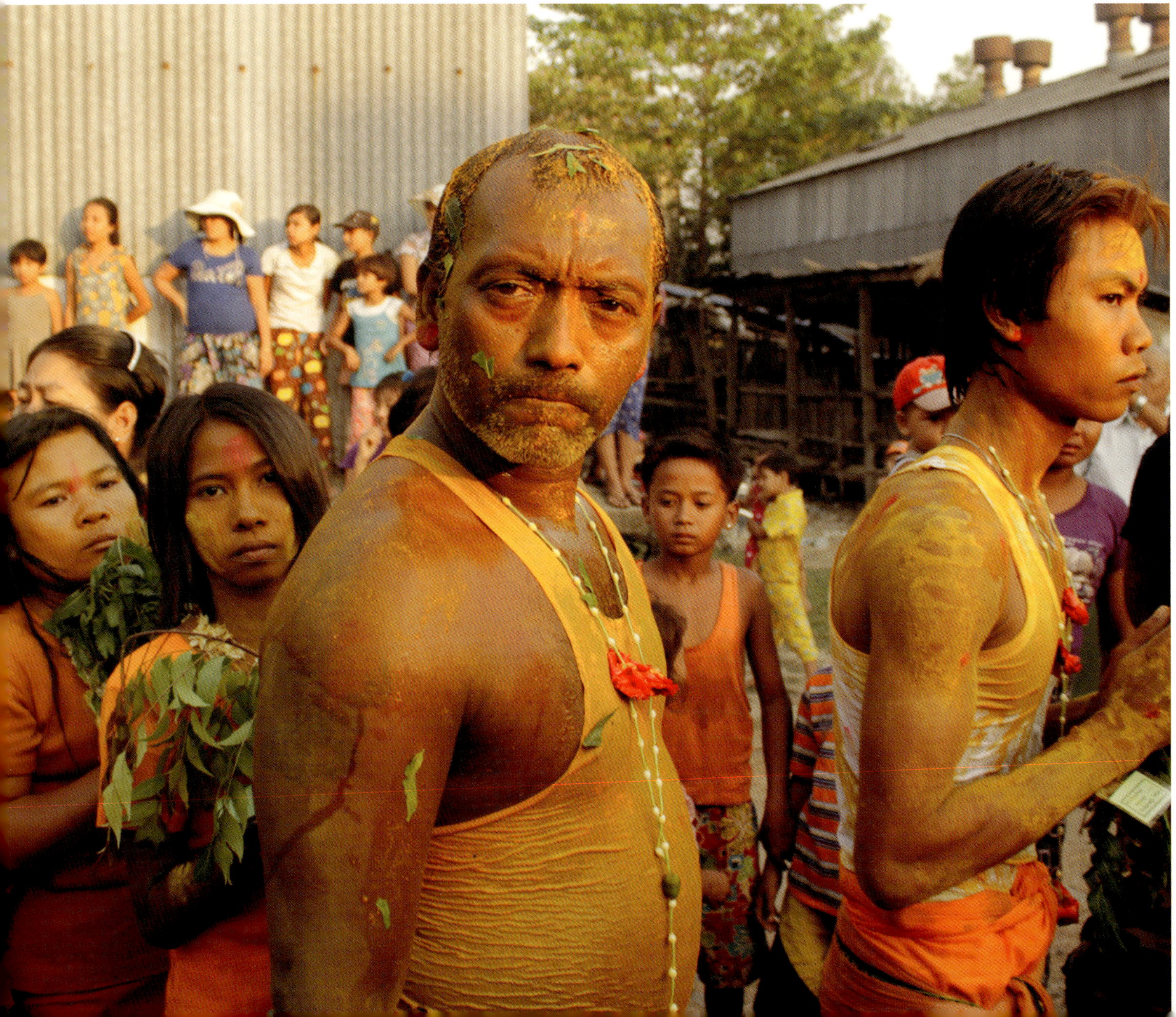

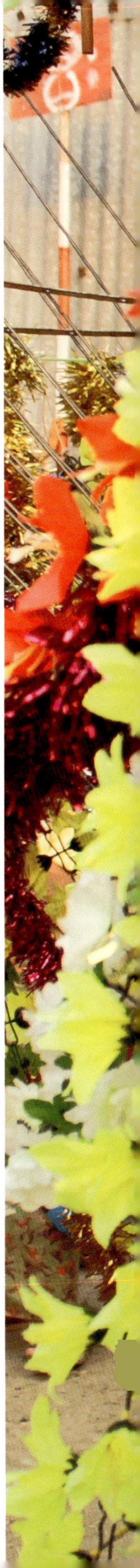

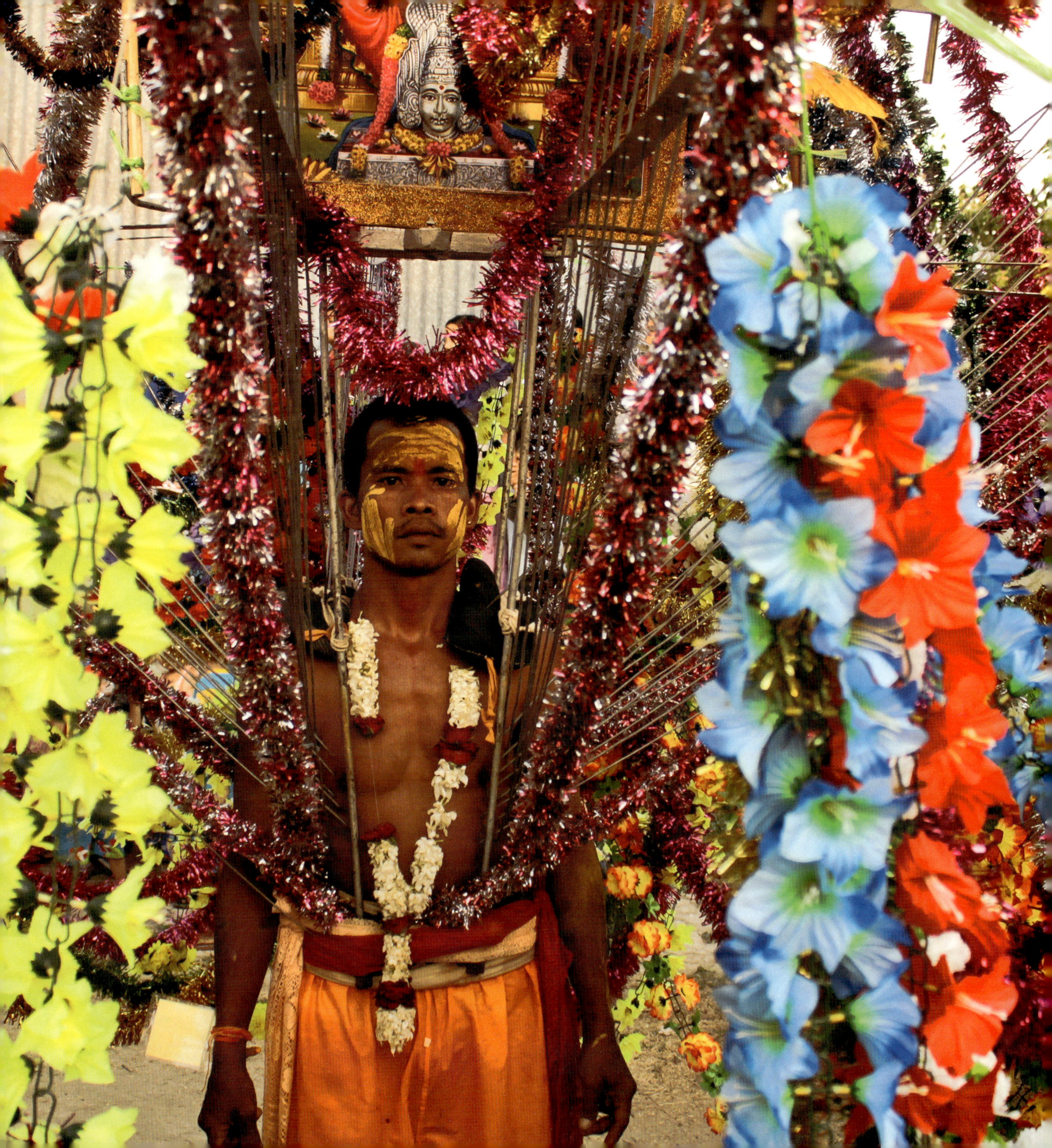

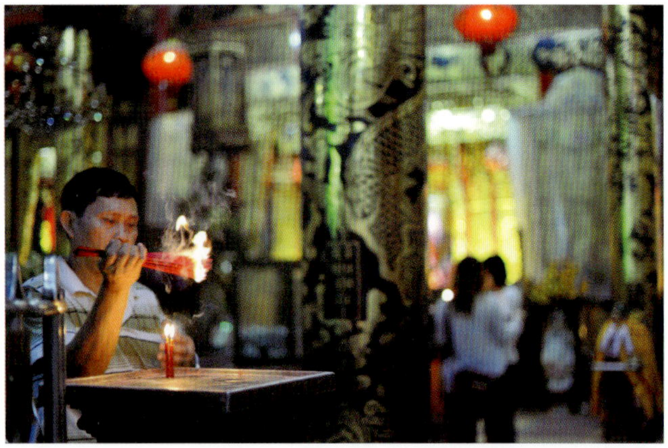

Au temple chinois Kheng Hock Keong –Yangon.

Très active dans la vie économique du pays, la communauté chinoise du Myanmar représente une minorité influente. Elle a ses propres temples à Yangon et dans les grandes villes, ses rites, mais aussi ses écoles, ainsi que de nombreux commerces et restaurants.

At the Chinese temple Kheng Hock Keong – Yangon.

The Chinese community represents a powerful minority that is greatly influential in the country's economy. They own temples in Yangon and in the big cities, but also their schools, and numerous shops and restaurants.

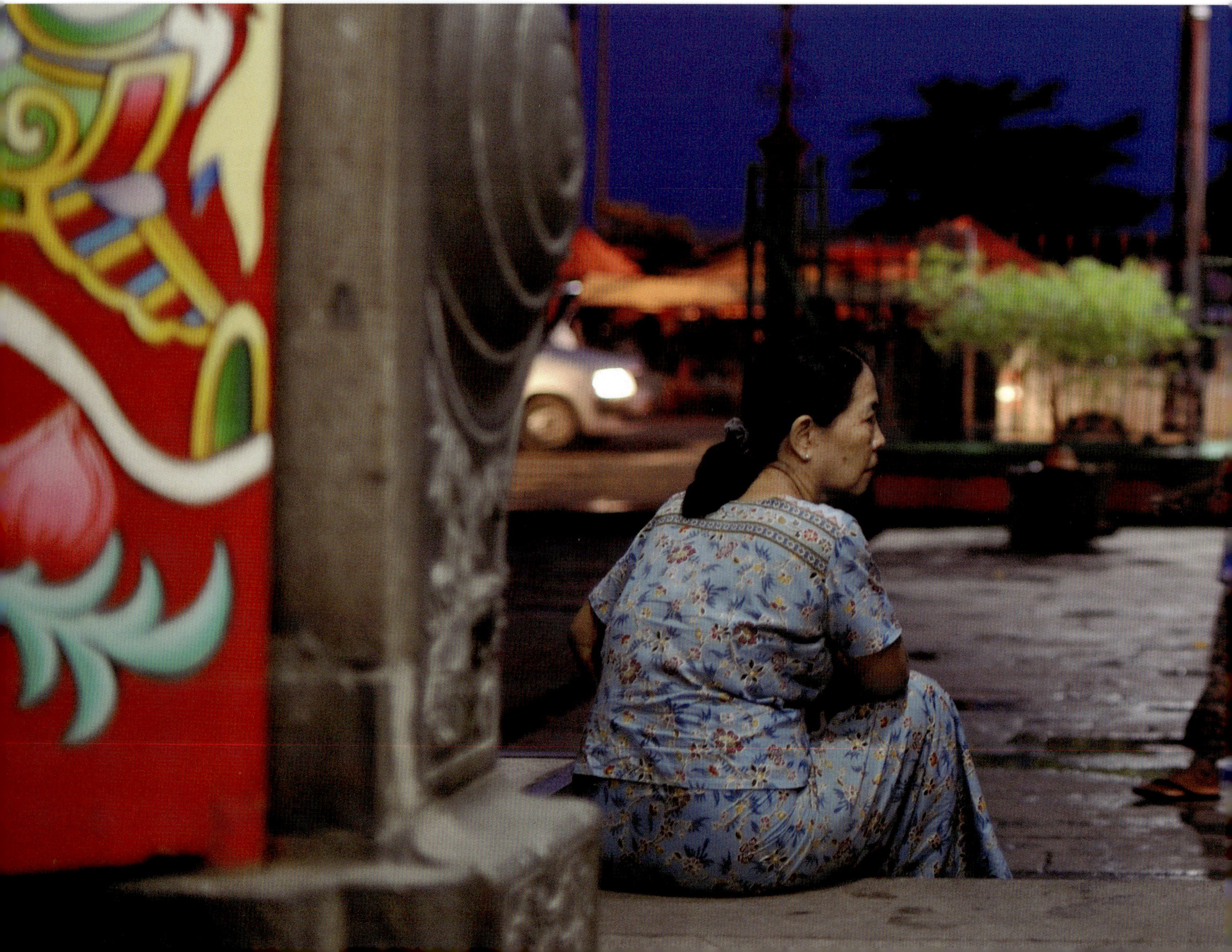

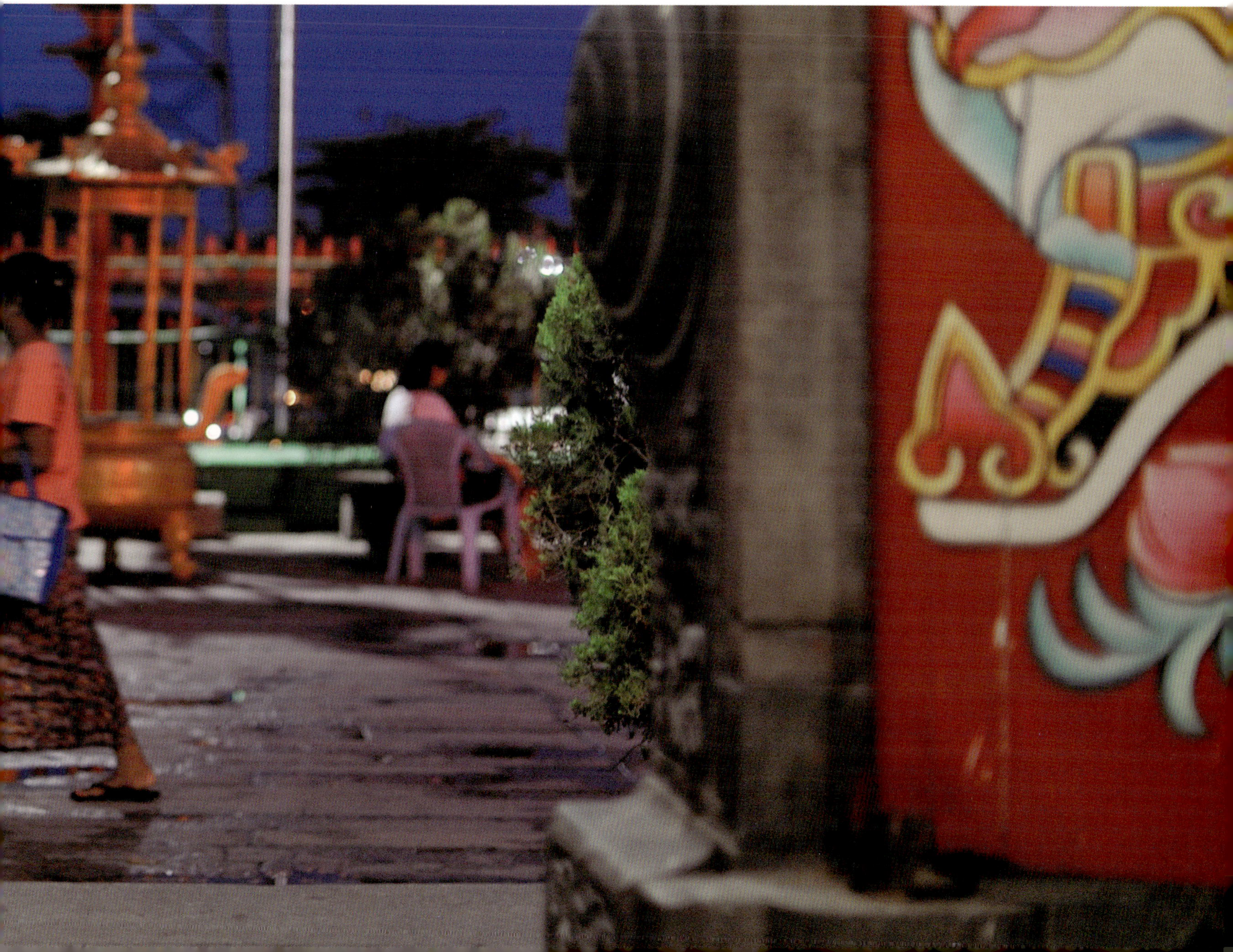

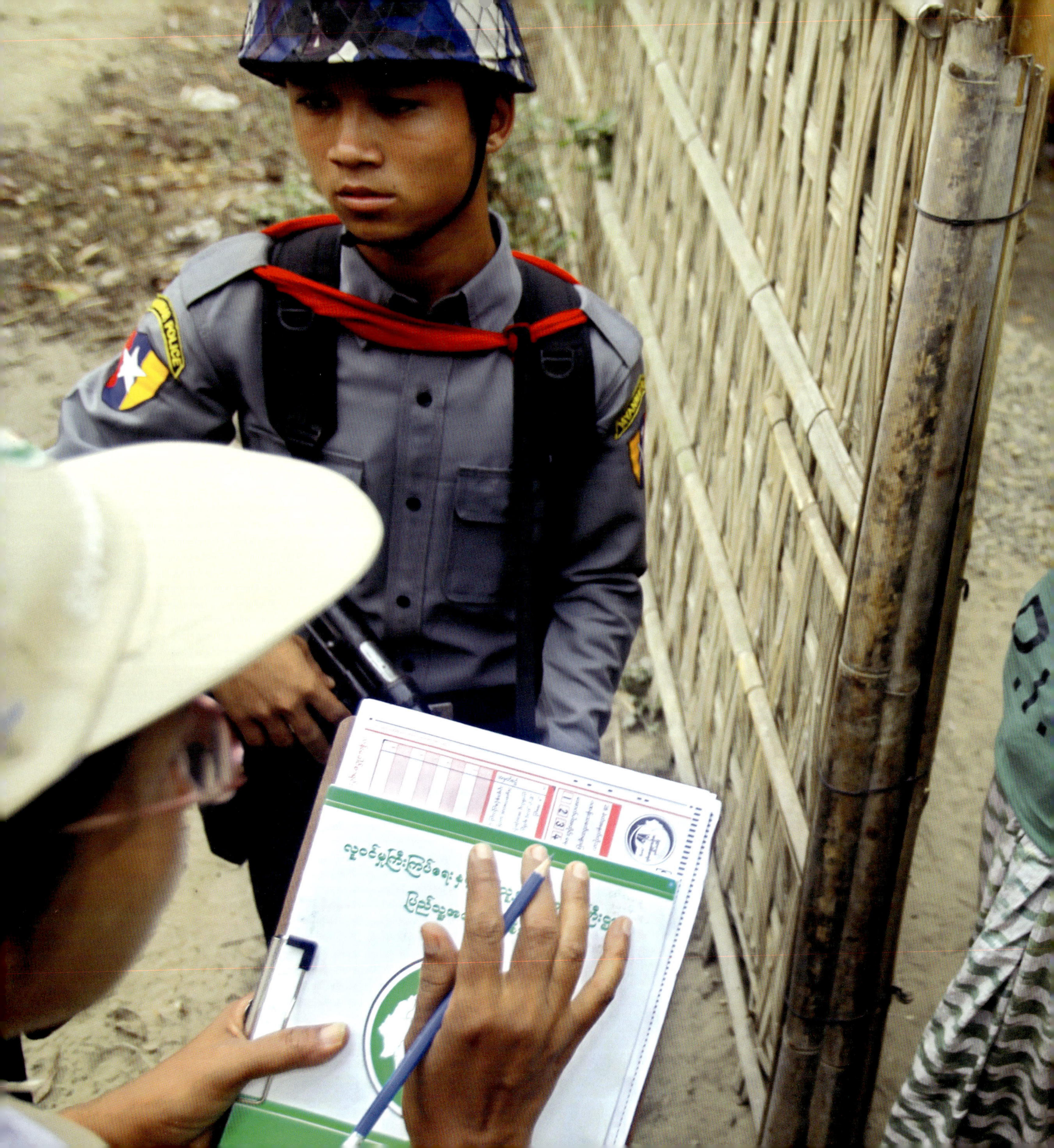

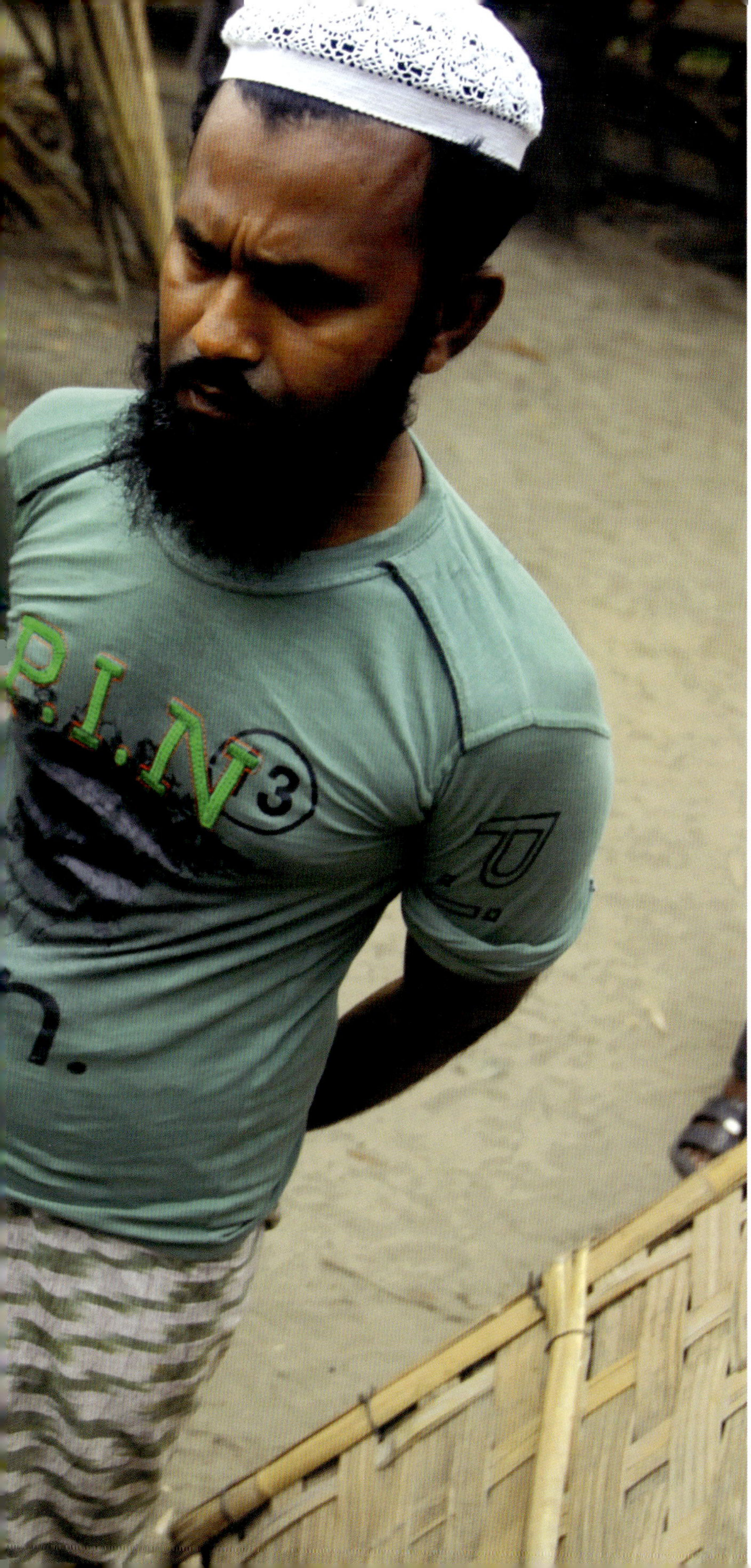

Le recensement de 2014 devrait apporter des informations factuelles et à jour sur l'épineuse question de la diversité ethnique et religieuse au Myanmar.

Pour la première fois depuis 30 ans, le pays a recensé sa population, à l'exception de certaines régions ethniques touchées par la guerre, et d'une partie importante de la population rohingya. De nombreux ressortissants musulmans ont notamment dû se déclarer comme « Bengali ».

The Census of 2014 is expected to shed light on the complicated estimates of ethnic and religious diversity in Myanmar.

For the first time in 30 years, the Burmese state counted its population, except in some ethnic regions affected by the war, and the Rohingya population which was intentionally excluded. Besides, numerous members of communities who followed Islam as a religion had to register as "Bengali".

Au quotidien
Everyday life

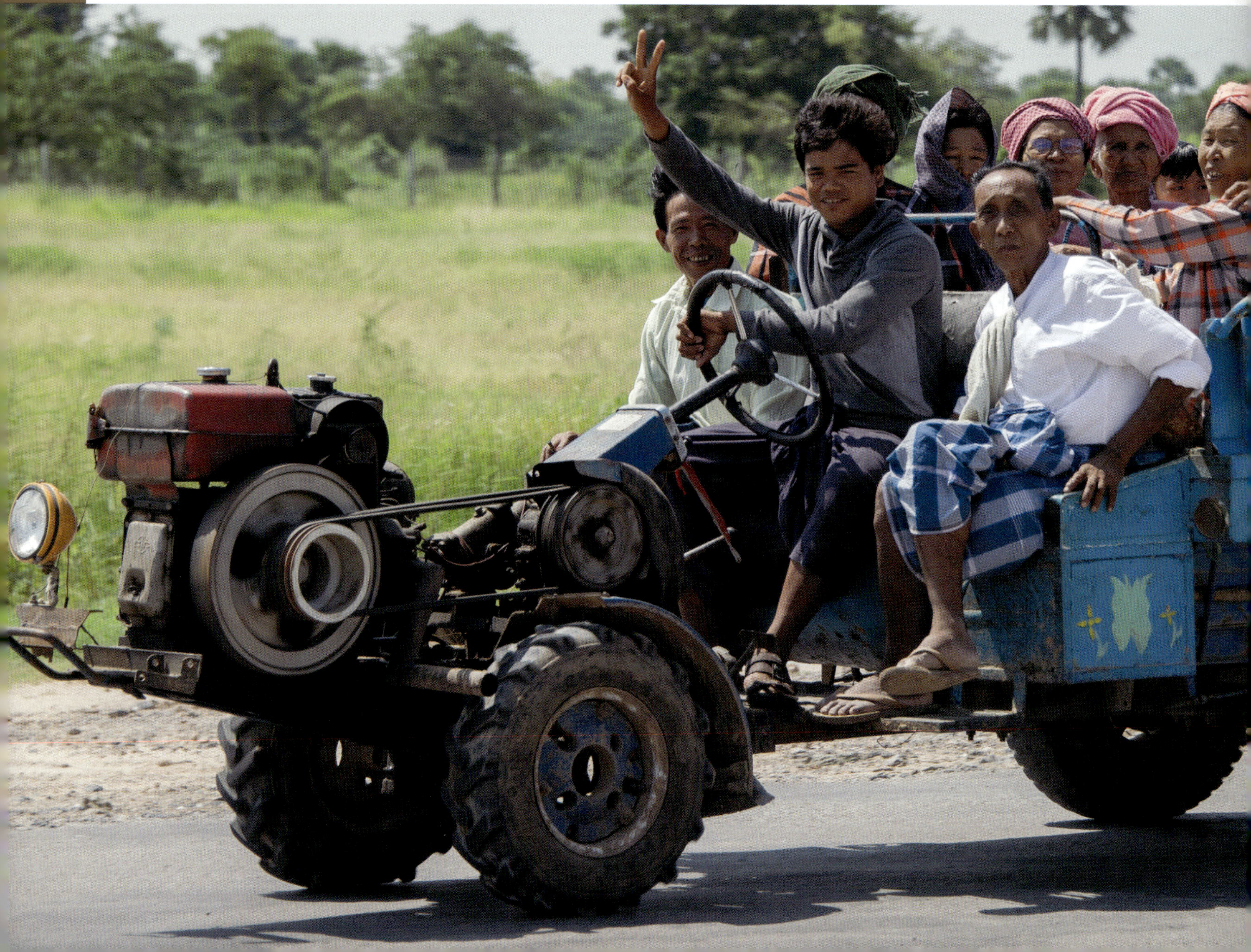

Le relatif isolement du Myanmar sous la junte, associée à la valorisation de certaines pratiques culturelles et religieuses, entendaient préserver des traits culturels autochtones tout en circonscrivant les influences étrangères. Si la vie quotidienne birmane semble s'être perpétuée pendant des décennies, la transition politique et économique que traverse le pays entraine de rapides changements, surtout dans les milieux urbains. Dans ce contexte fluctuant, l'identité birmane, loin d'être figée, connaît des évolutions et des questionnements.

Certaines pratiques sont devenues de véritables emblèmes de la culture traditionnelle birmane. L'usage du tanaka comme base du maquillage pour les femmes ou la consommation du bétel qui rend écarlate le sourire des hommes constituent ainsi de singuliers marqueurs identitaires. Le port du longyi, la circulation en risckhaw, le jade ou encore les célèbres rubis de Mogok appartiennent également à l'iconographie birmane.

La culture du Myanmar s'exprime aussi sur le plan culinaire. Si chaque région a ses spécialités, le riz reste l'alimentation de base de la population. Il est omniprésent au point de ponctuer la vie sociale. L'une des formules de politesse les plus répandues lorsque l'on salue une personne n'est-elle pas d'ailleurs : "Avez-vous mangé du riz ?"

Dans tout le pays, les salons de thé sont le lieu de convivialité par excellence où l'on se retrouve pour discuter entre amis. À la tombée de la nuit, les terrasses des « beer stations » se remplissent de Birmans friands de grillades et d'anecdotes quotidiennes.

The relative isolation of Myanmar under the military junta, associated with the polarisation of some cultural and religious customs, was intended to preserve cultural traits while limiting foreign influences on society itself. Whereas the traditional way of life seems to have remained unchanged for decades, the current political and economic transition triggered fast paced changes, particularly visible in urban areas. In this fluid context, Burmese identity, far from being rigid, is also subject to evolution and questioning.

Over time, some native practices have become symbolic of the traditional Burmese culture. The use of tanaka as make-up, or the consumption of betel, reddening the men's smile are among these singular identity symbols. Longyis as a man's dress, rickshaw as means of transportation, but also the jade or the famous Mogok rubies are part of the Burmese iconography.

Myanmar culture is also embodied by specific culinary practices. Each region has its own specialities but rice remains the staple food of the population. It is omnipresent to the extent of punctuating the social life, so much so that one common way of greeting someone is by asking: "Have you eaten rice?"

As for the tea shops that dot the Burmese landscape, they serve as the spiritual centre of gatherings, be it friends or fellow workers. And by nightfall, the "Beer stations" or semi-open Beer stalls attract the Burmese, hungry for grilled food and discussions of the day.

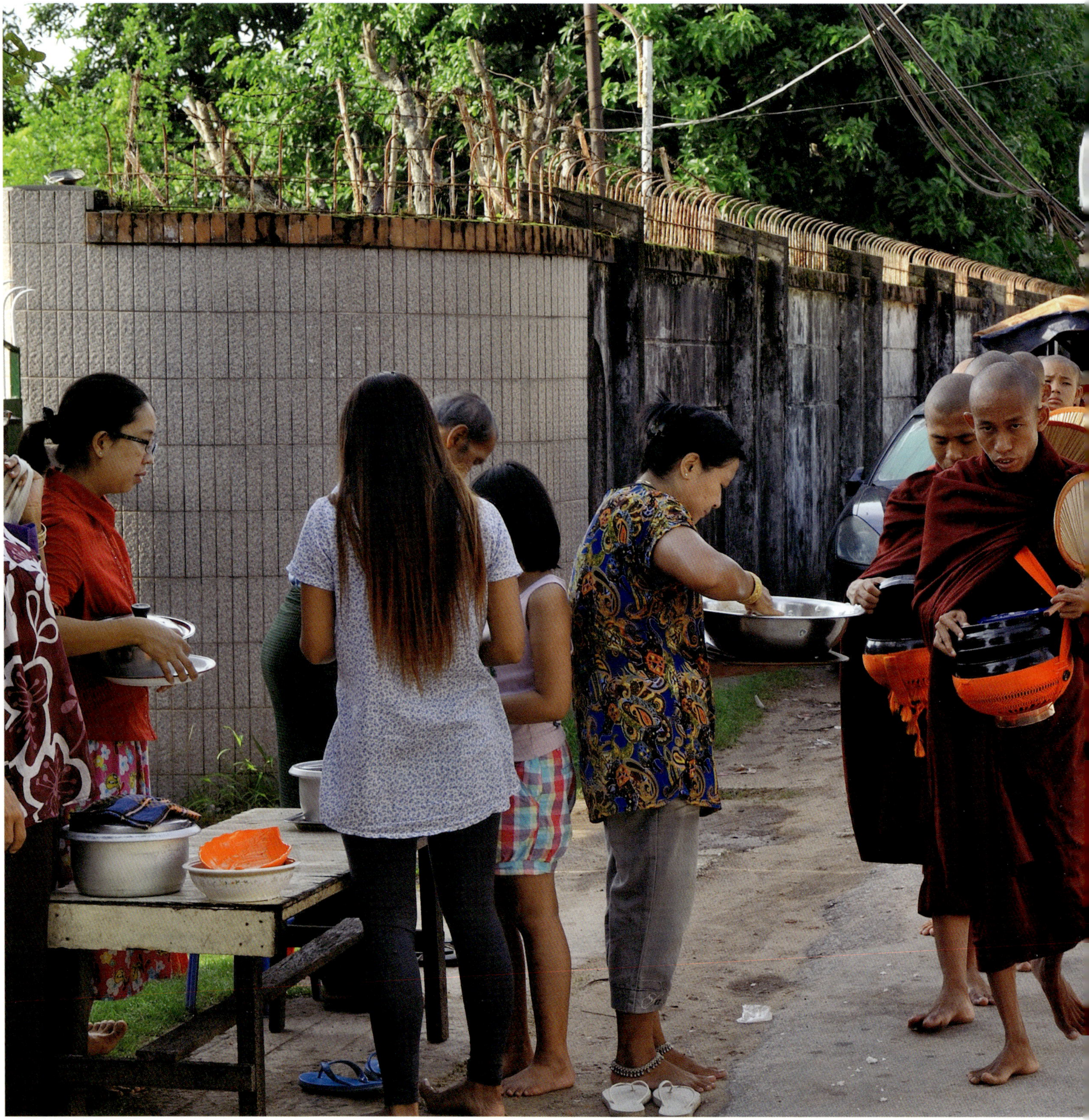

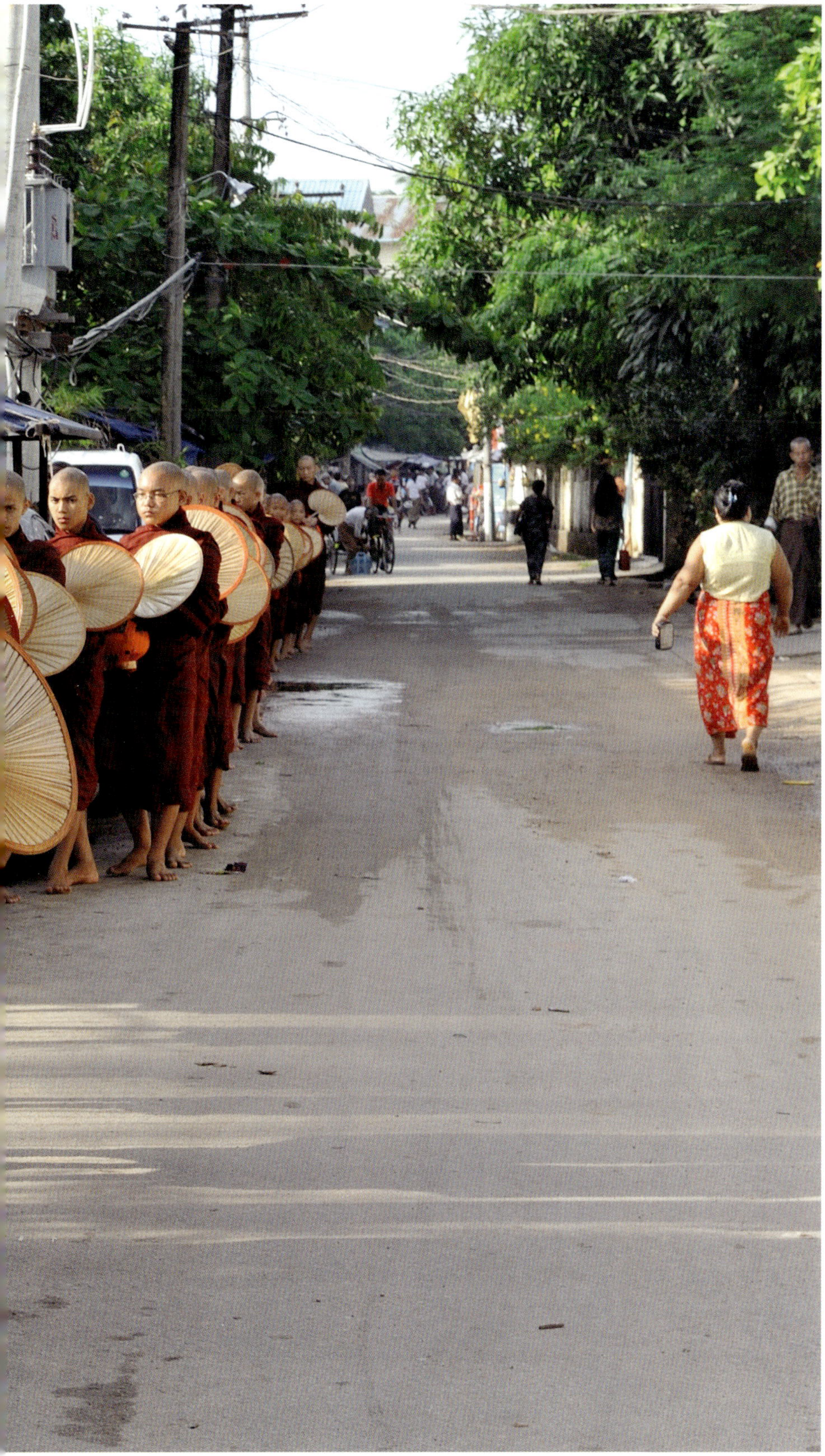

Procession de moines à l'aube dans les rues – Yangon.

La vie quotidienne est marquée par certains rituels. Les rites religieux demeurent très présents dans le quotidien des Birmans, quelle que soit leur confession. Le premier des rituels religieux de la vie quotidienne est l'offrande de nourriture aux moines bouddhistes qui se rassemblent en procession dès l'aube dans les rues. Les fidèles leur servent du riz dans un bol à aumône et acquièrent ainsi des mérites. Le moine bouddhiste ne peut manger que ce qui lui est offert. Son acceptation du don procure d'importants mérites aux fidèles.

Procession of monks at dawn in the streets – Yangon.

Daily life is marked by certain rituals. Religious rituals remain omnipresent in the Burmese people's daily life, regardless of their religious allegiance. The day's first religious ritual is the rice donation to Buddhist monks who gather in procession in the streets at dawn. The faithful serve rice alms bowls, hence accumulating merits. Buddhist monk may only eat what is donated to them. Their acceptance of donations provide significant merits to the faithful.

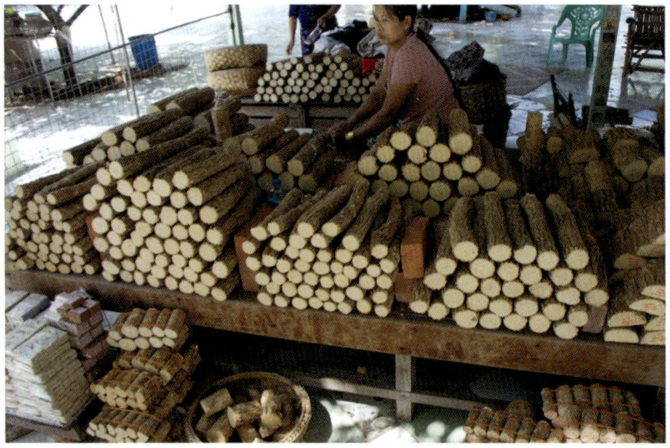

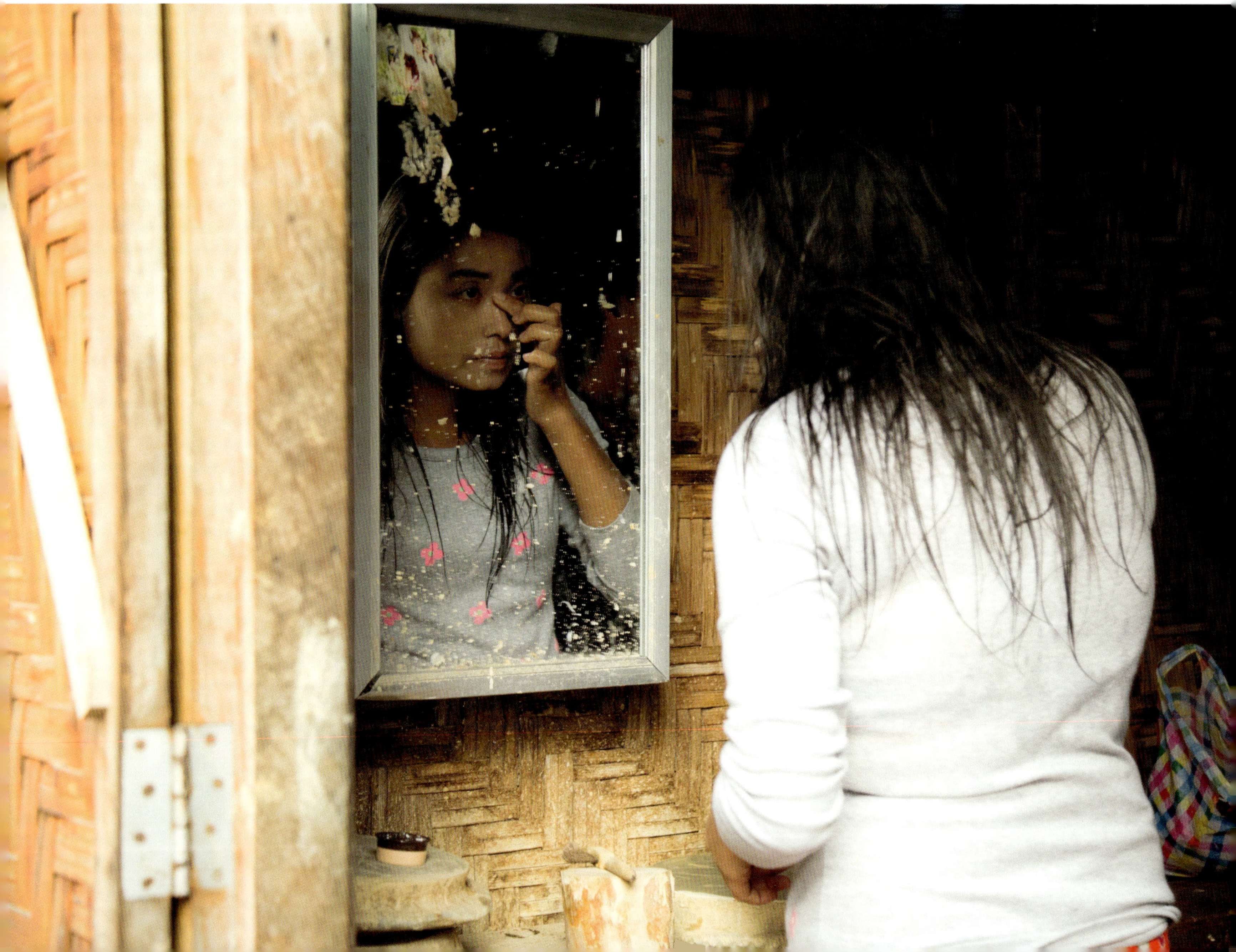

Vendu au marché sous forme de rondins de bois, le tanaka est un véritable rituel birman. Réduit en poudre, mélangé à de l'eau, le bois de tanaka est le soin de beauté incontournable au Myanmar. Il sert de baume multi-usage, à la fois fond de teint, anti-moustique ou encore crème adoucissante.

Sold in the market as wooden logs, the tanaka is an authentic Burmese ritual. After being pounded, mixed with water, the tanaka is the quintessential beauty treatment in Myanmar. It is used as a multi-purpose balm both as a make-up foundation and anti-mosquito cream, or even as a soothing balm.

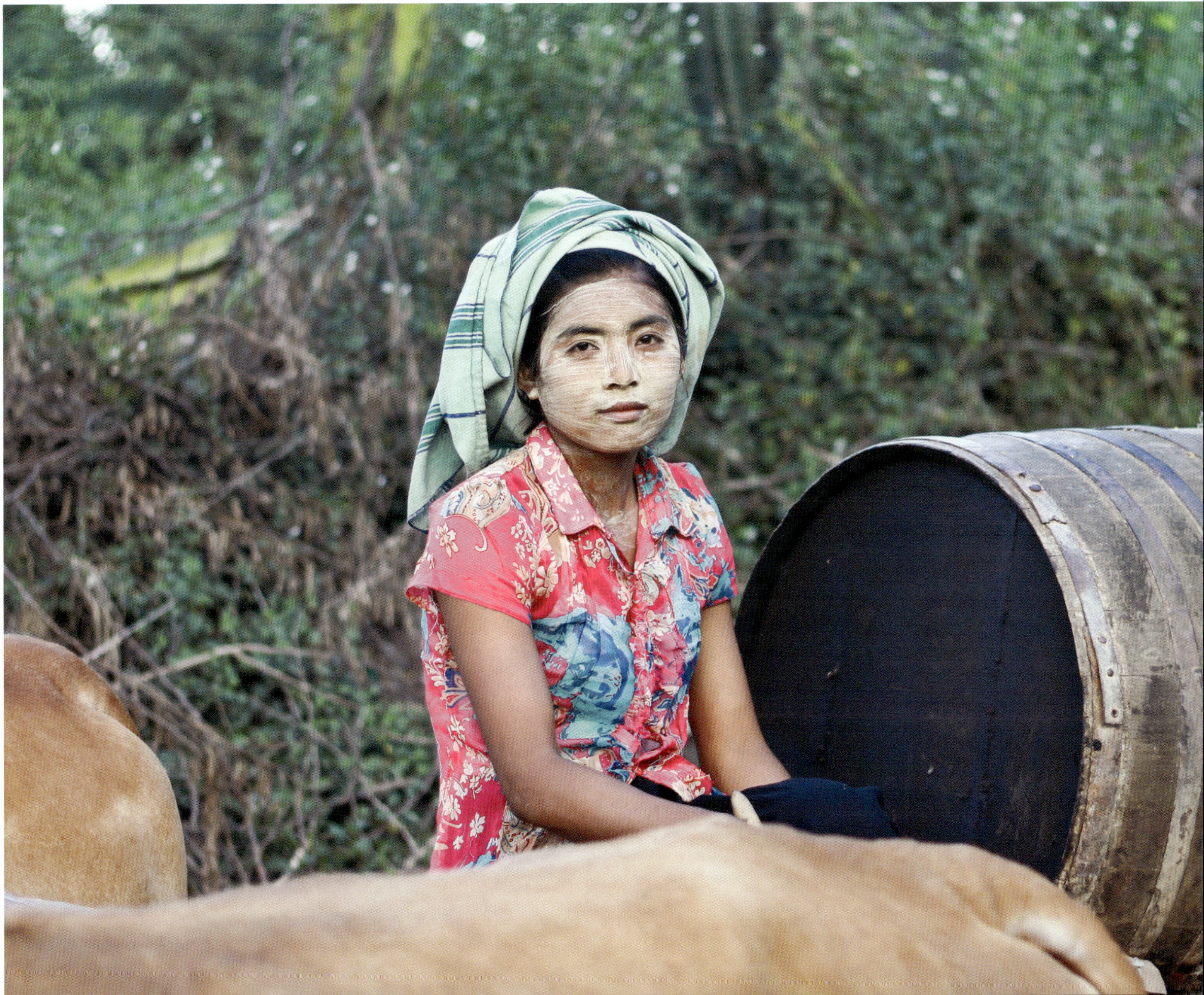

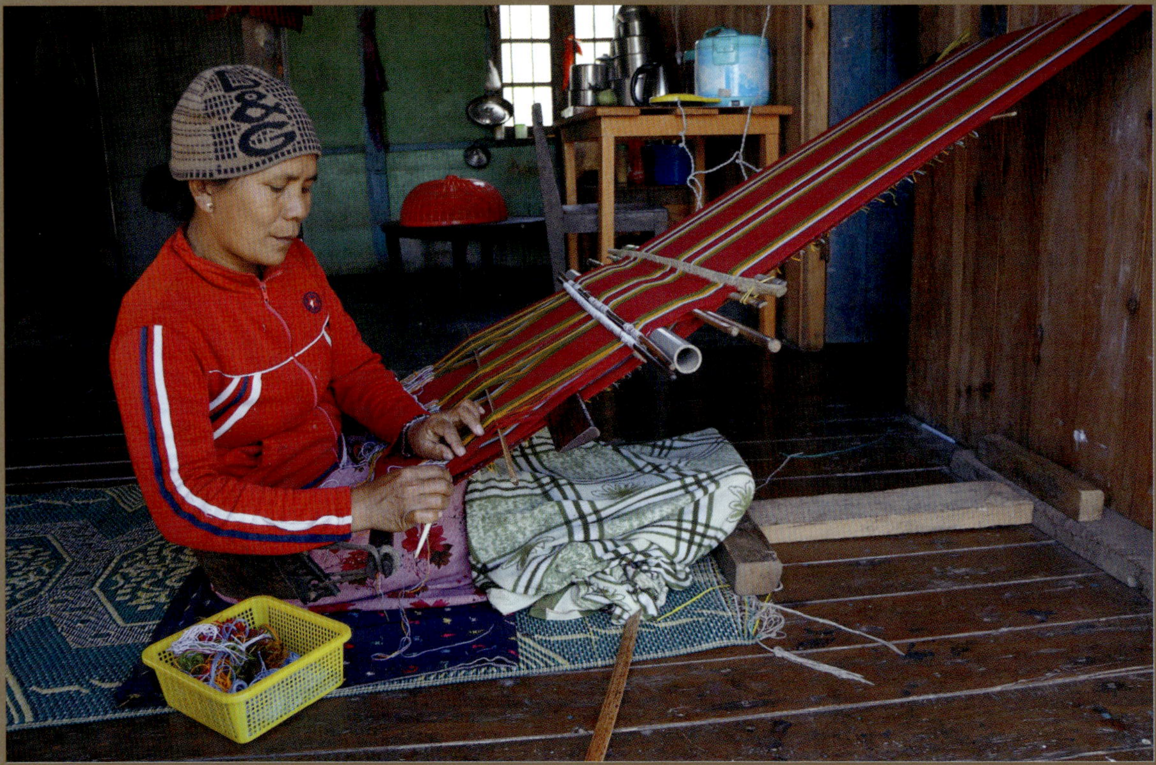
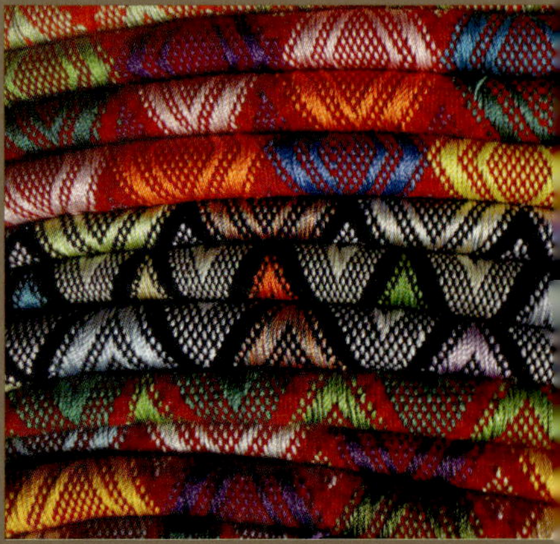
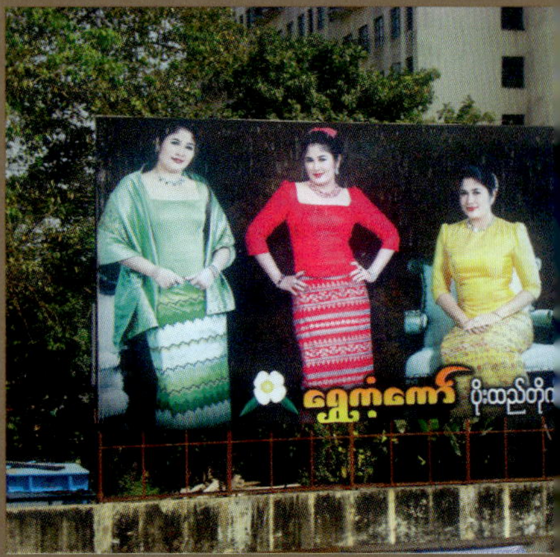
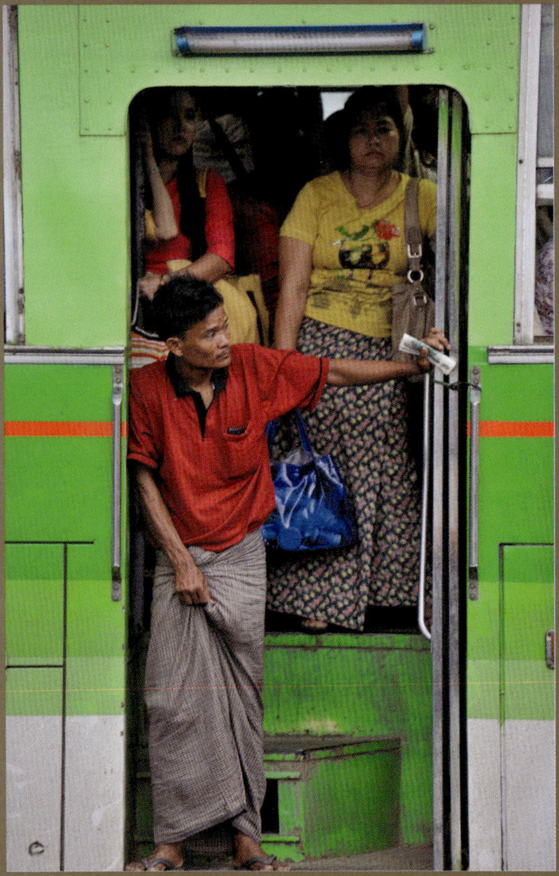
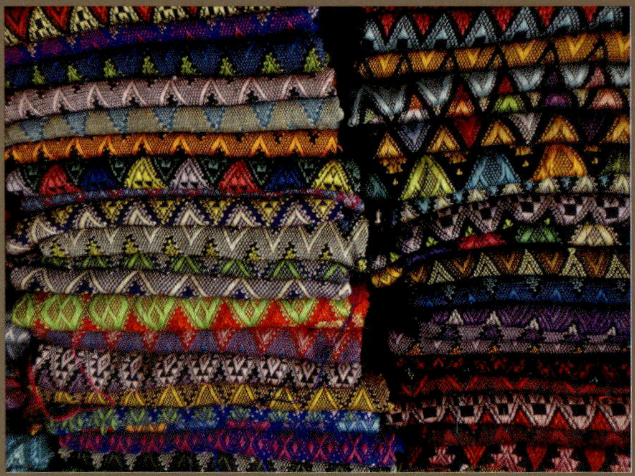
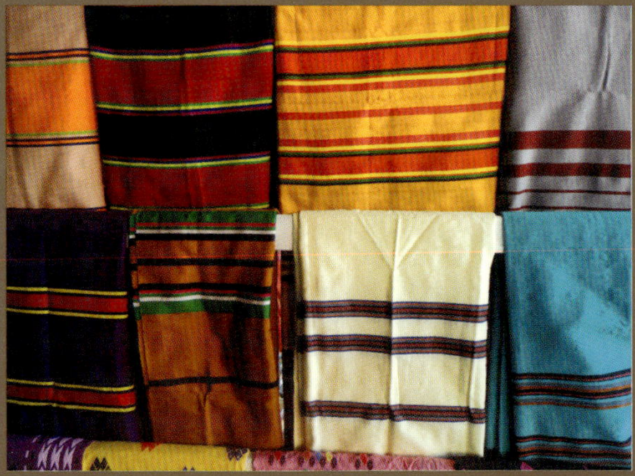
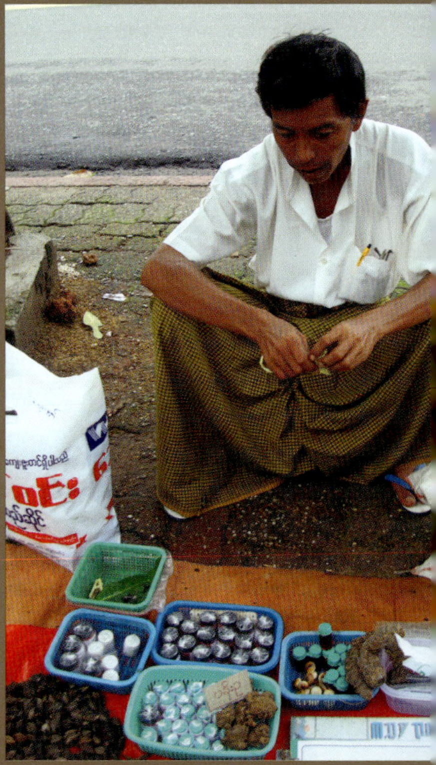

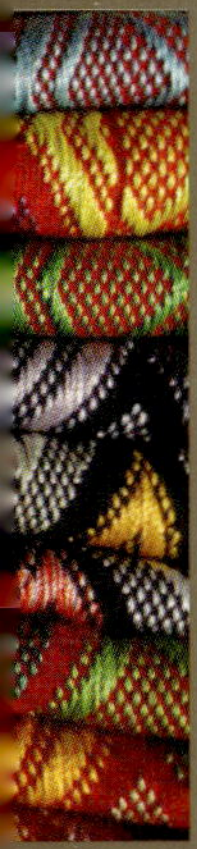

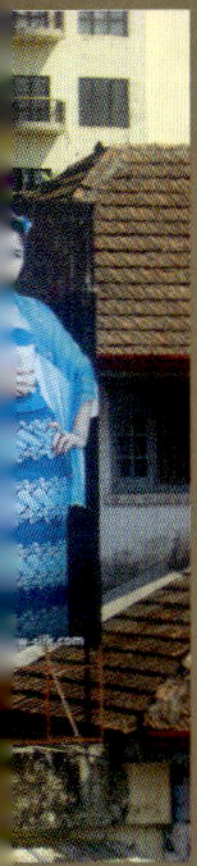

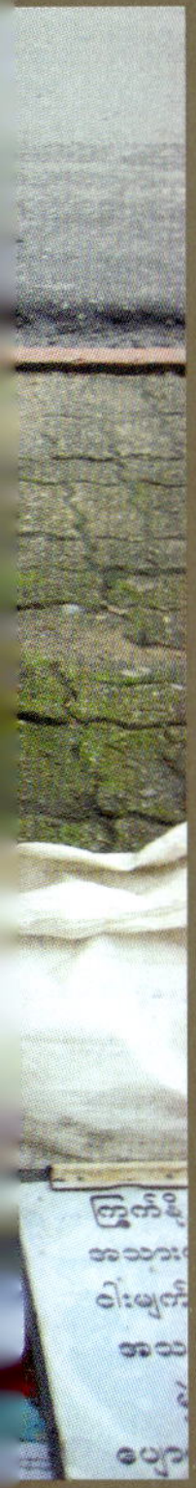

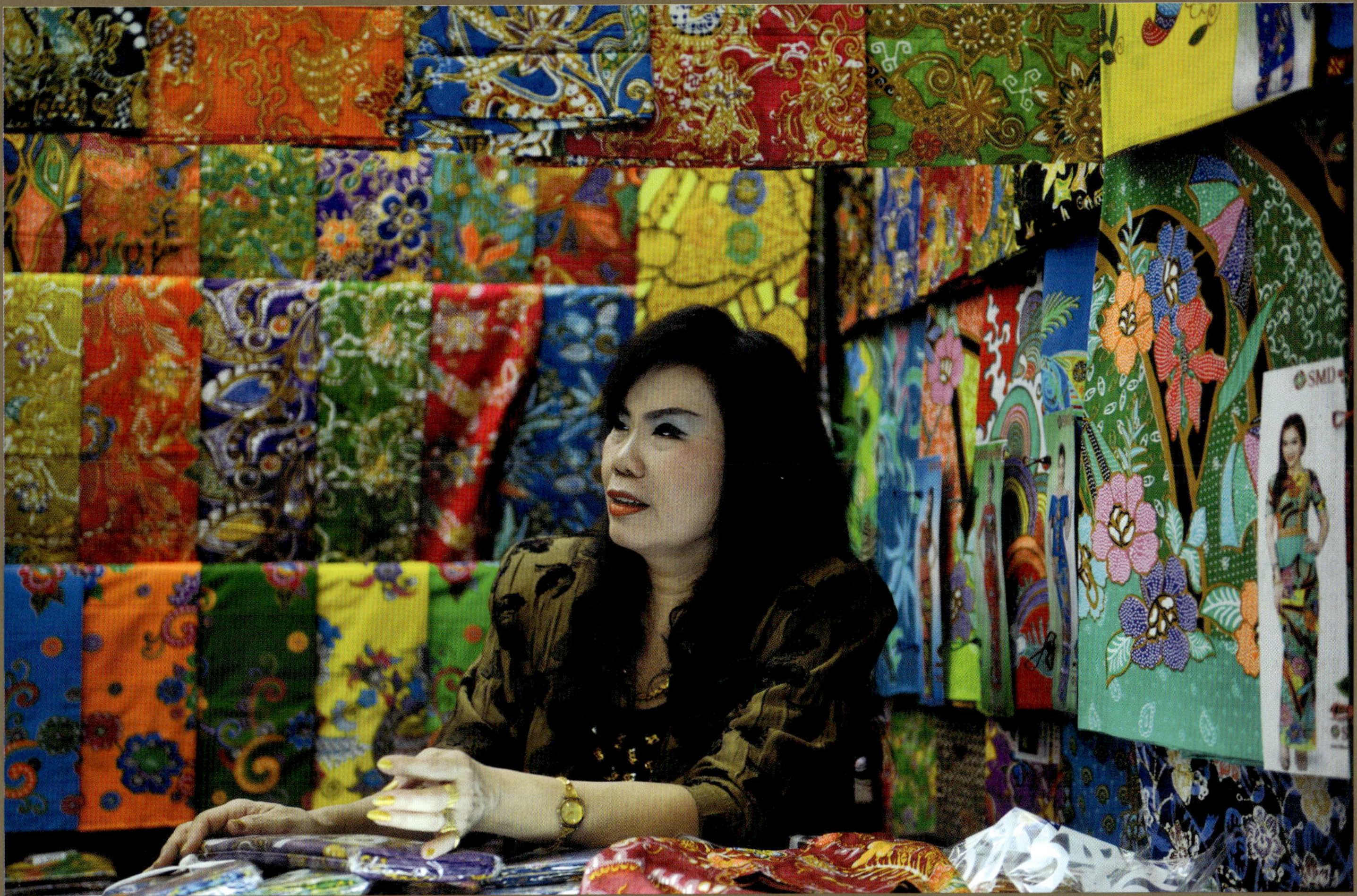

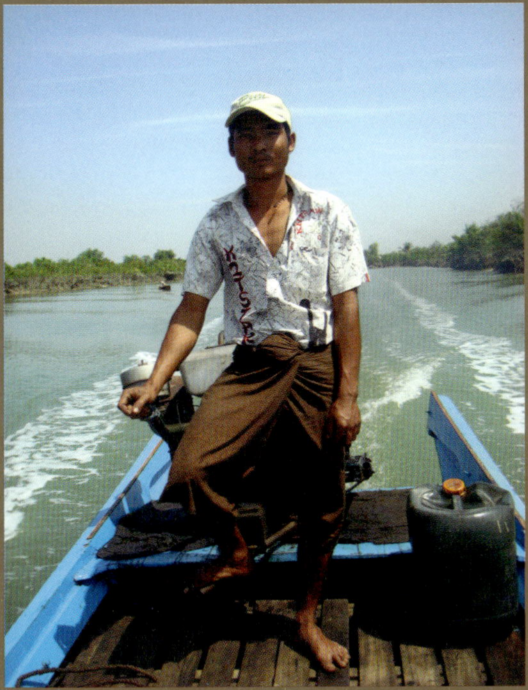

Longyi

Le *longyi* pour les hommes et le *htamein* pour les femmes sont les habit distinctifs des Birmans. Il s'agit d'un tube de tissus savamment noué autour de la taille. Différents motifs ou couleurs peuvent indiquer la provenance géographique et ethnique des tissus.

The "longyi" for men, and the "htamein" for women, are the distinctive clothes of the Burmese peoples. They are made of a fabric tube skillfully wrapped around the waist. Patterns or colors may indicate the geographical and ethnic origin of the fabric.

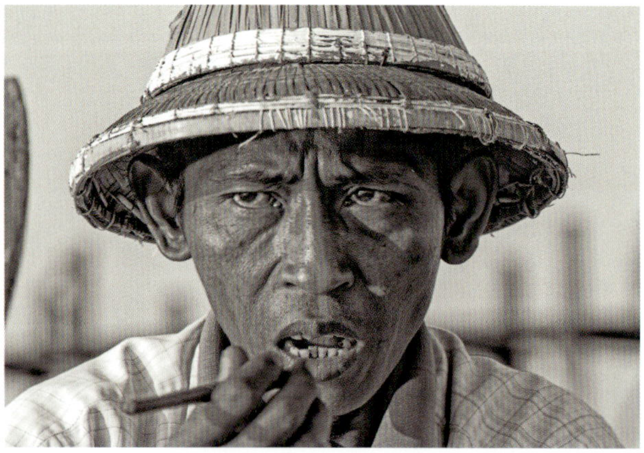

Le cigare birman, ou cheerot, est roulé à la main. Il est fumé surtout par les personnes âgées en zone rurale. Les jeunes et les urbains l'ont peu à peu remplacé par des cigarettes manufacturées, alors que les fabricants de cigarettes se livrent à de vastes opérations marketing pour convertir de nouveaux clients. Le mot cheroot vient du tamoul *shuruttu*, rouleau de tabac !

***The Burmese cigar, or « cheeroot »**, is hand rolled. It is predominantly smoked by the elderly in rural areas. The youth and urban smokers progressively replaced it by manufactured cigarettes, meanwhile tobacco manufacturers are leading advertisement blitz to convert new customers. The word "cheeroot" comes from the Tamil "shuruttu", tobacco roll.*

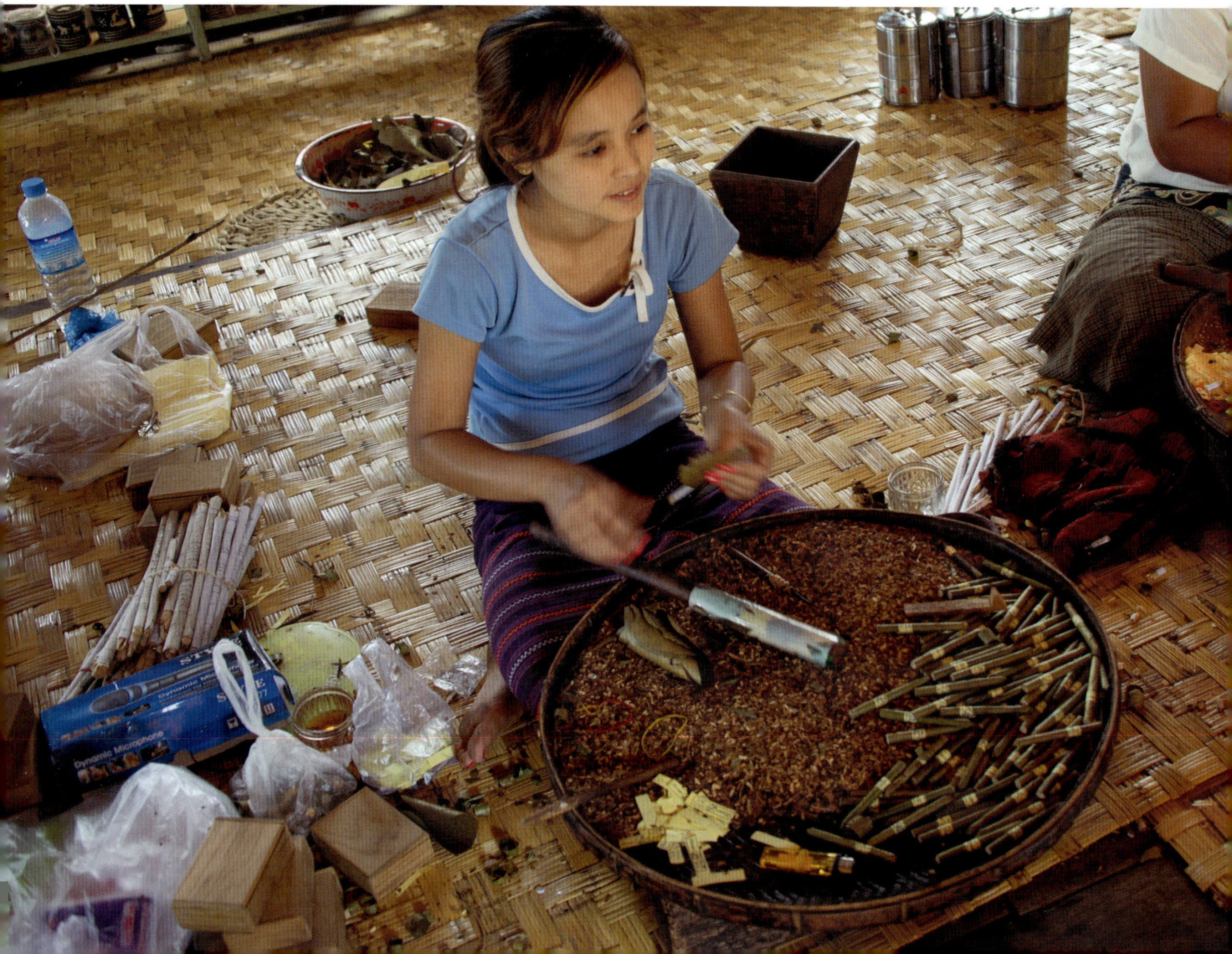

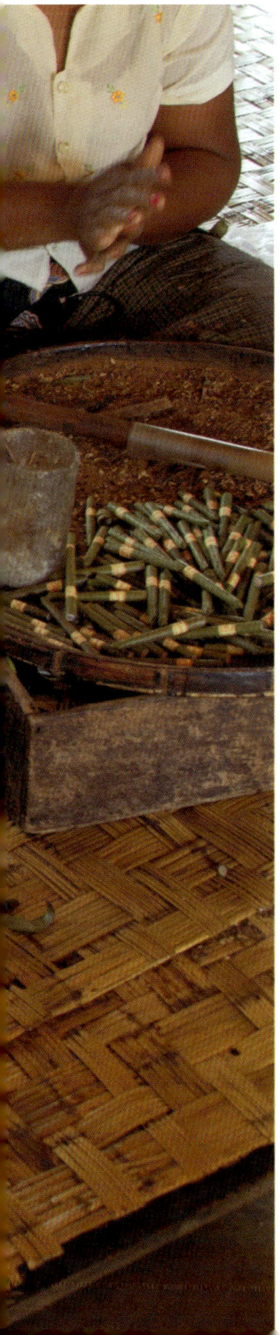

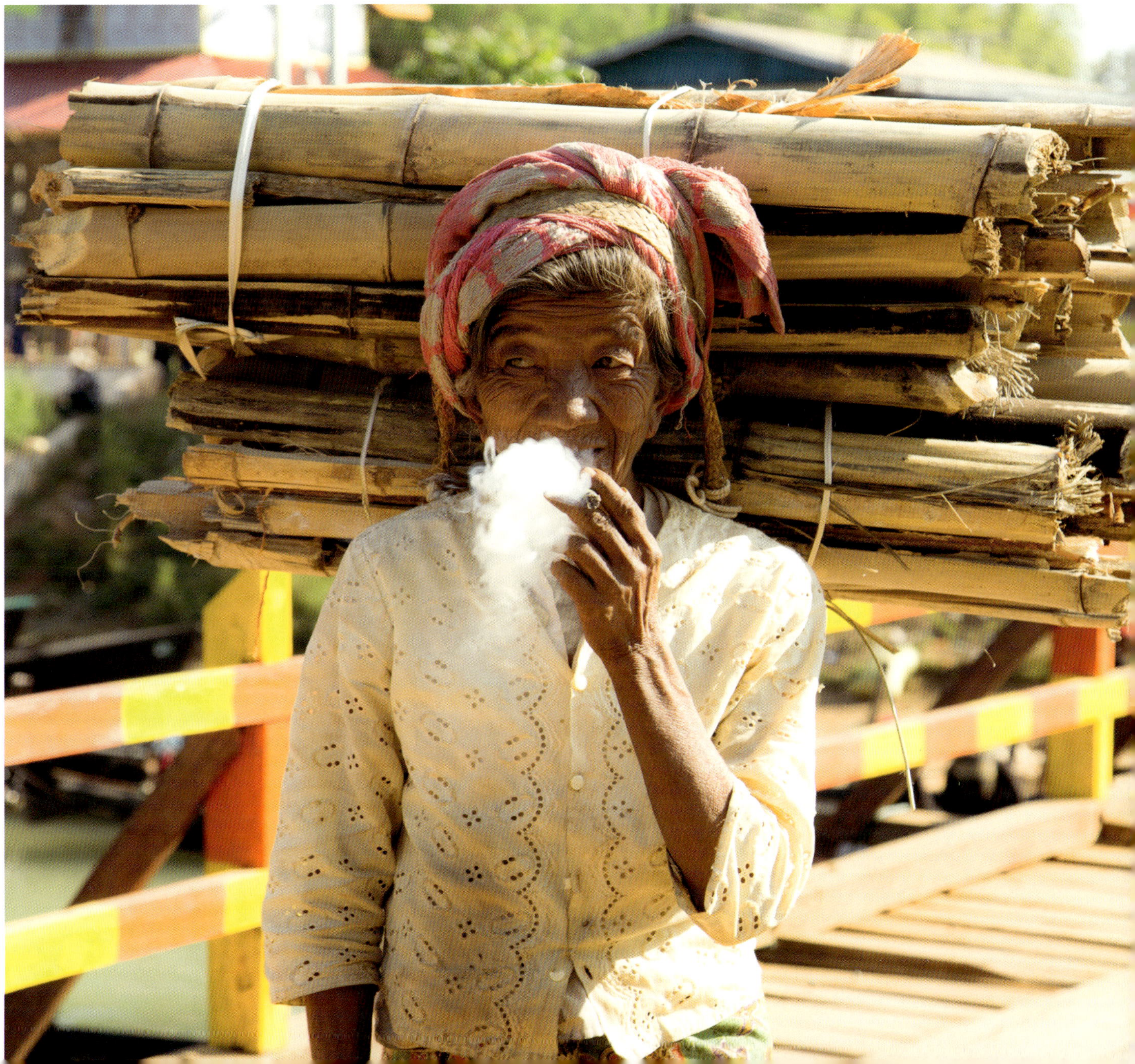

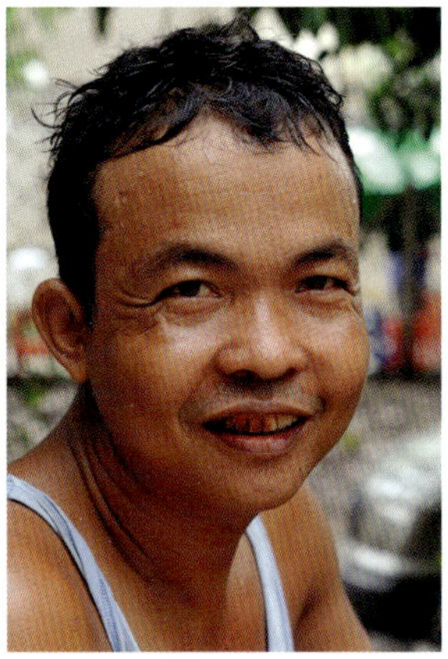

Les consommateurs de bétel sont facilement reconnaissables à leur sourire rouge sang.

Le bétel, également consommé en Inde et dans la plupart de l'Asie du Sud-Est, est omniprésent au Myanmar. Et même si sa consommation tend à reculer, elle conserve une fonction sociale importante. Offrir du bétel est un signe de convivialité et fait partie des usages de la négociation. Prisée des chauffeurs de taxi ou de rickshaw, cette feuille a également le mérite de donner de l'énergie tout en procurant une légère euphorie. Elle est chiquée avec de la noix d'arec, de la chaux et souvent du tabac.

Betel chewers are easily distinguishable by their blood-red smile.

The betel, also consumed in India and in most of Southeast Asia, is omnipresent in Myanmar. Even if the consumption tends to decline, it still holds a significant social function. To offer betel is a sign of friendliness, and it is used in business negotiation. Much appreciated by taxi or rickshaw drivers, this leaf also has the benefit of giving energy while providing a light to mild euphoria. It is usually chewed with areca nut, lime, and, often, tobacco.

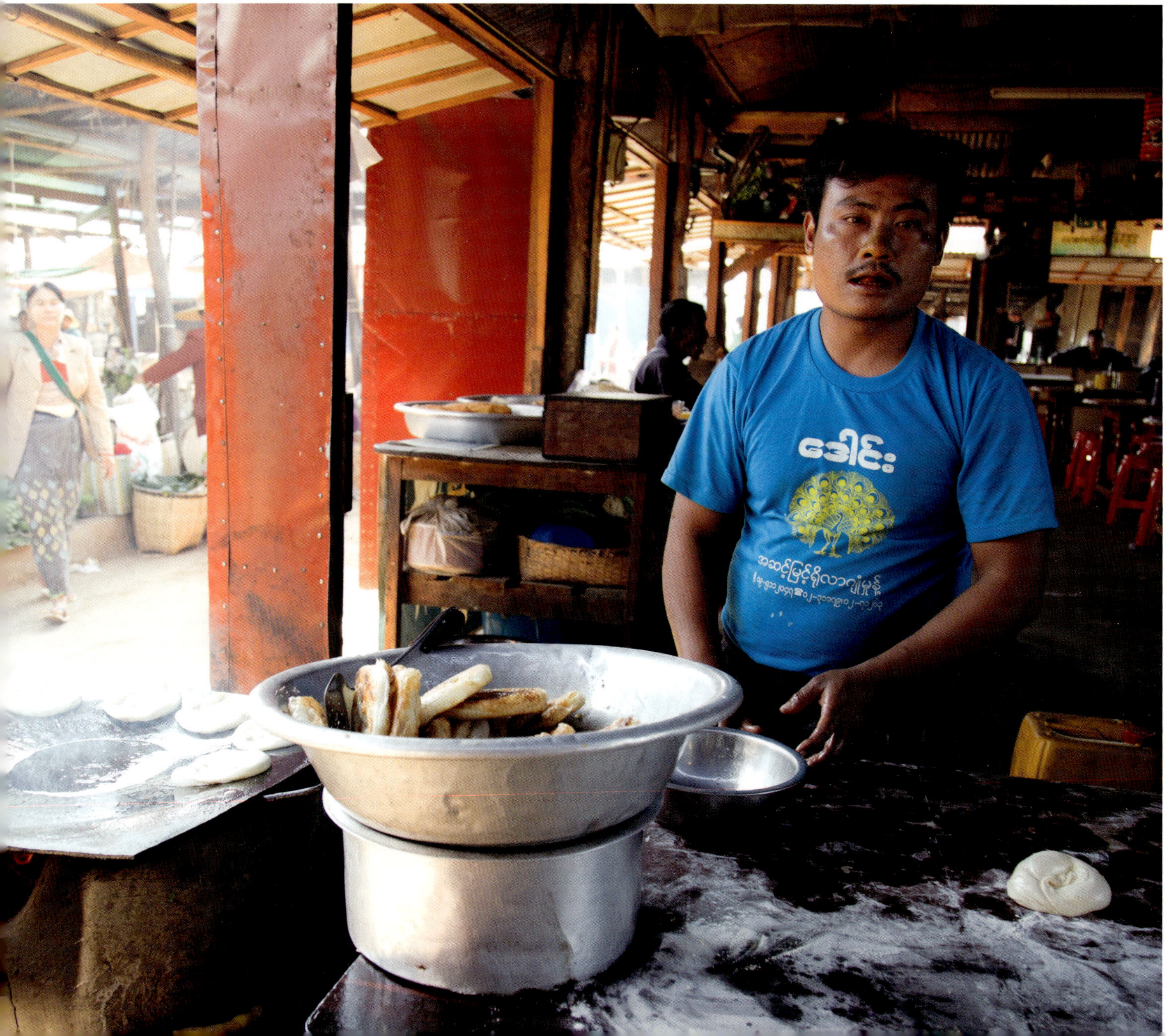

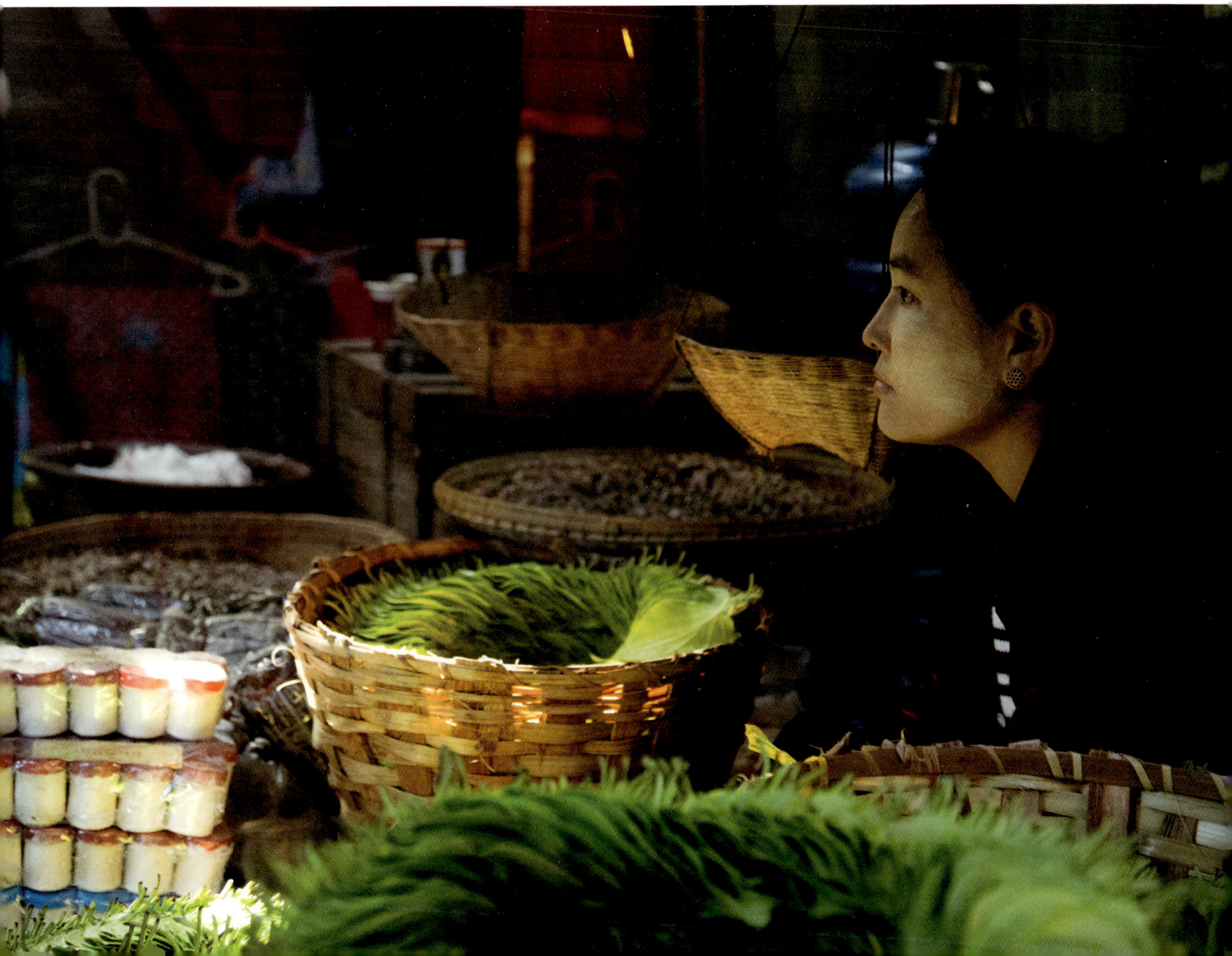

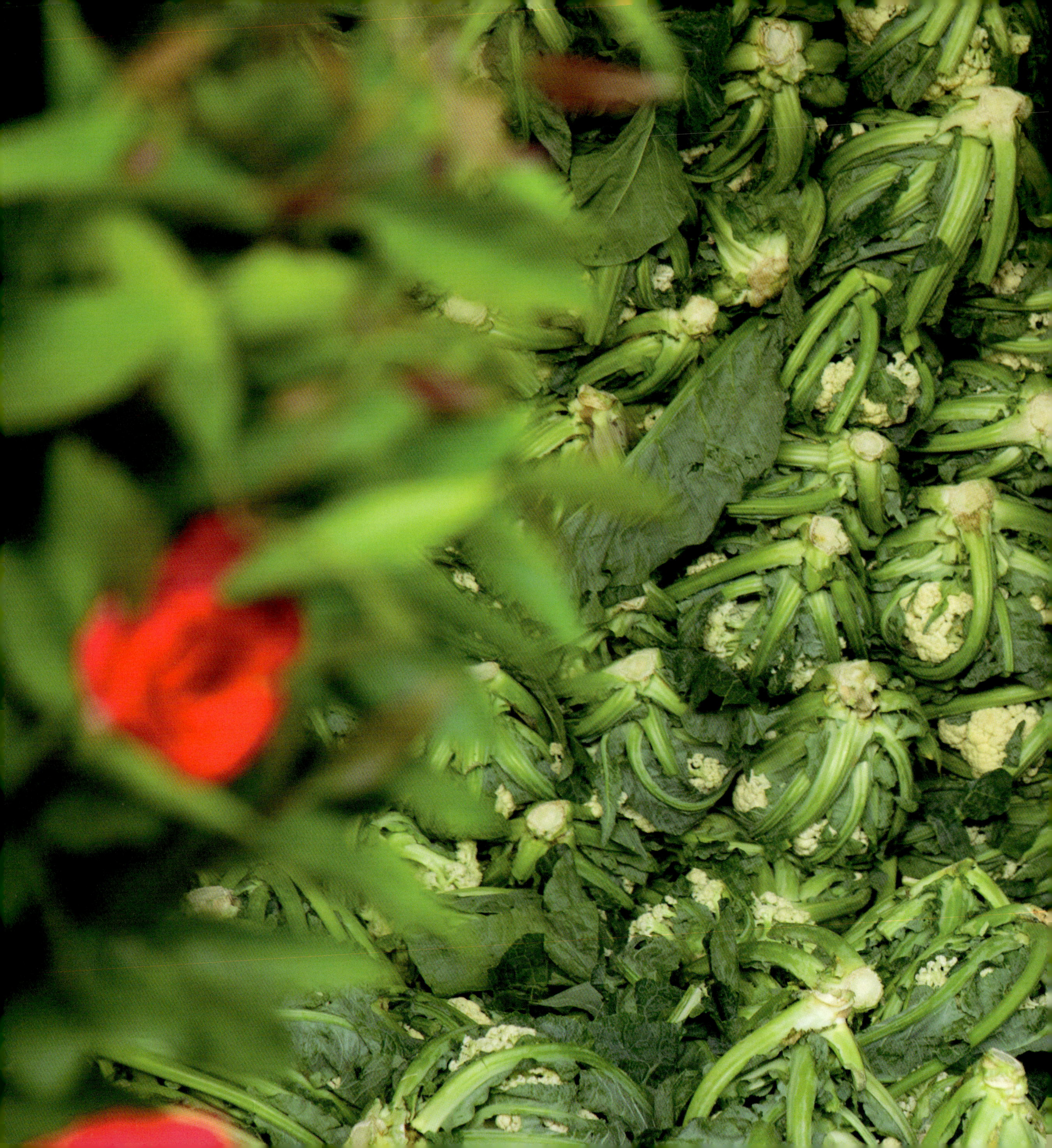

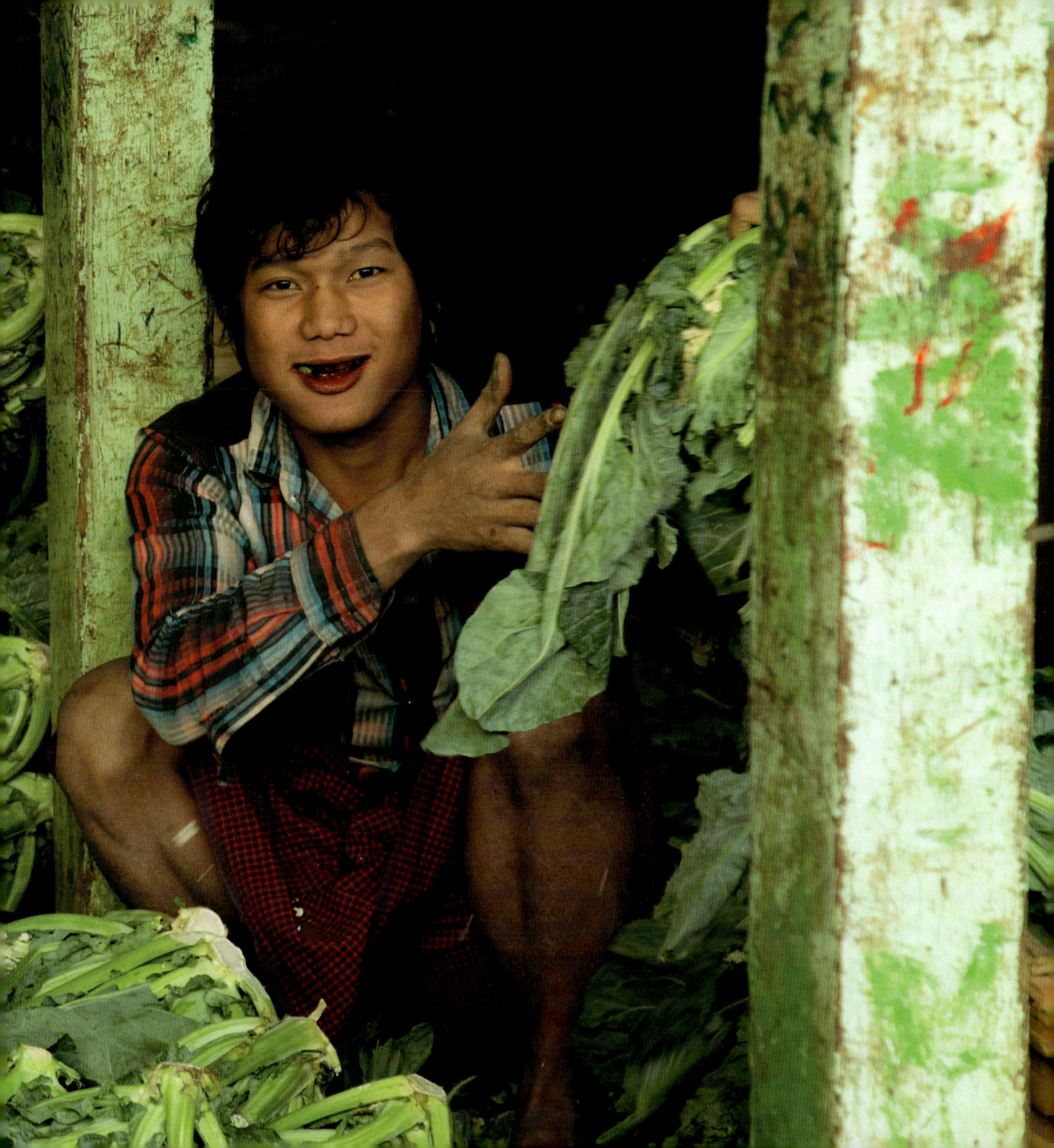

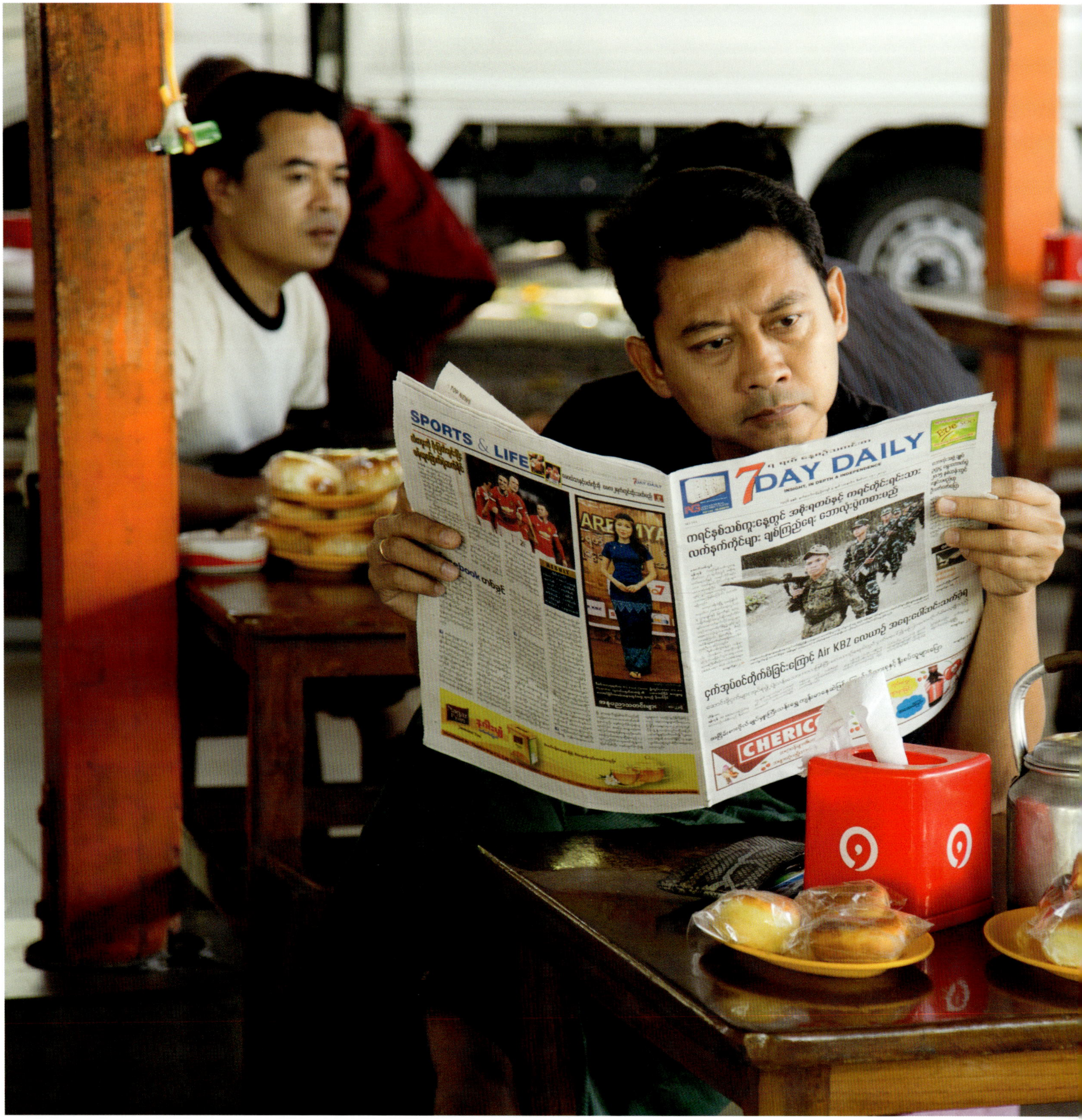
SPORTS & LIFE
7DAY DAILY

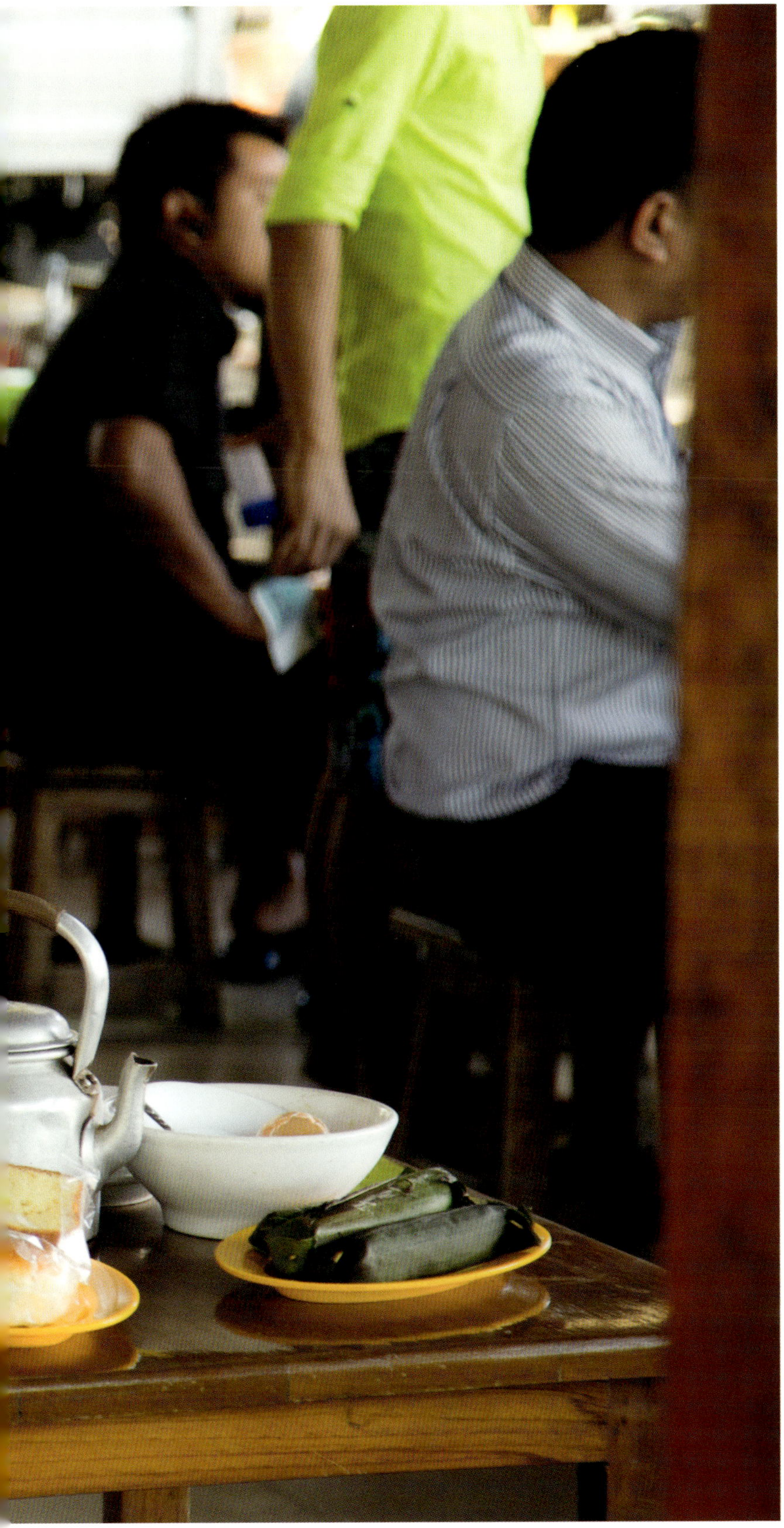

Un Birman découvre les nouvelles du jour au tea-shop – Mandalay.

Le tea-shop est le lieu de convivialité birman par excellence. Jusqu'à la levée partielle de la censure médiatique, c'était l'endroit privilégié pour partager les nouvelles non-officielles. L'on s'y retrouve pour partager des anecdotes, discuter politique ou simplement déguster un *Le Pé Yé*, un thé au lait très sucré.
La flambée des prix fonciers dans le centre-ville de Yangon ou Mandalay a entrainé la disparition de nombre de ces établissements ou leur relocalisation.

A Burmese at a tea-shop and the time for day's news – Mandalay.

The tea-shop is the most important place of gathering in Myanmar. Until the partial removal of media censorship, it was a privileged place to share unofficial news. People gather here to share stories, debate on politics or simply enjoy a "La Phet Yay", a very sweet milk tea. The sudden rise of land prices in downtown Yangon and Mandalay has led to the disappearance of many of these institutions, or forced them to relocate.

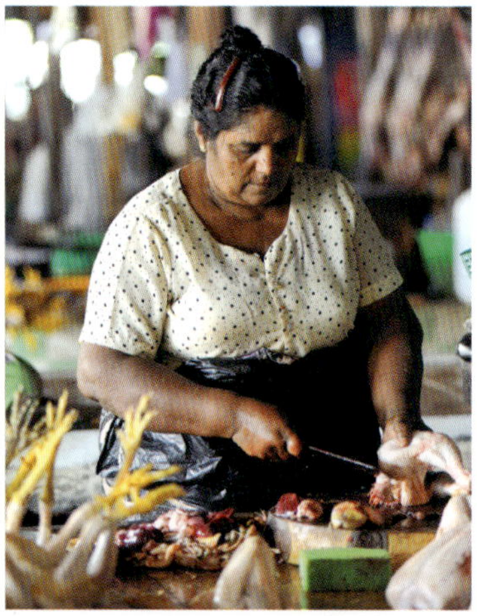
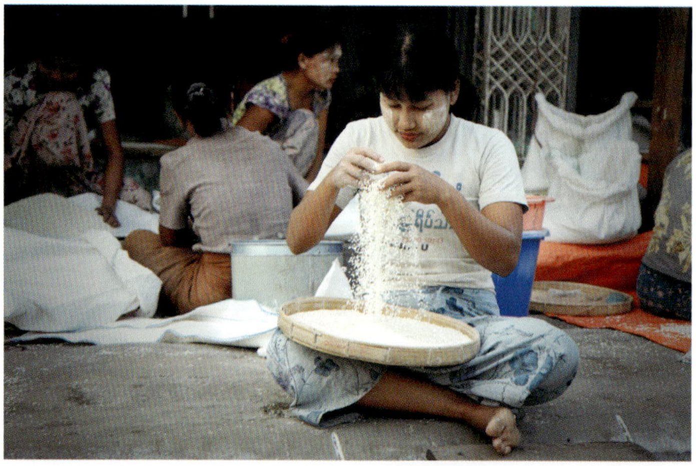
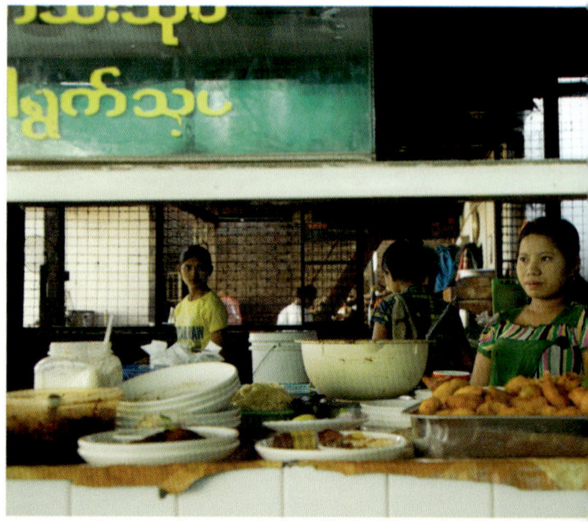
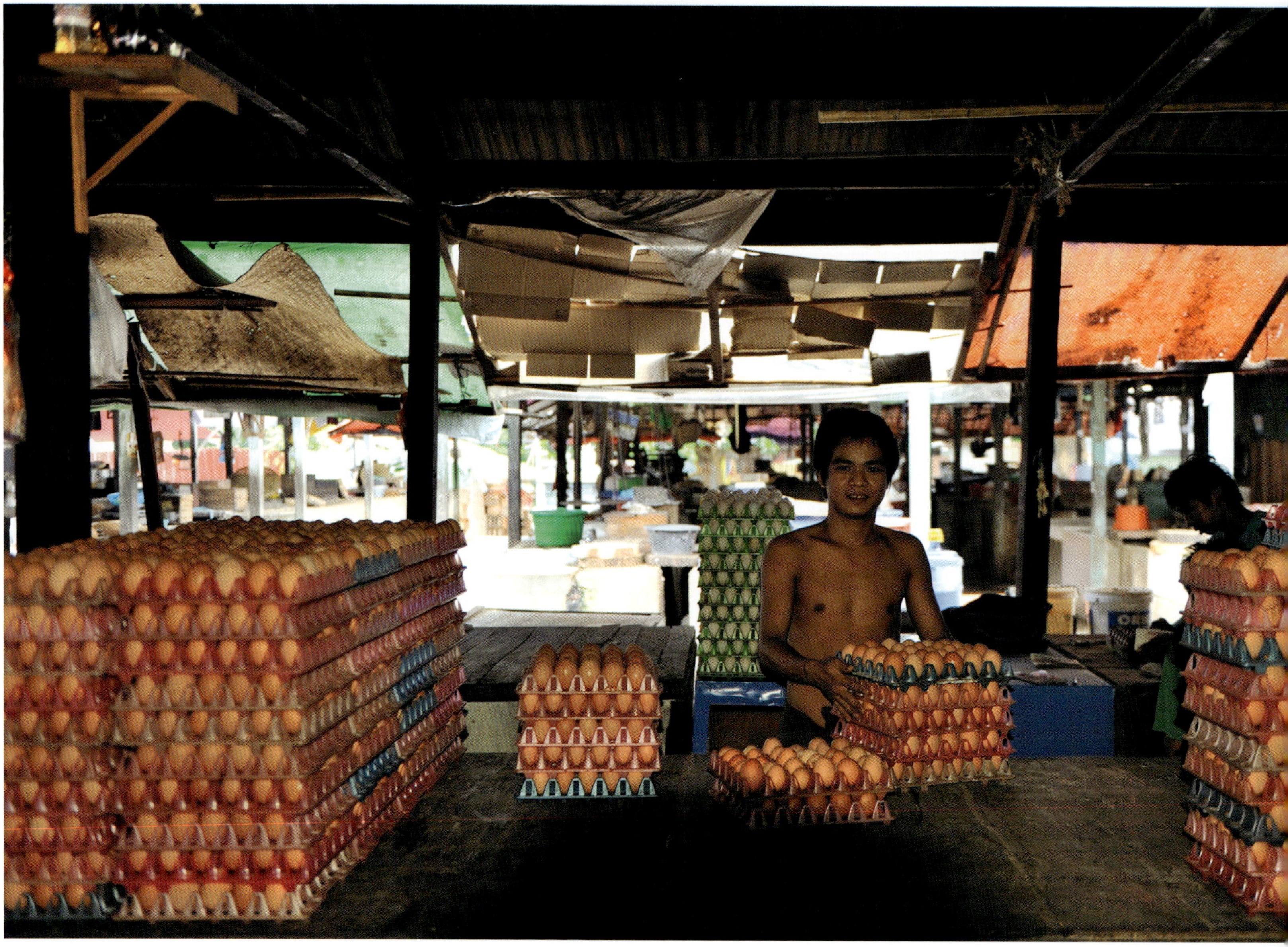

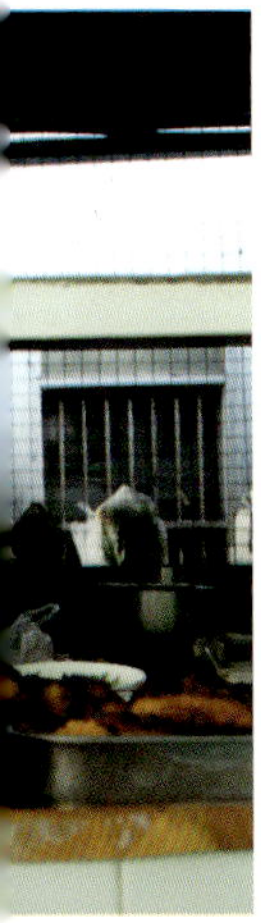

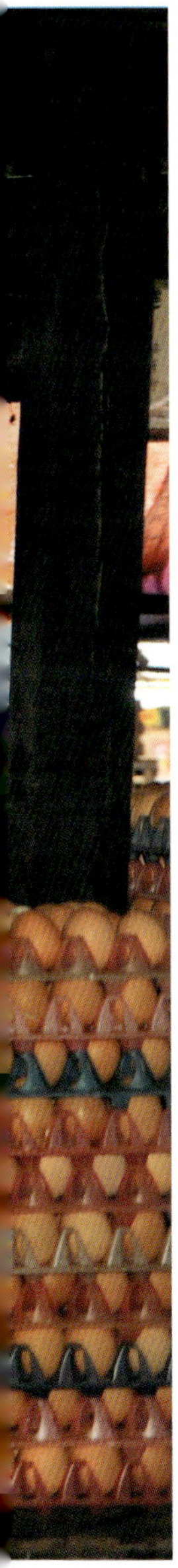

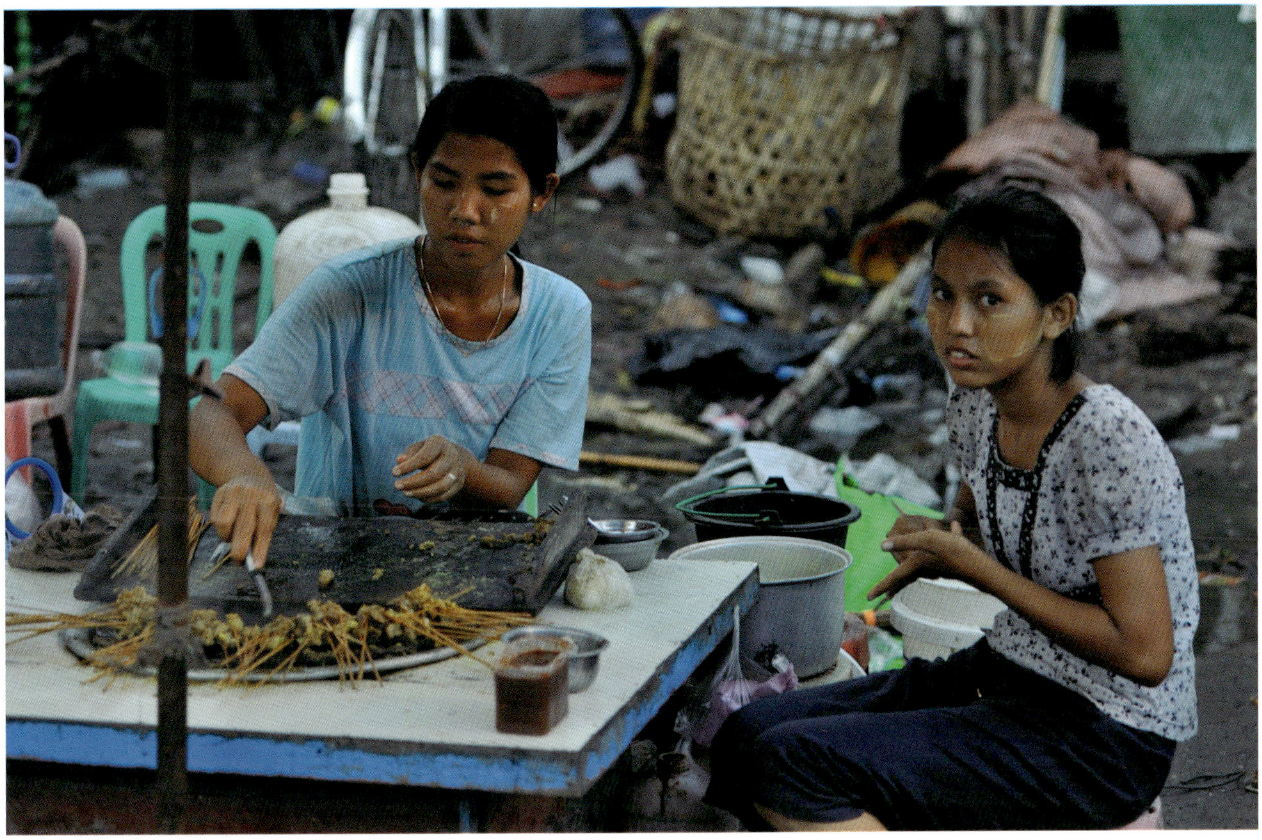

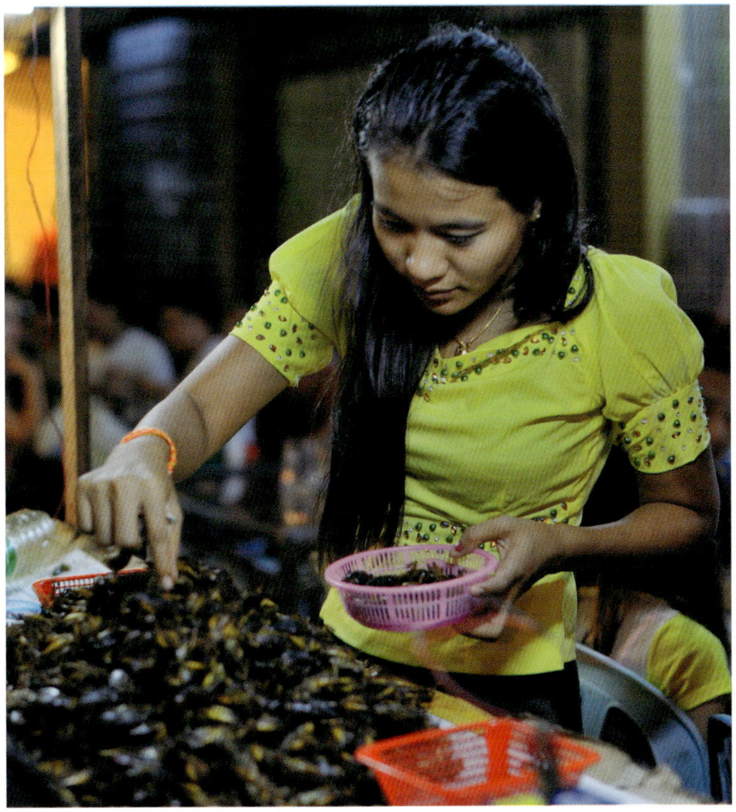

Des vendeurs ambulants, des gargotes ou de nombreux restaurants proposent de la nourriture à chaque coin de rue.

Près de 70% de la population utilisent encore le feu de bois pour cuisiner. Les marchés, où se succèdent des échoppes achalandées et colorées, constituent une étape quotidienne pour les Birmans, dans un pays où les supermarchés ne sont apparus dans les grandes villes que dans les années 2000.

Street vendors, food stalls and numerous restaurants serve food on every street corner.

Almost 70% of the population still use firewood for cooking. Markets, with a succession of busy, colorful stalls, remain a daily stop for the Burmese, in a country where supermarkets only appeared in main cities in the 2000s.

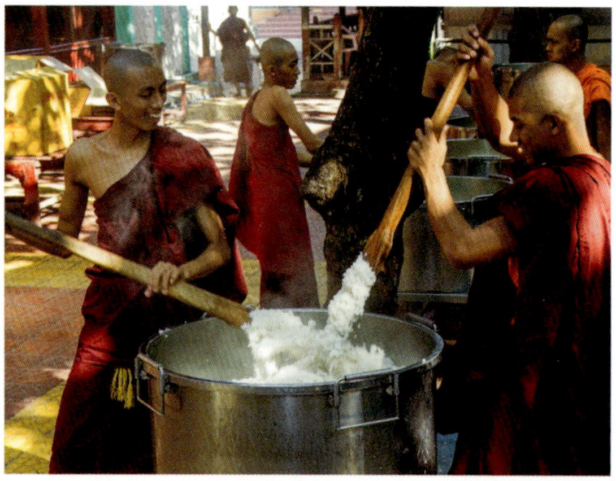

Les rizières ponctuent le paysage birman et occupent 60 % des surfaces cultivées.

Le riz demeure l'aliment de base de la population. Le Myanmar, autrefois premier exportateur de riz de la région, en produit actuellement près de 14 millions de tonnes par an.

Rice fields punctuate the Burmese landscape and take up to 60% of the cultivated land.

Rice remains the staple food for the population. Myanmar, formerly the largest rice exporter of the region, now produces almost 14 million tons of rice a year.

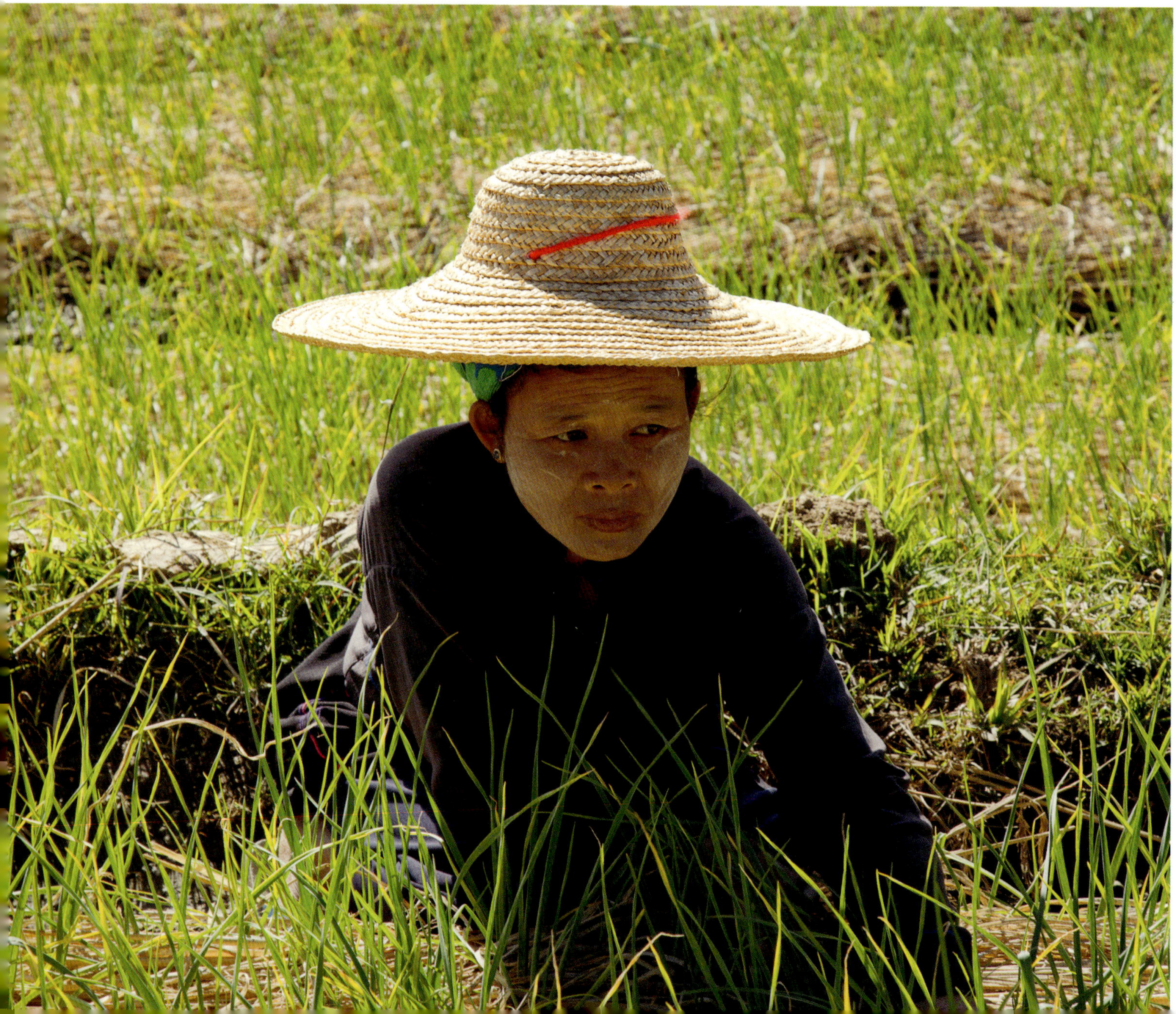

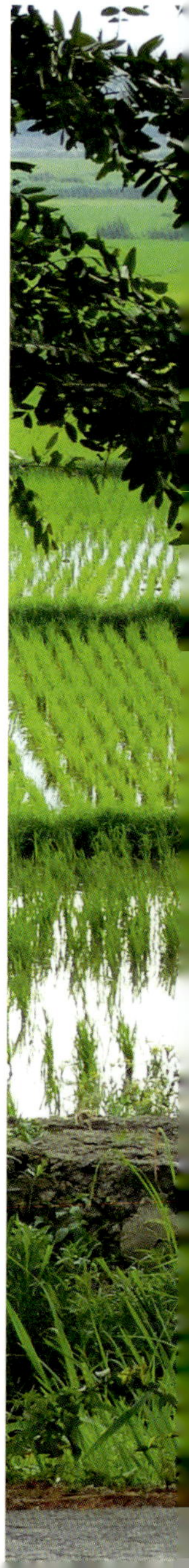

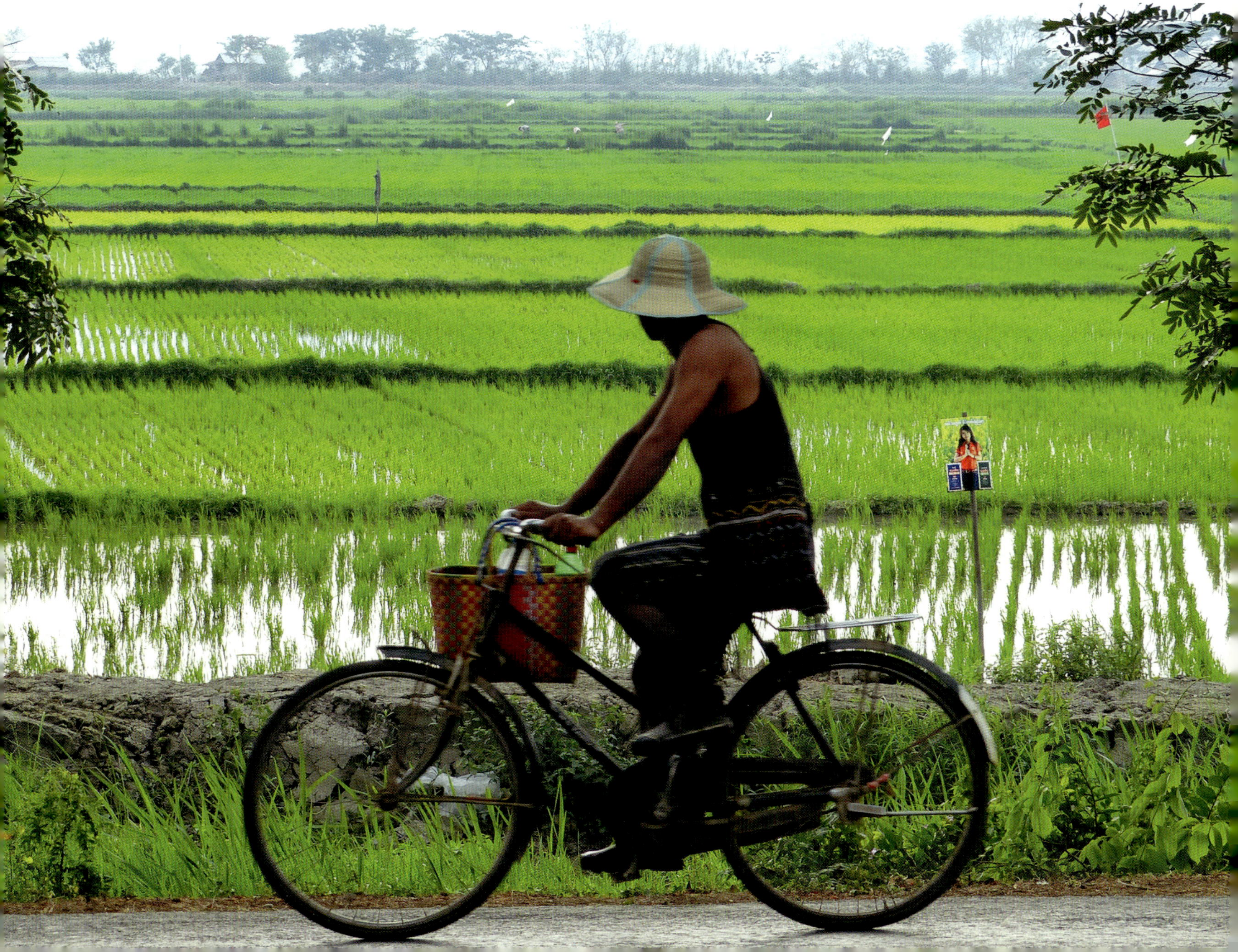

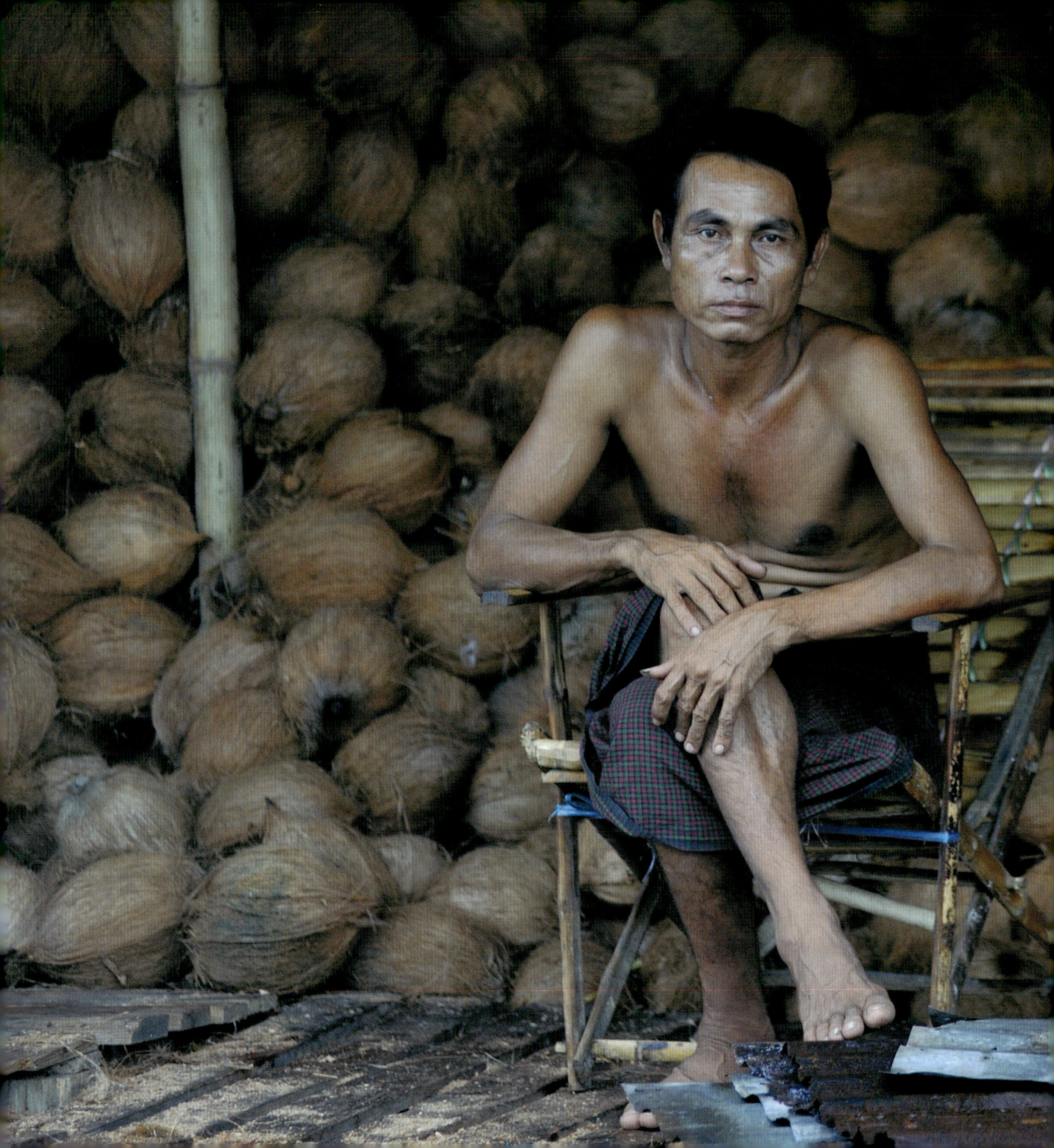

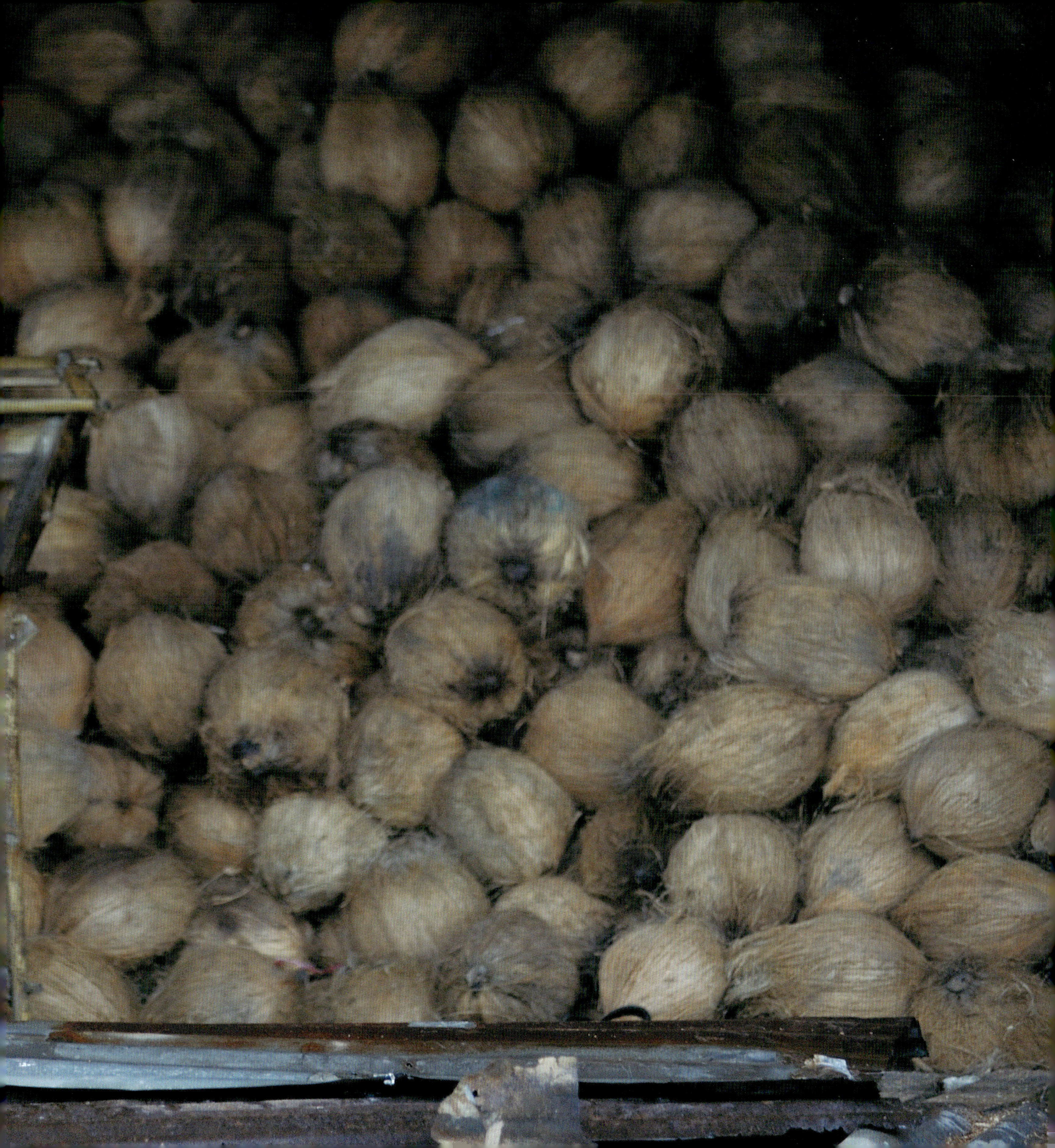

De retour de la pêche – Ngwe Saung (gauche). Les photogéniques Intha, les pêcheurs d'Inlé – Lac Inlé, État Shan (haut). Une femme dispose des poissons fraîchement pêchés pour les sécher – Ngwe Saung (droite).

La pêche est un secteur d'activité important dans un pays où le poisson d'eau douce ou de mer – frais, séché ou en pâte fermentée – est l'ingrédient indispensable à tout repas. Le poisson constitue la première source de protéines dans l'alimentation birmane.

Fishermen returning from fishing – Ngwe Saung (left). The widely photographed Intha, the fishermen of Inlay – Inlay Lake, Shan State (top). A women arranges freshly caught fish to dry – Ngwe Saung (right).

Fishing is an important industry in a country where freshwater fish or seafood – fresh, dried or in fermented dough – is the essential ingredient of any meal. Fish remains the first source of protein in the Burmese diet.

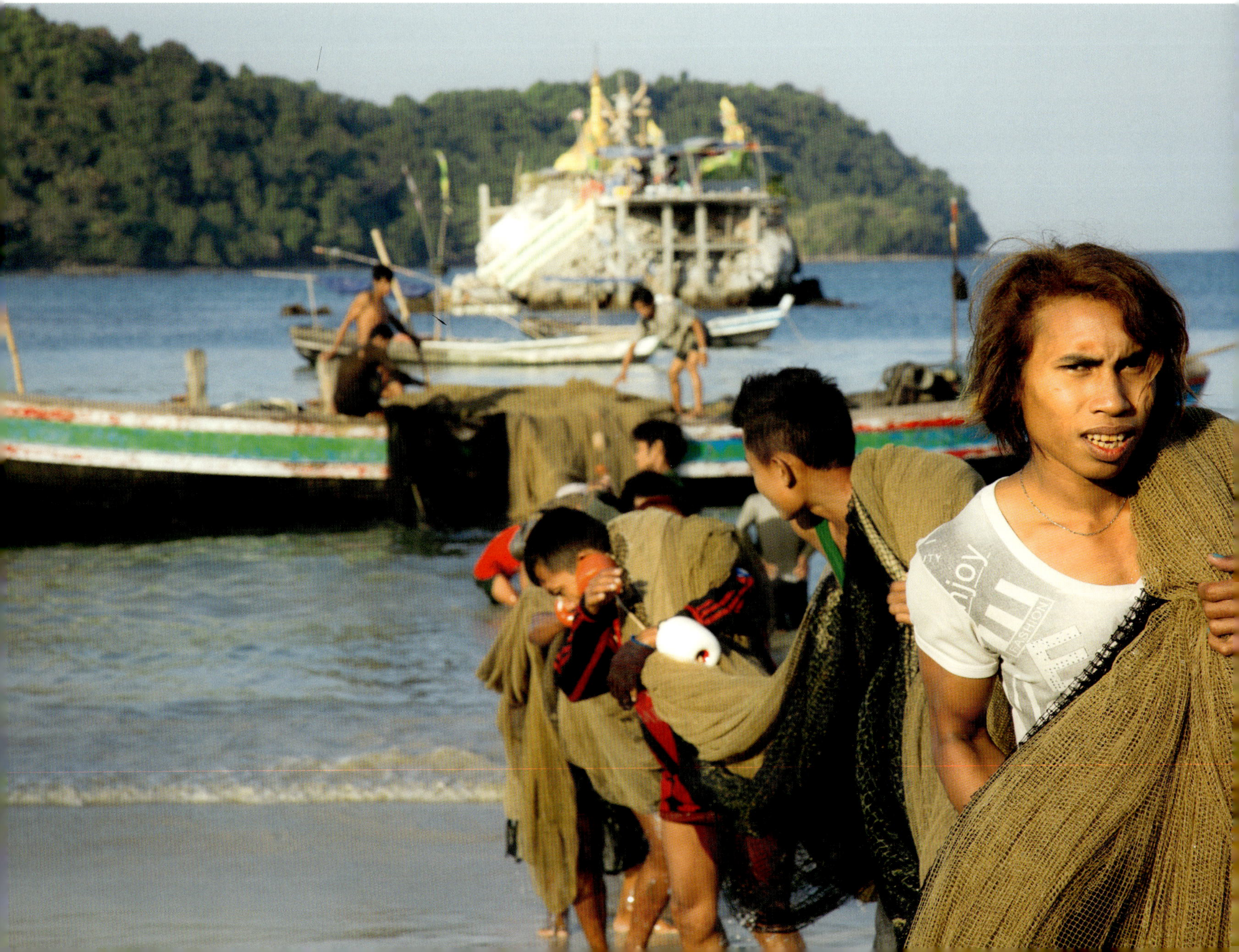

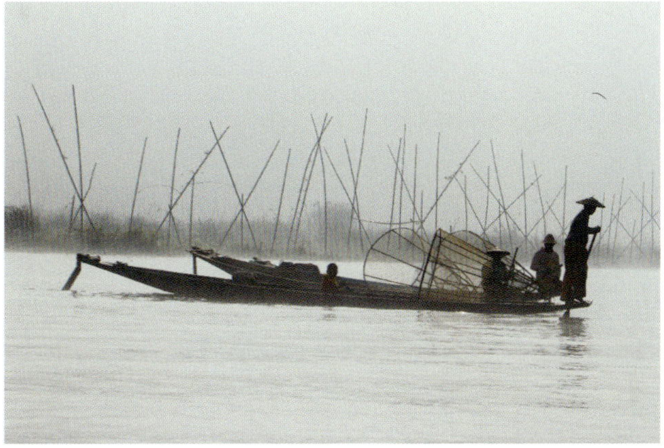

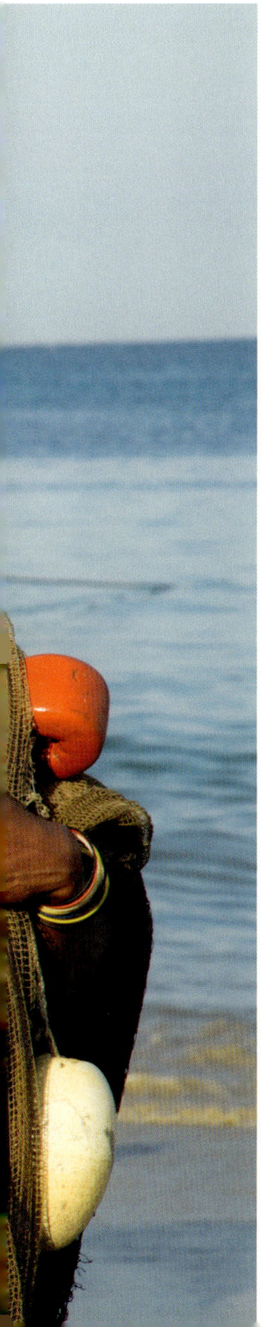

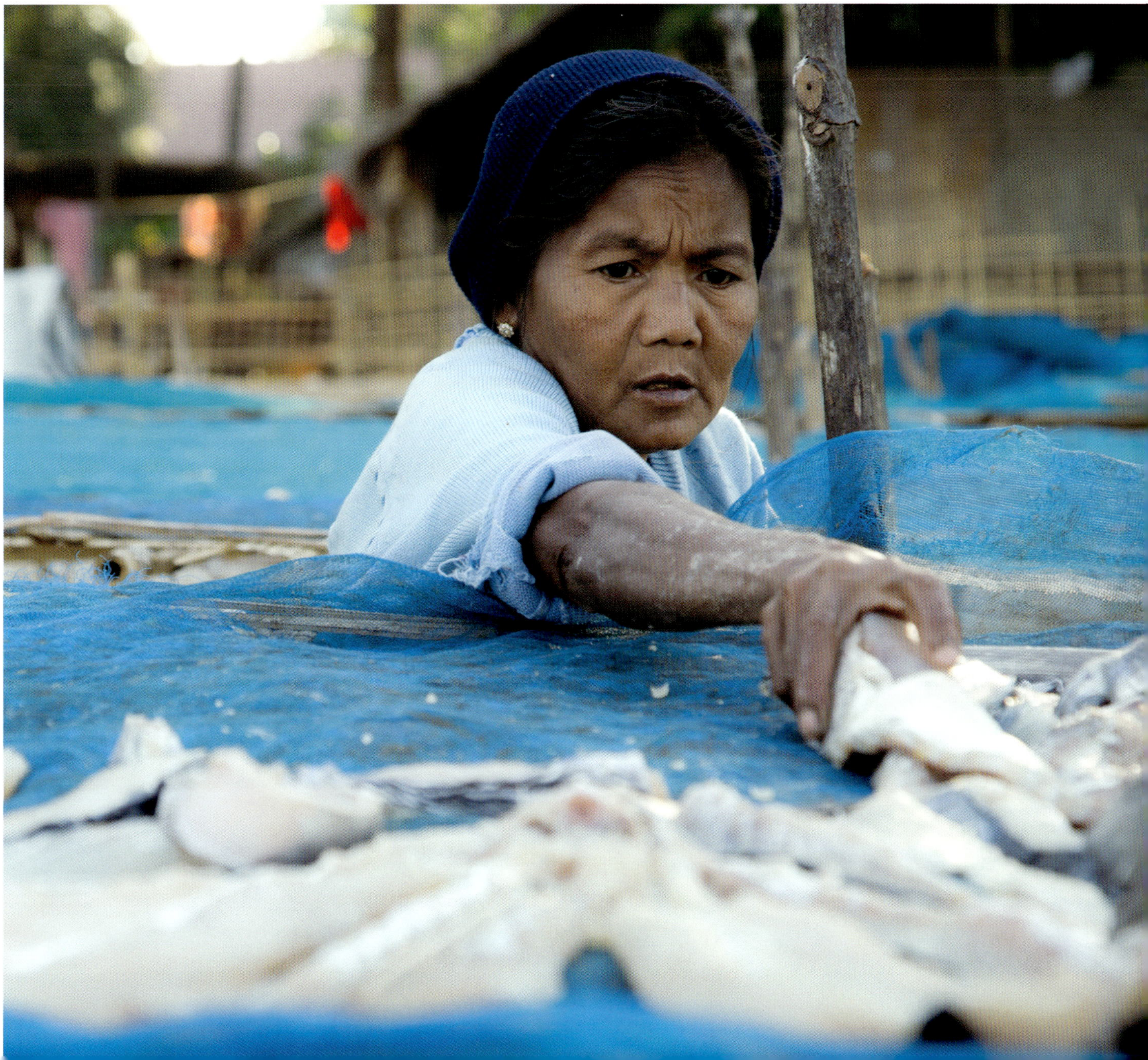

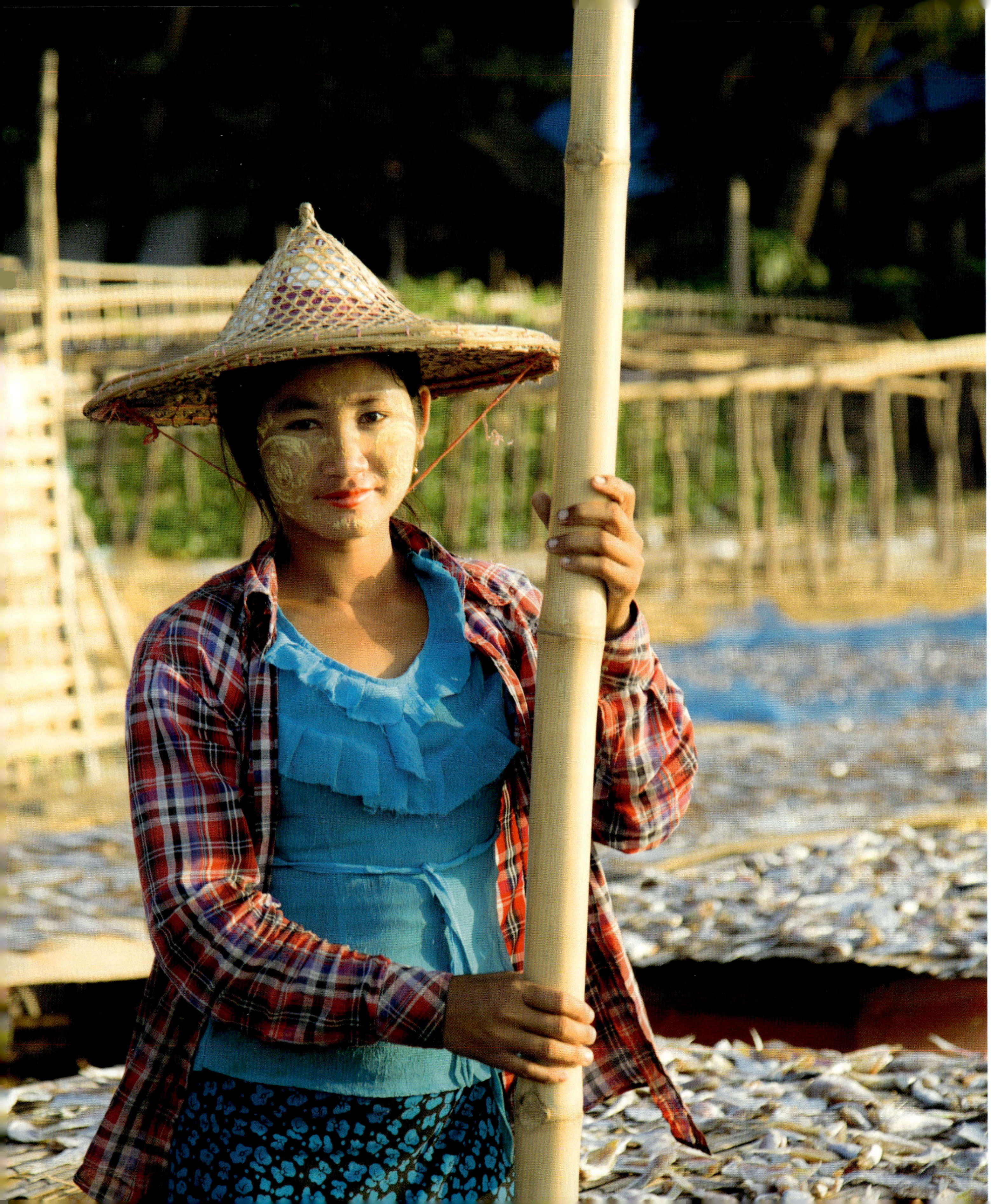
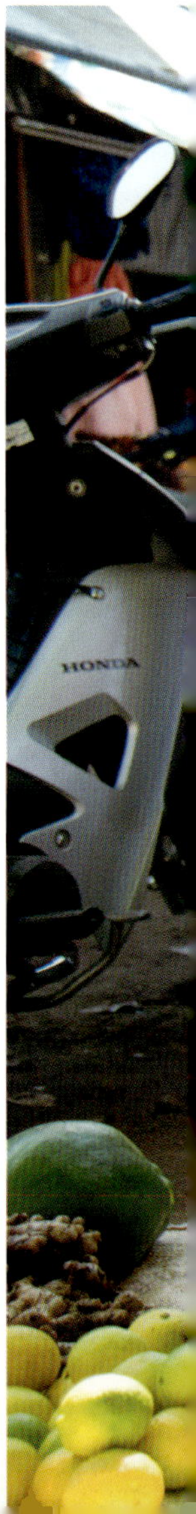
HONDA

Depuis la plage où il sèche au soleil, ici à Ngwe Saung (gauche) à sa vente sur les étals de Hpa-an, État Karen (droite), le poisson séché ou le *ngapyi* est dans toutes les assiettes.

Le poisson séché est un mets très couru au Myanmar. Accompagnant le riz et les crudités, le *ngapyi*, une pâte de poisson ou une saumure de poisson fermenté parfois agrémenté de piment, est un condiment incontournable de toutes les bonnes tables birmanes. Le *mohinga*, une soupe de poisson, constitue quant à lui le petit-déjeuner traditionnel.

From Ngwe Saung beach where its sun dried, (left), to stalls in Hpa-an, Karen State (right), dried fish or ngapyi can be found on every plate in Myanmar.

Fish is a very popular dish in Myanmar. Accompanying rice and vegetables, the "ngapyi", a fish paste or a fermented fish brine sometimes livened up with chili, is an essential condiment for any food table in Myanmar. As for the traditional breakfast, it is a fish soup called "mohinga".

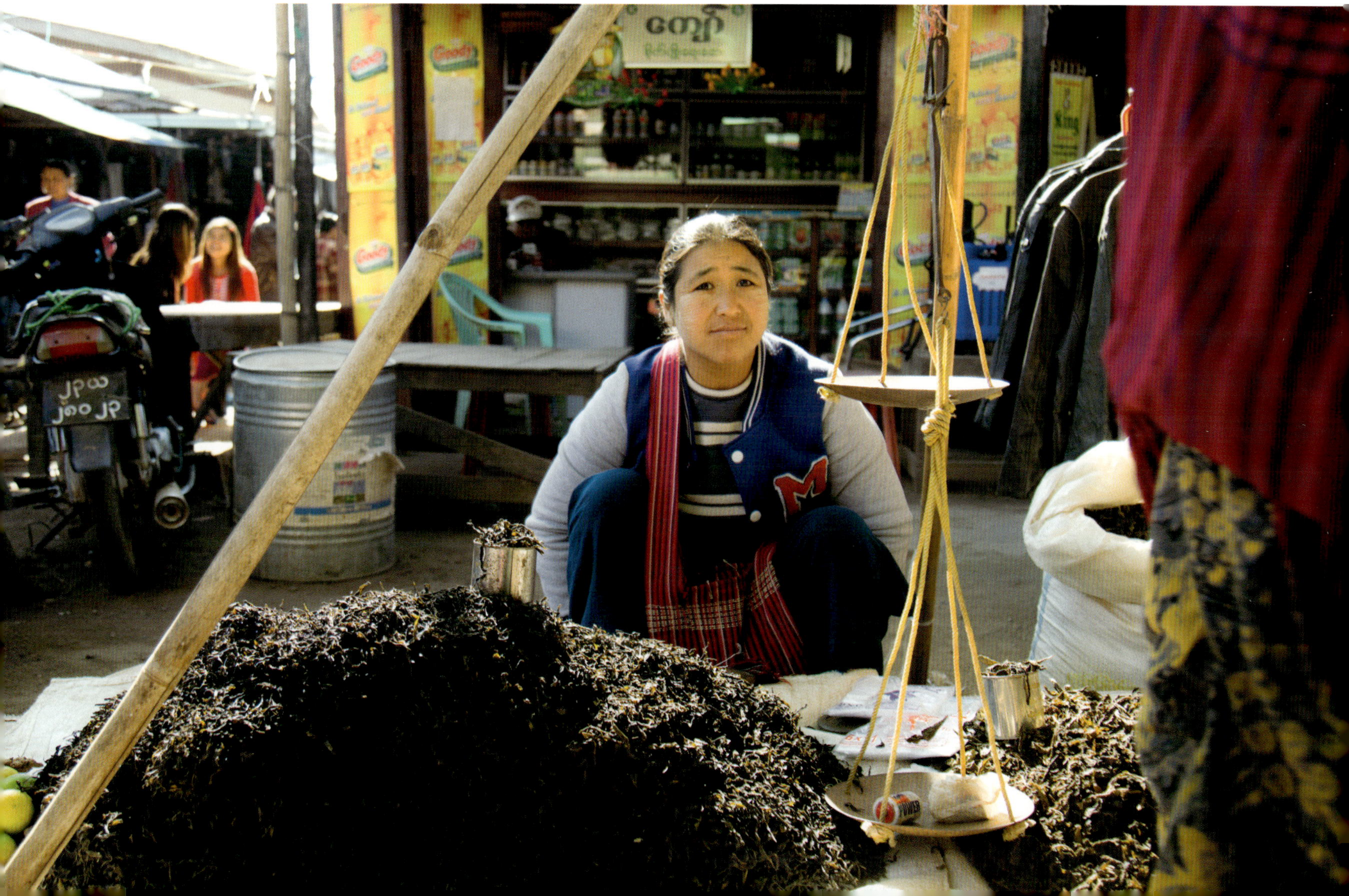

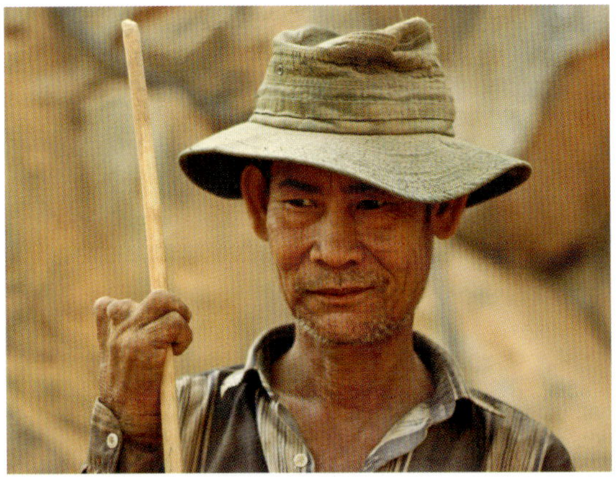
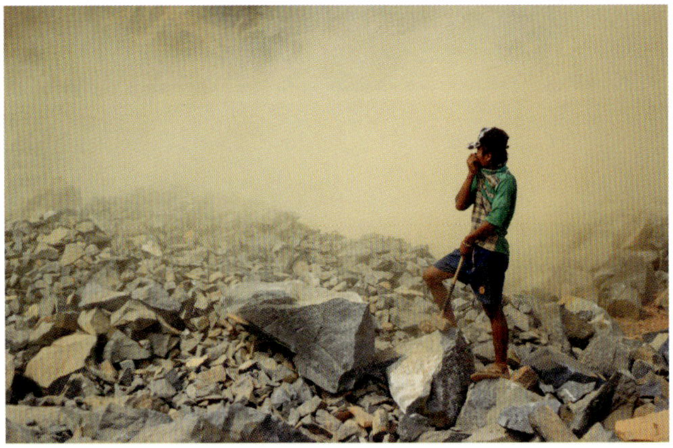
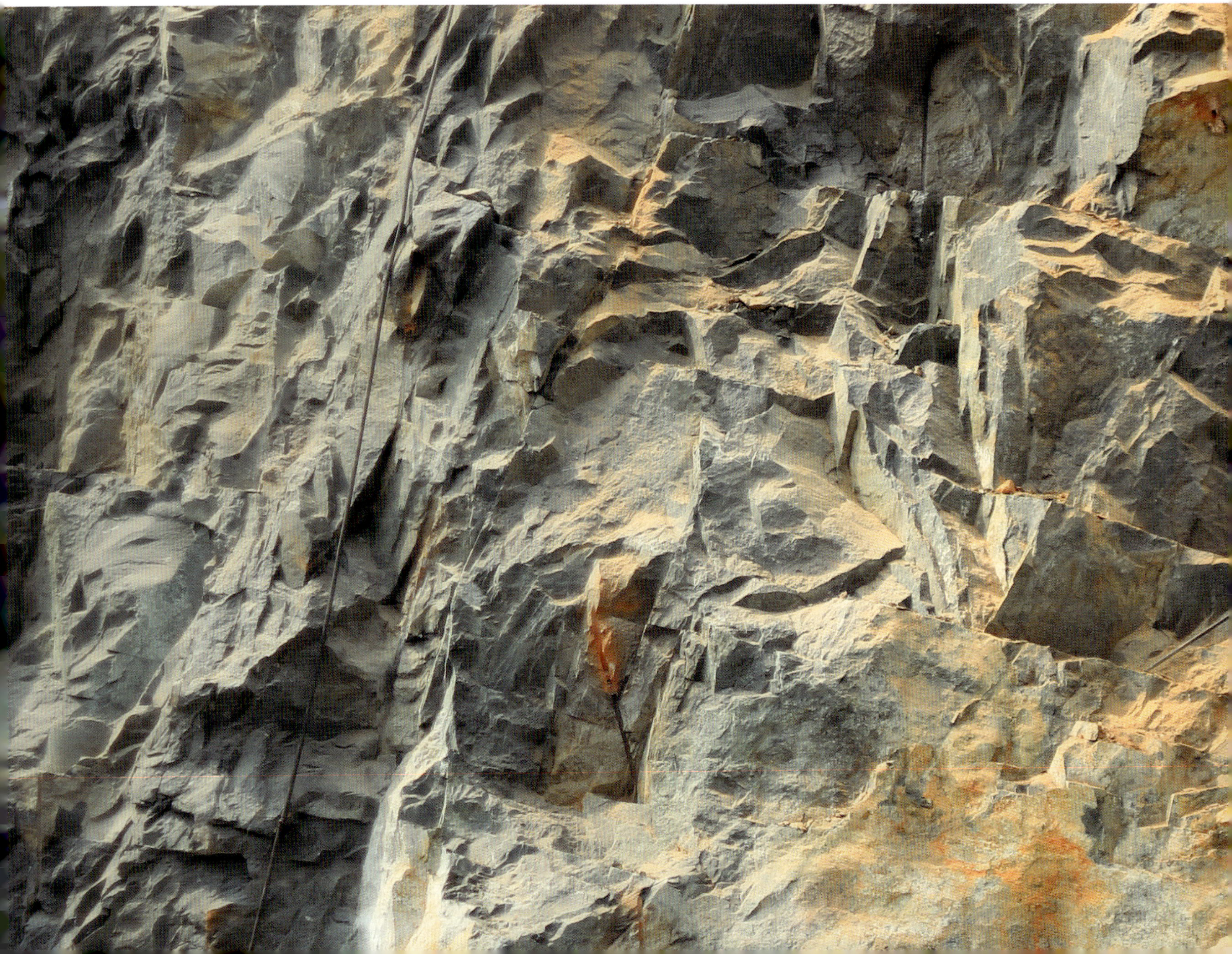

Dans les mines et les carrières – État Môn.
Le sous-sol birman recèle de nombreuses ressources minières comme le zinc, l'argent, le cuivre, l'or ou encore des terres rares. Le pays dispose également d'importants gisements de gaz naturel offshore.

In the mines and quarries – Mon State.
Burmese subsoil contains numerous mineral resources such as zinc, silver, copper, gold and rare earth metals. Seas off Myanmar also contains important deposits of natural gas.

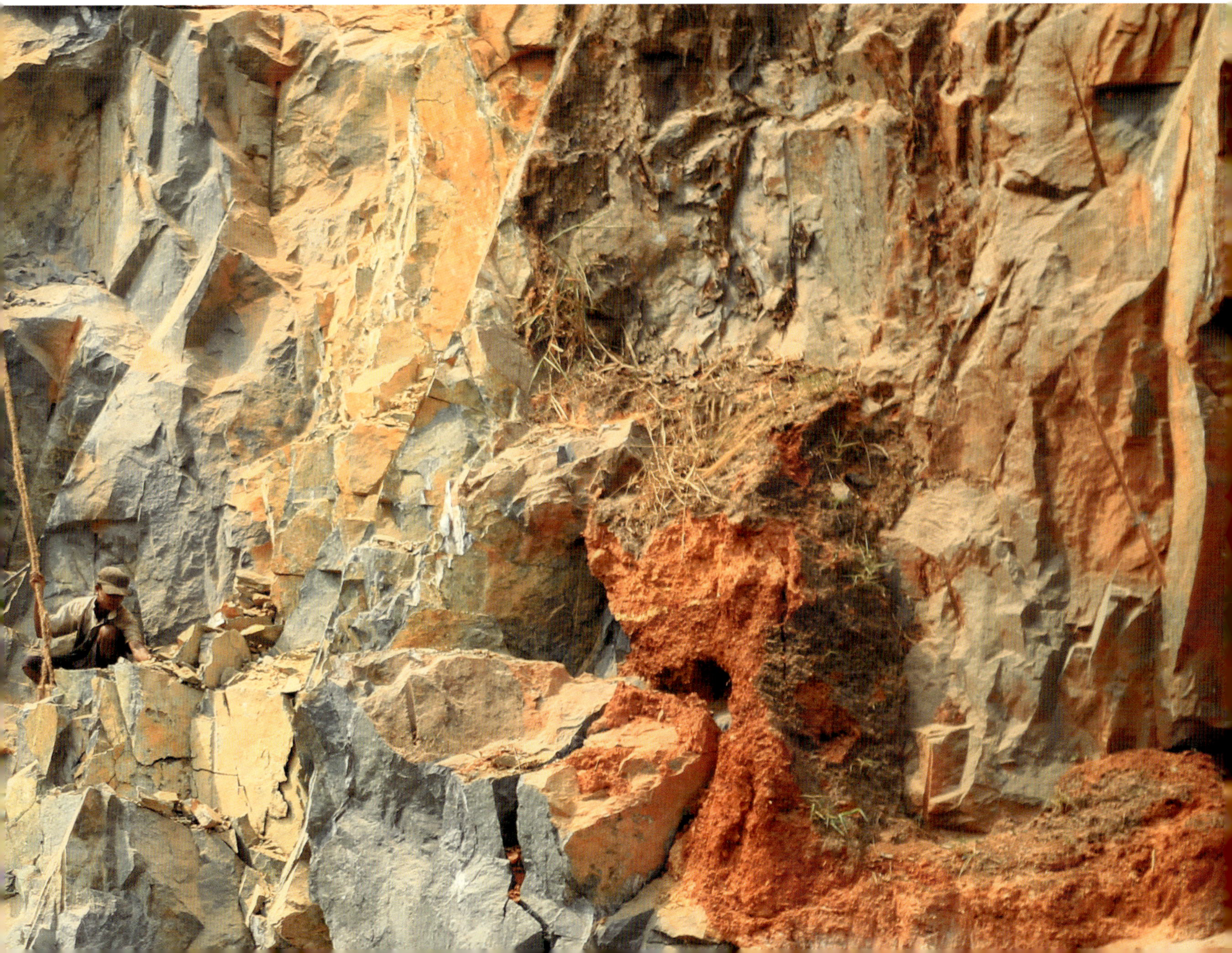

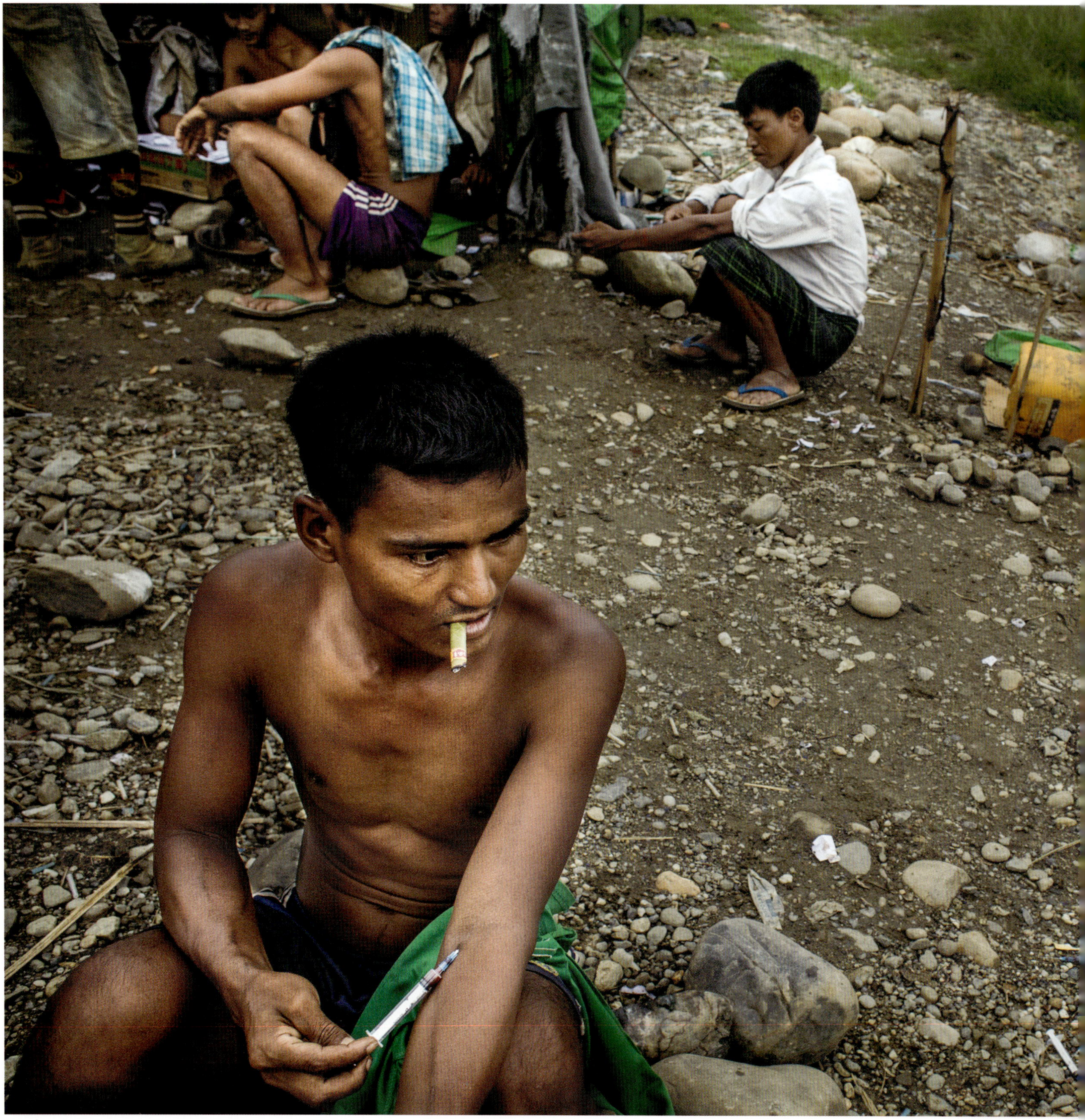

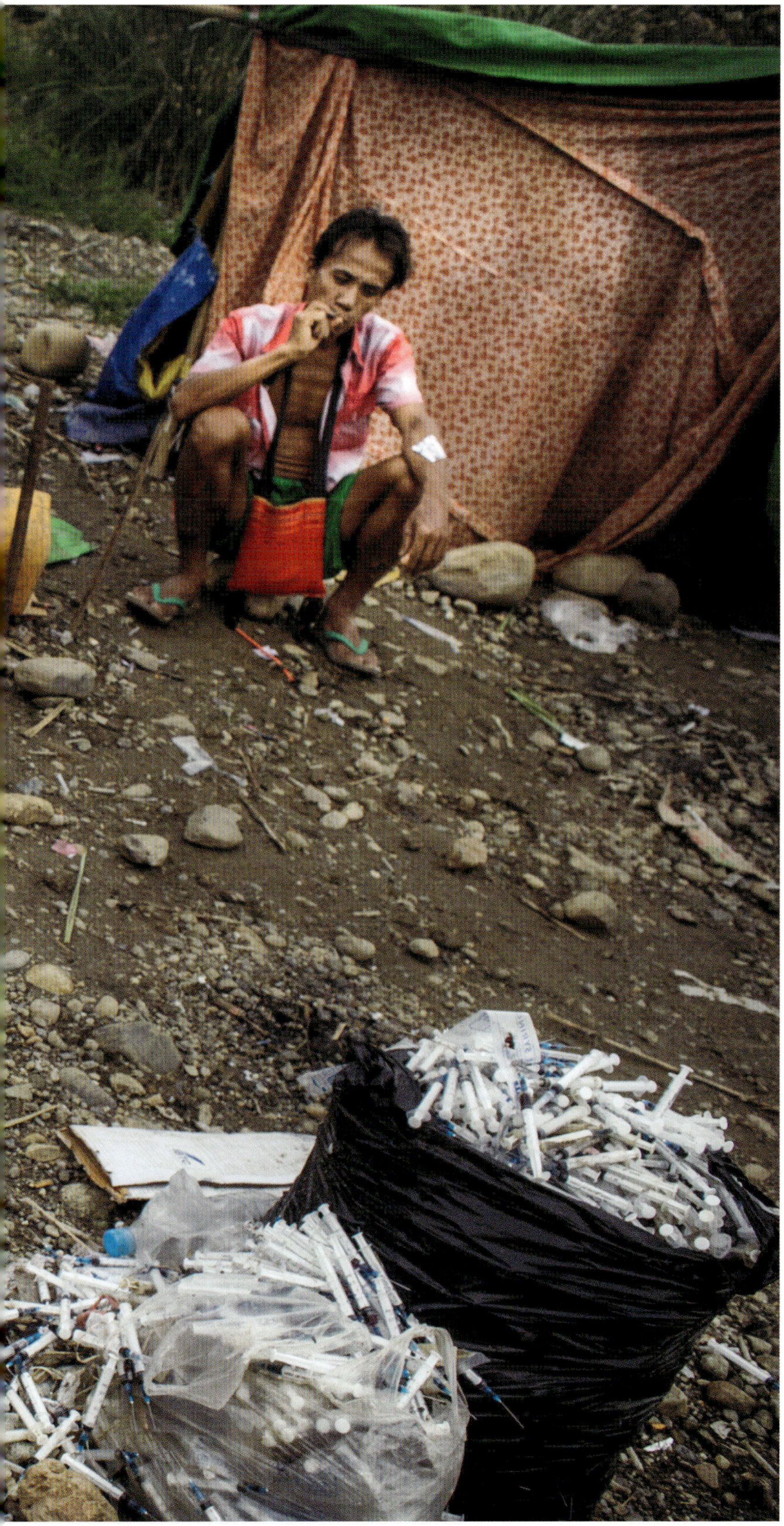

Un mineur s'injecte une dose d'héroïne dans une 'shooting gallery' d'une mine de jade – Hpakant, État Kachin.

L'héroïne est quasiment en vente libre dans les mines de jade où une dose coûte moins de 2$. Certains experts estiment que plus de 50% des jeunes kachin seraient toxicomanes, posant un véritable défi politique, économique et de santé publique.

Le Myanmar est le premier producteur d'amphétamine et le deuxième exportateur d'opium de la planète.

A miner injecting himself a dose of heroin in a "shooting gallery" at a jade mine – Hpakant, Kachin State.

Heroin is sold almost over-the-counter in the jade mines, where a dose costs less than $2. Some experts estimate that over 50% of the Kachin youth are addicted to some form of drug, creating political, economic and public health challenges.

Myanmar is the largest producer of amphetamine and the second largest opium exporter in the world.

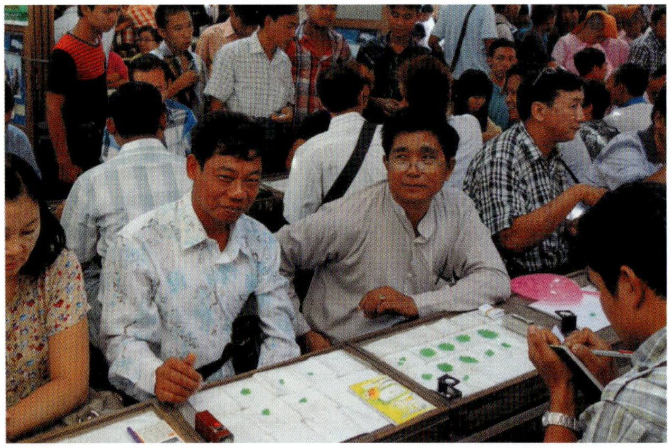
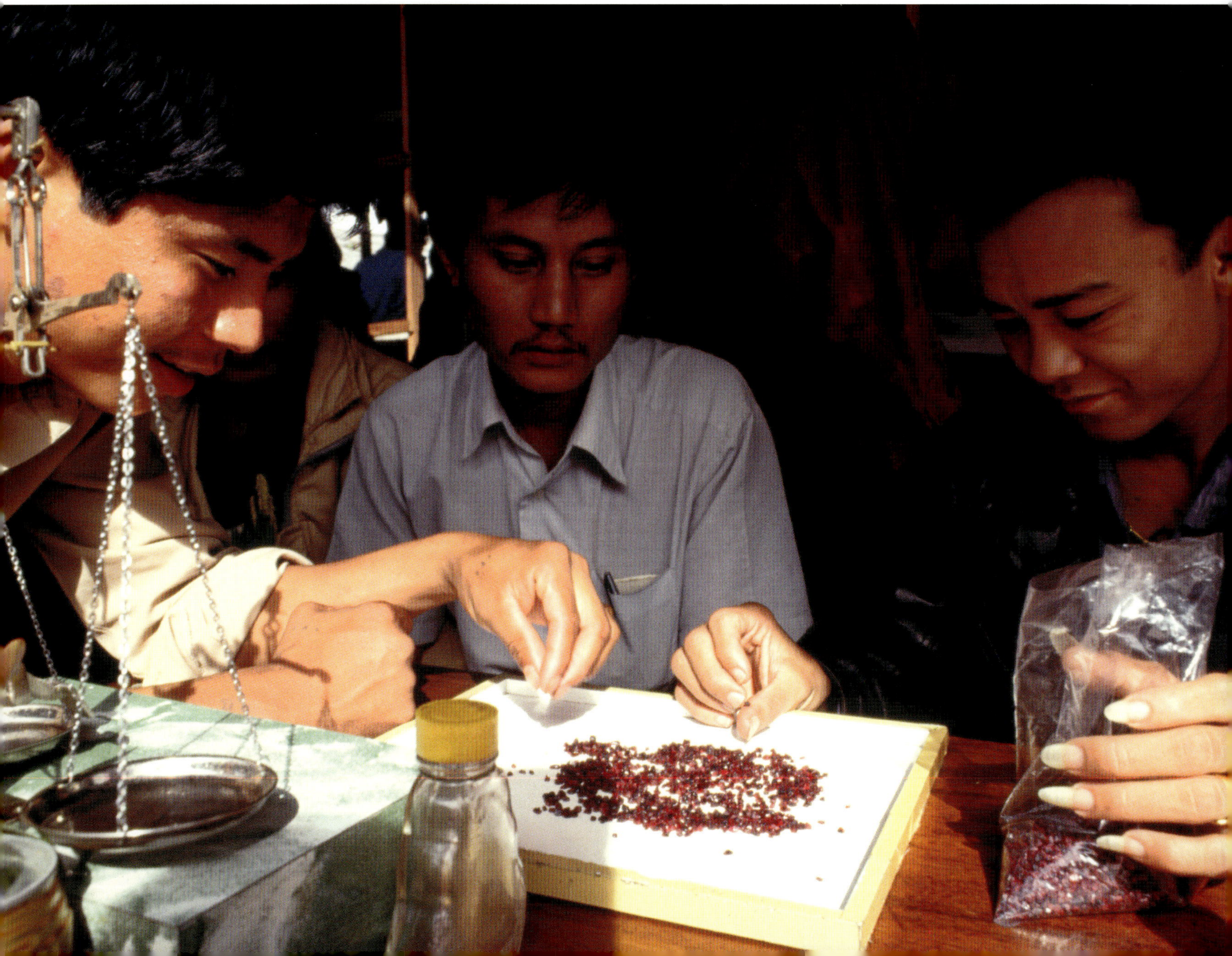

Vendeurs et clients examinent un stock de rubis récemment extraits – Mogok (gauche). Un artisan polit des morceaux de jade dans son atelier – Mandalay (droite).
Le pays est particulièrement riche en pierres précieuses. L'écrivain Joseph Kessel rendit célèbre la vallée de Mogok, au nord de Mandalay, pour ses rubis. Le nord du Myanmar renfermerait les plus grandes réserves de jade au monde. La pierre verte dont raffole le voisin chinois représente d'ailleurs une part importante de l'économie souterraine.

Sellers and buyers examining a stock of recently extracted Rubies – Mogok (left). A craftsman polishes jade pieces in his workshop – Mandalay (right).
Myanmar is particularly rich in precious stones. French writer Joseph Kessel made the Mogok valley, North Mandalay, internationally famous for its rubies the subject of his famous novel. Northern Myanmar contains what is said to be the biggest reserve of jade in the world. The green stone, appreciated by the Chinese, represents a massive part of the underground economy.

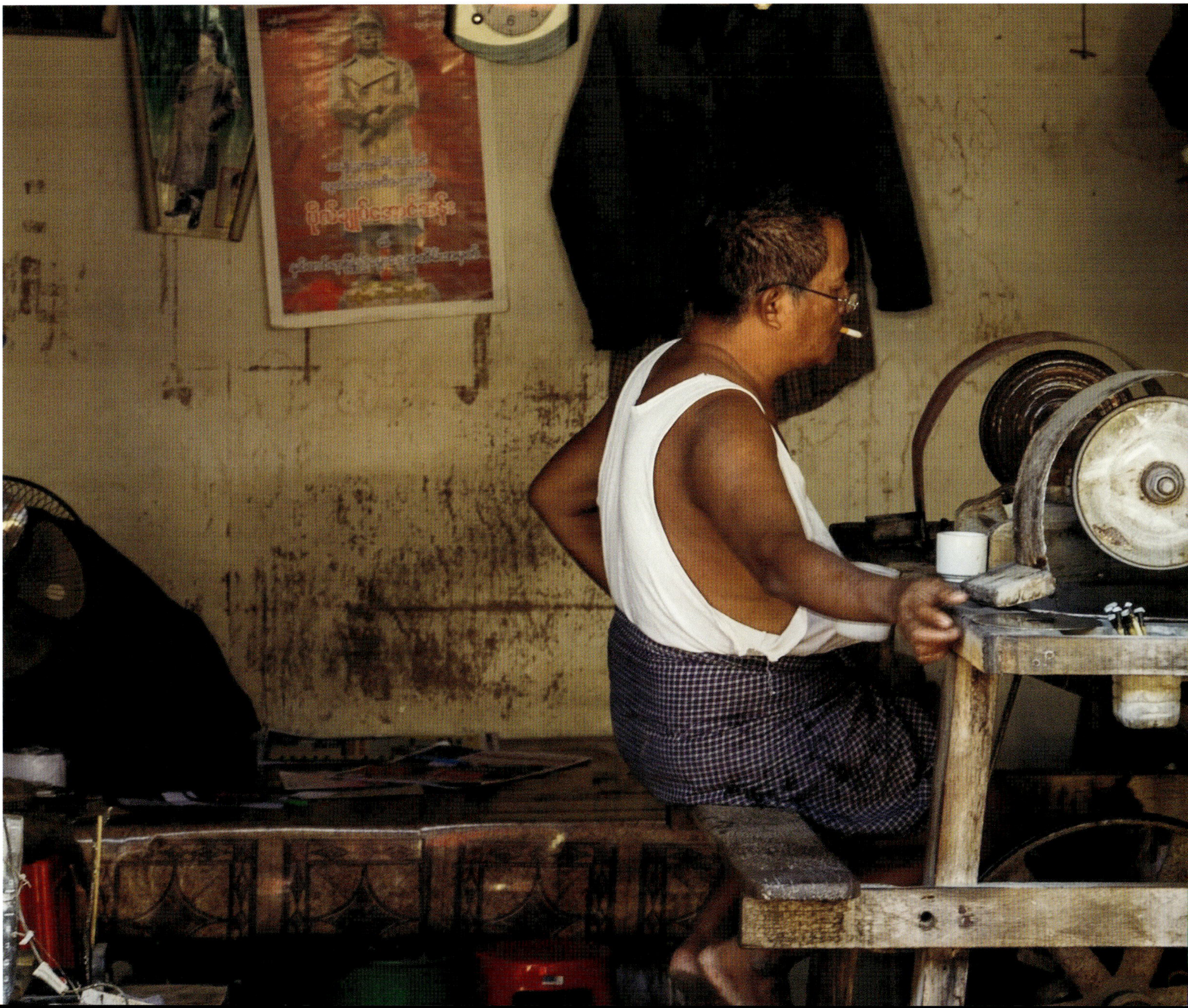

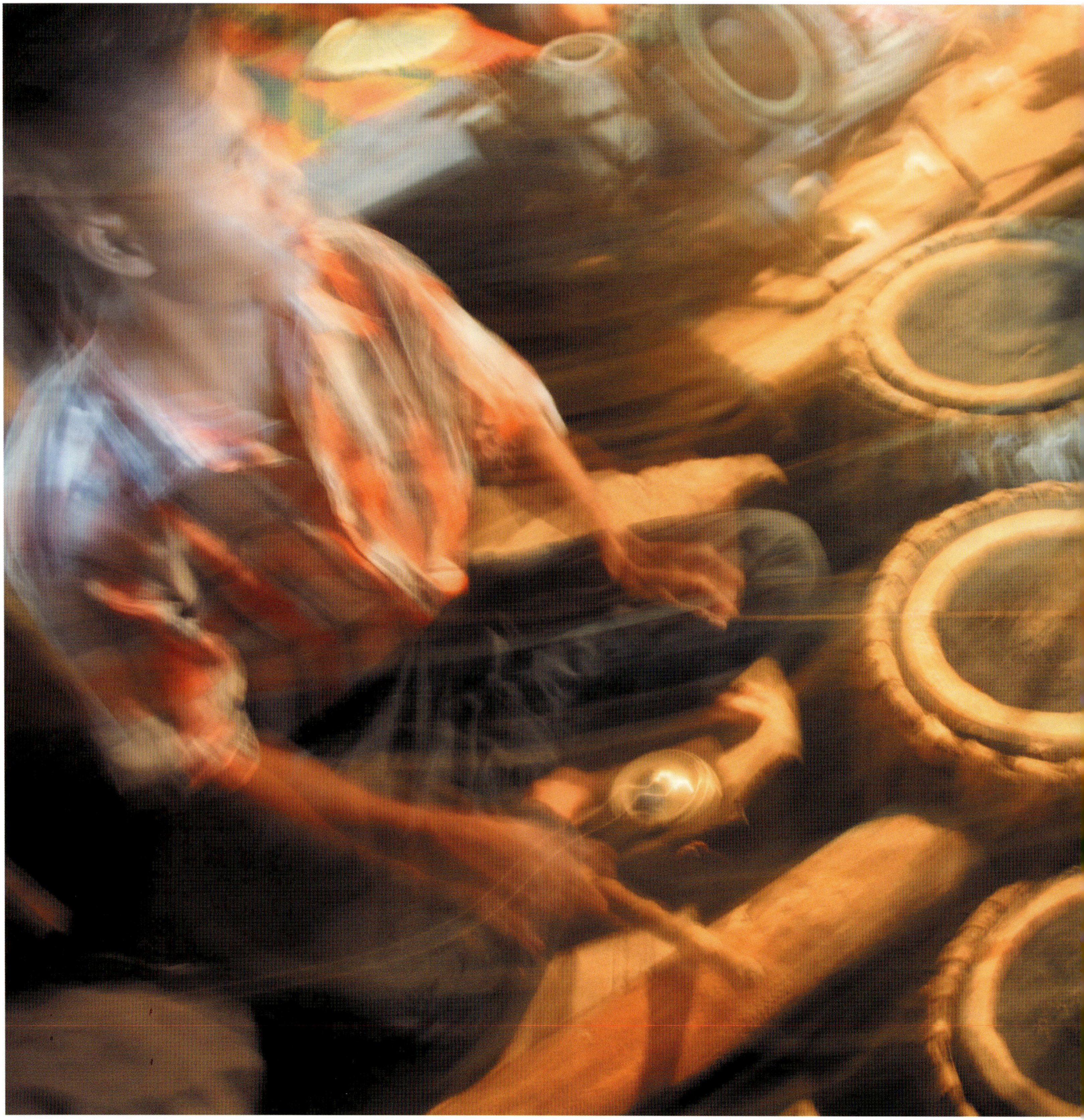

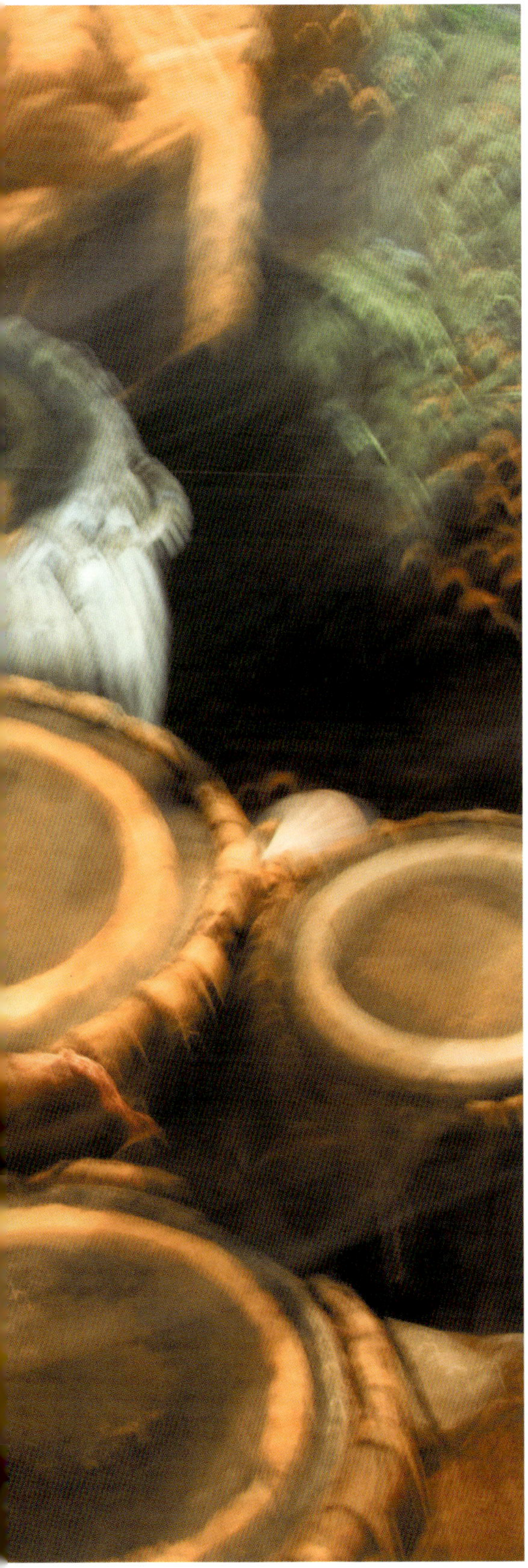

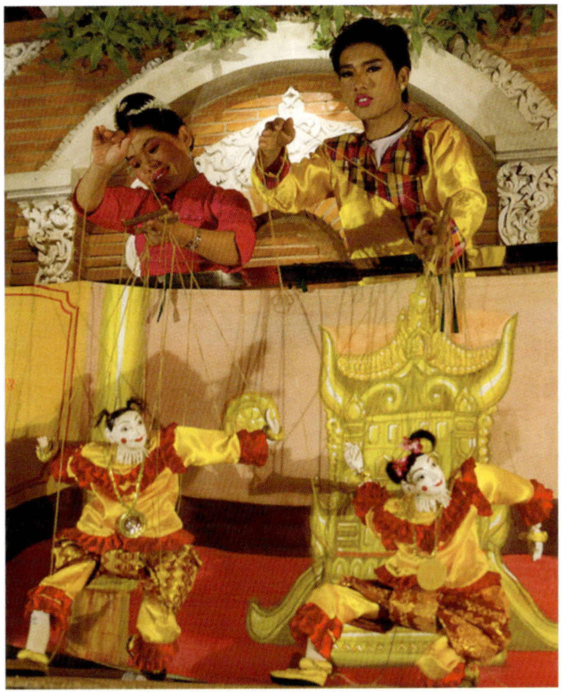

Les arts traditionnels birmans sont très présents lors des foires ou *Pwè* où se mêlent arts, culte des esprits et divertissements.

Burmese traditional arts are often embodied in fairs or "Pwe" where arts, spirits worshiping and entertainment intermingle.

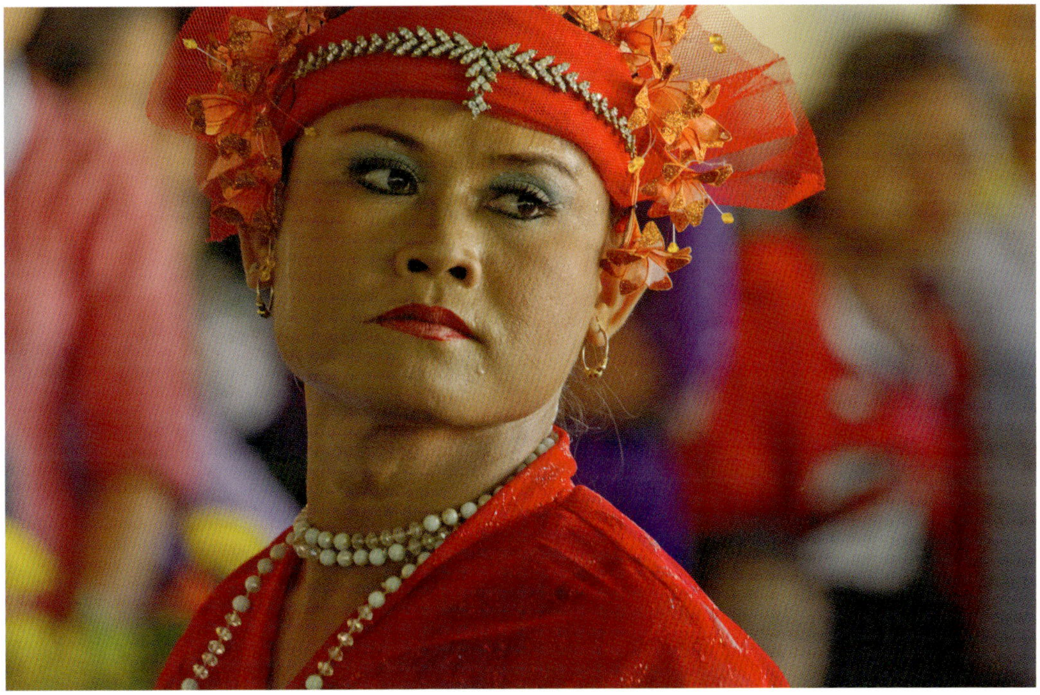

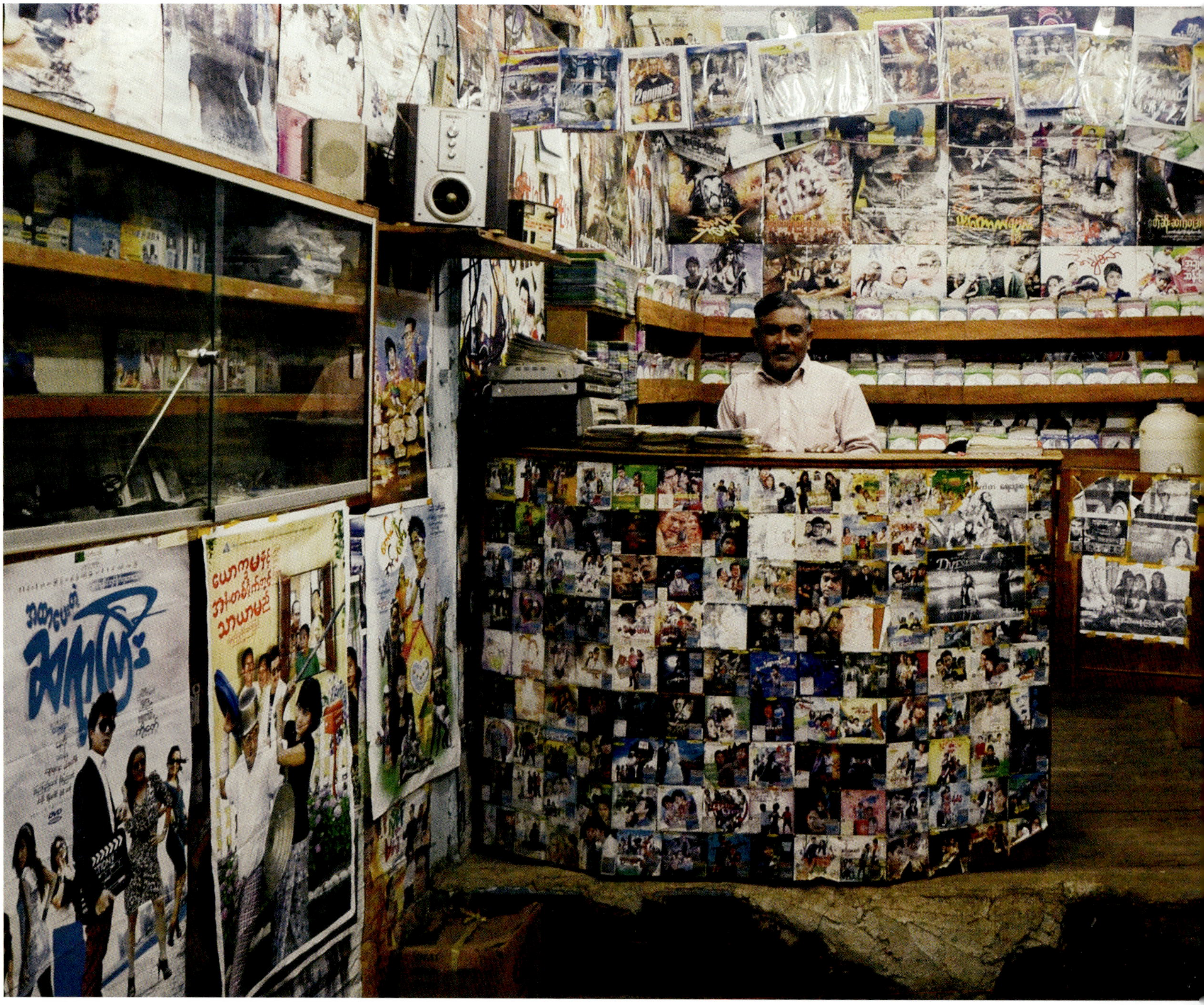
12 ROUNDS

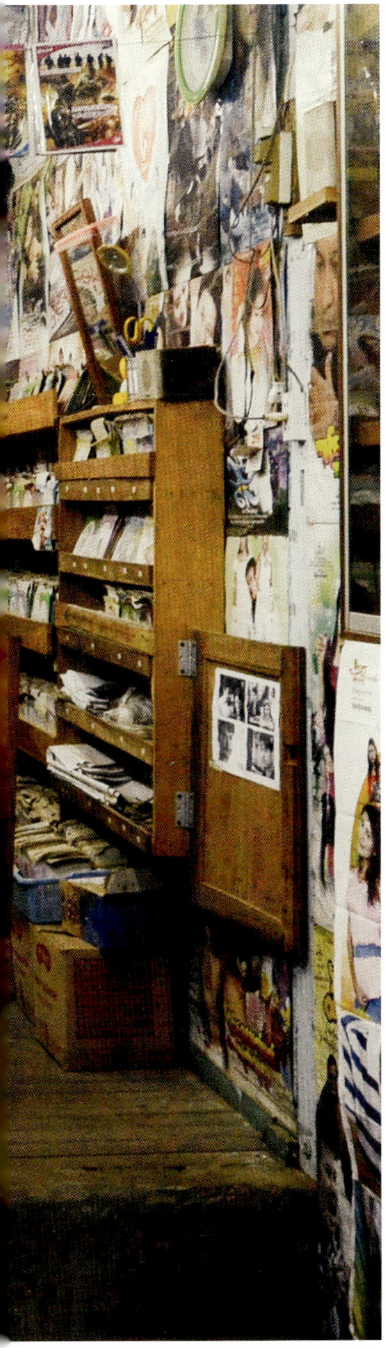

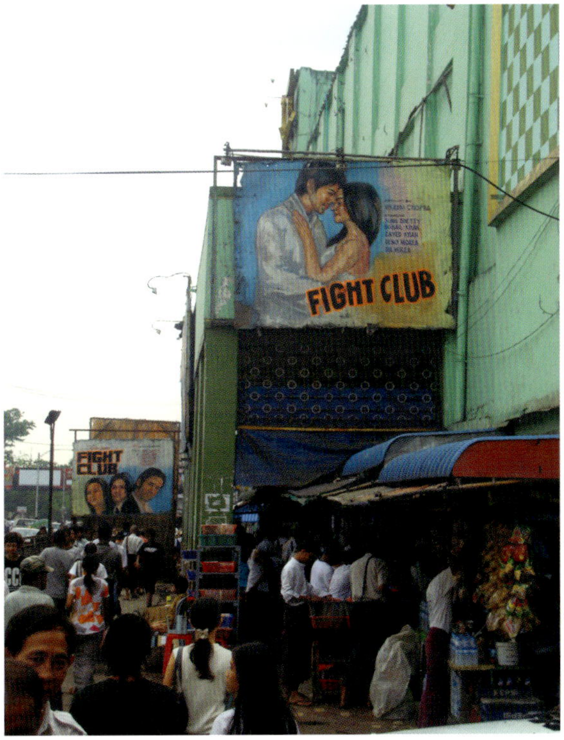

Dans la boutique d'un vendeur de DVD – Mandalay (gauche). Une version Bollywood de *Fight Club* est à l'affiche d'un cinéma de Yangon (droite).

Les premiers films birmans datent de 1910. La production cinématographique repose sur son audience domestique. La plupart des productions sont des comédies destinées à une diffusion en DVD. Cependant le voisin indien reste encore un important pourvoyeur de films et l'influence de Bollywood – comme celle d'Hollywood – très forte.

In a DVD shop - Mandalay (left). Billboard of a Yangon cinema announces the Bollywood version of the popular Hollywood movie "Fight Club" (right).

The first Burmese films date back from 1910. The cinema production caters to the domestic public. Most of the production is made of comedies circulated on DVD format. However, India remains an important provider of films and Bollywood influence – as well as Hollywood – is very powerful.

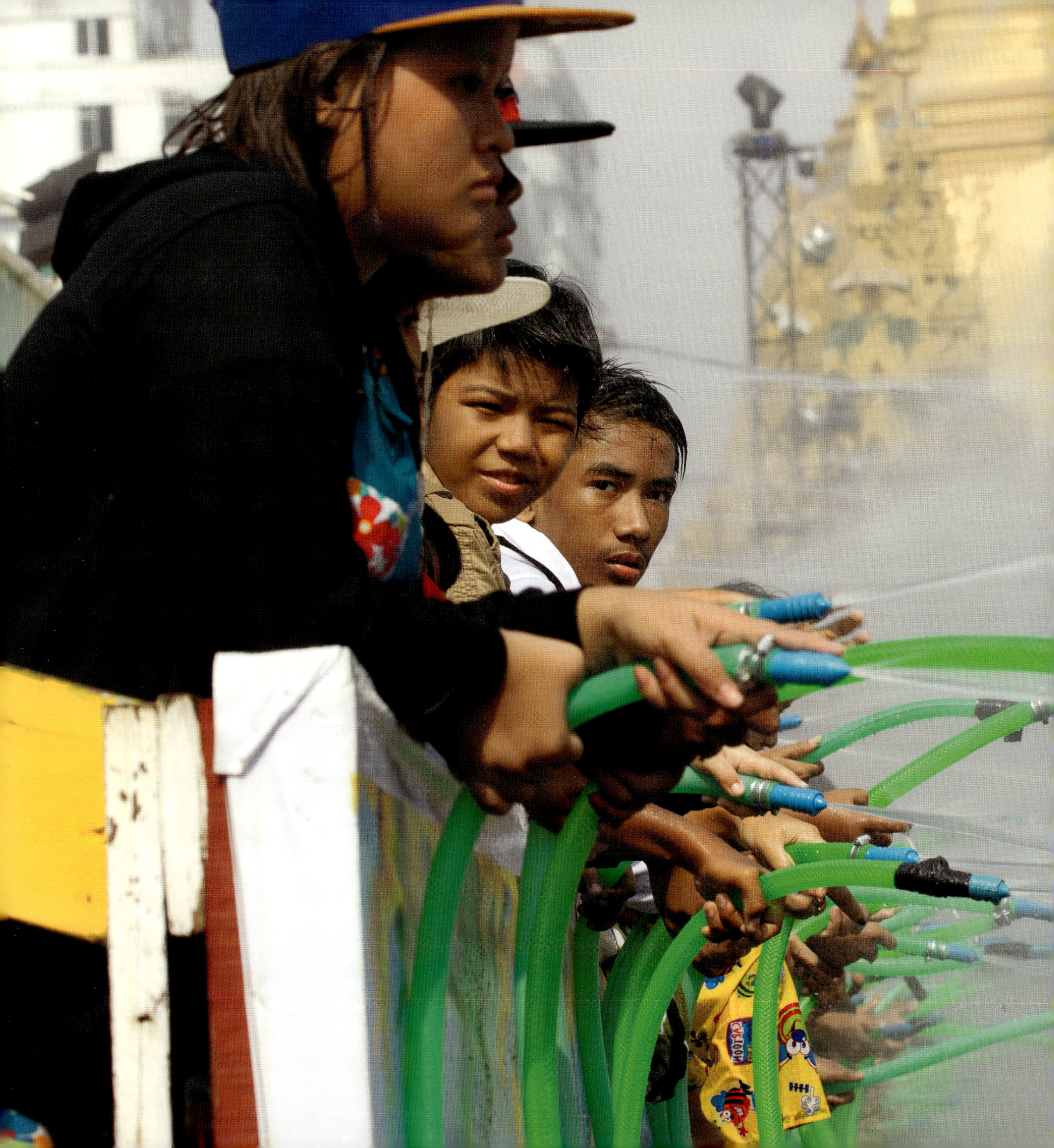

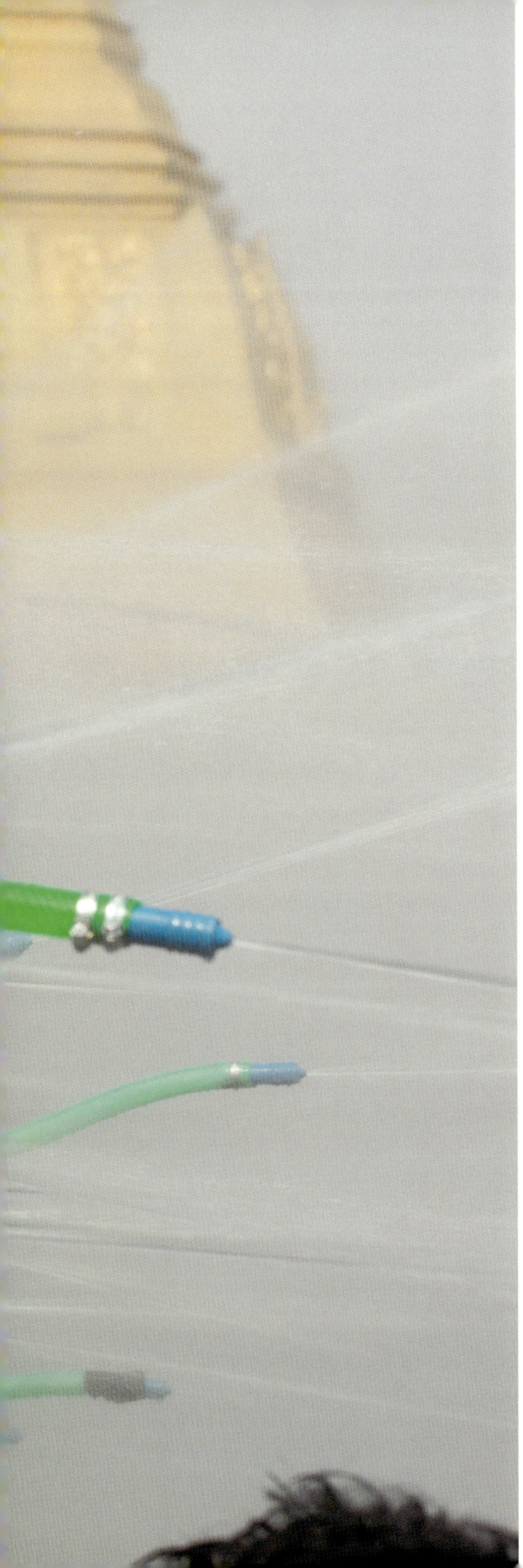

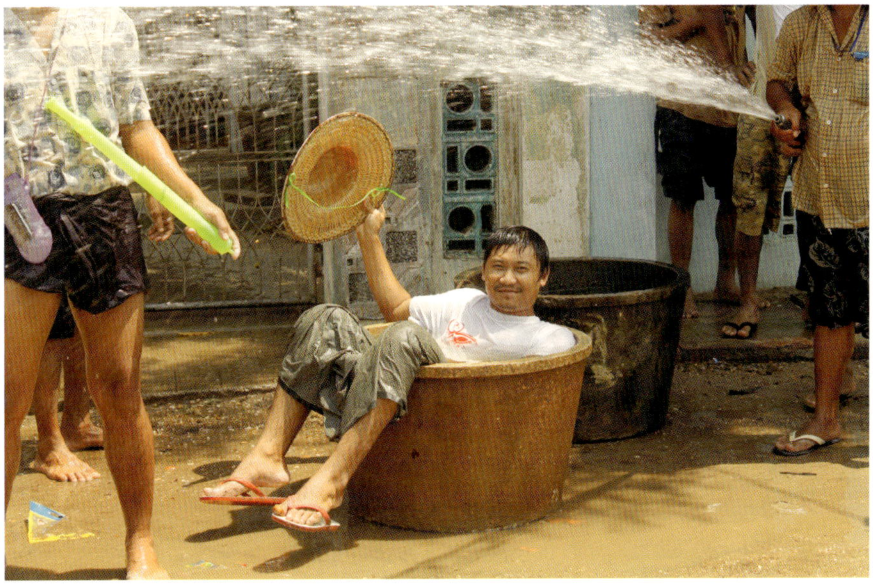

Pendant la fête de l'eau, ou *Thingyan*, les rues de Yangon se parent d'estrades temporaires afin d'arroser les passants – Yangon.

La date du Nouvel An birman – ou fête de l'eau – est déterminée par le calendrier luni-solaire et marque le début des vacances d'été. Il a lieu à la pleine lune du mois d'avril. Comme son nom l'indique, il s'agit de s'arroser mutuellement (et copieusement), afin de se purifier de l'année passée. Pendant la dictature, la fête était un exutoire et le gouvernement birman levait alors exceptionnellement les restrictions sur les rassemblements.

During the water festival, or "Thingyan", Yangon's streets are covered with temporary stages, used for participants to maximize water splashing on pedestrians and passing vehicles – Yangon.

The date of the Burmese New Year – or Water festival – is decided according to the lunisolar calendar and marks the summer holidays. It usually takes place during the full moon of April. As the name implies, it consists of (generously) splashing of water on each other, so as to purify oneself from the ending year. During the dictatorship, this festival was a rare moment of freedom for the population when restrictions were exceptionally lifted on gatherings of people.

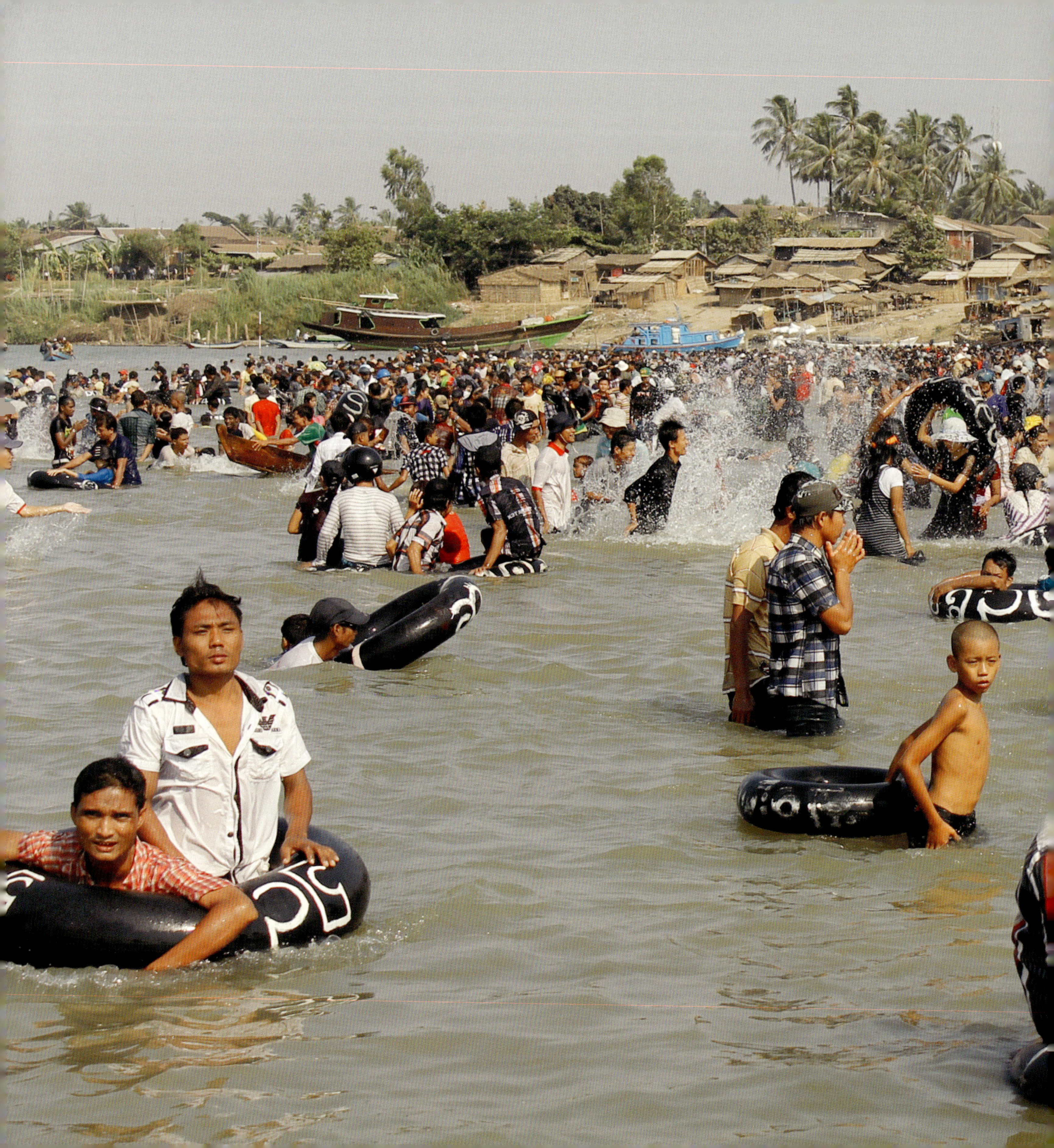

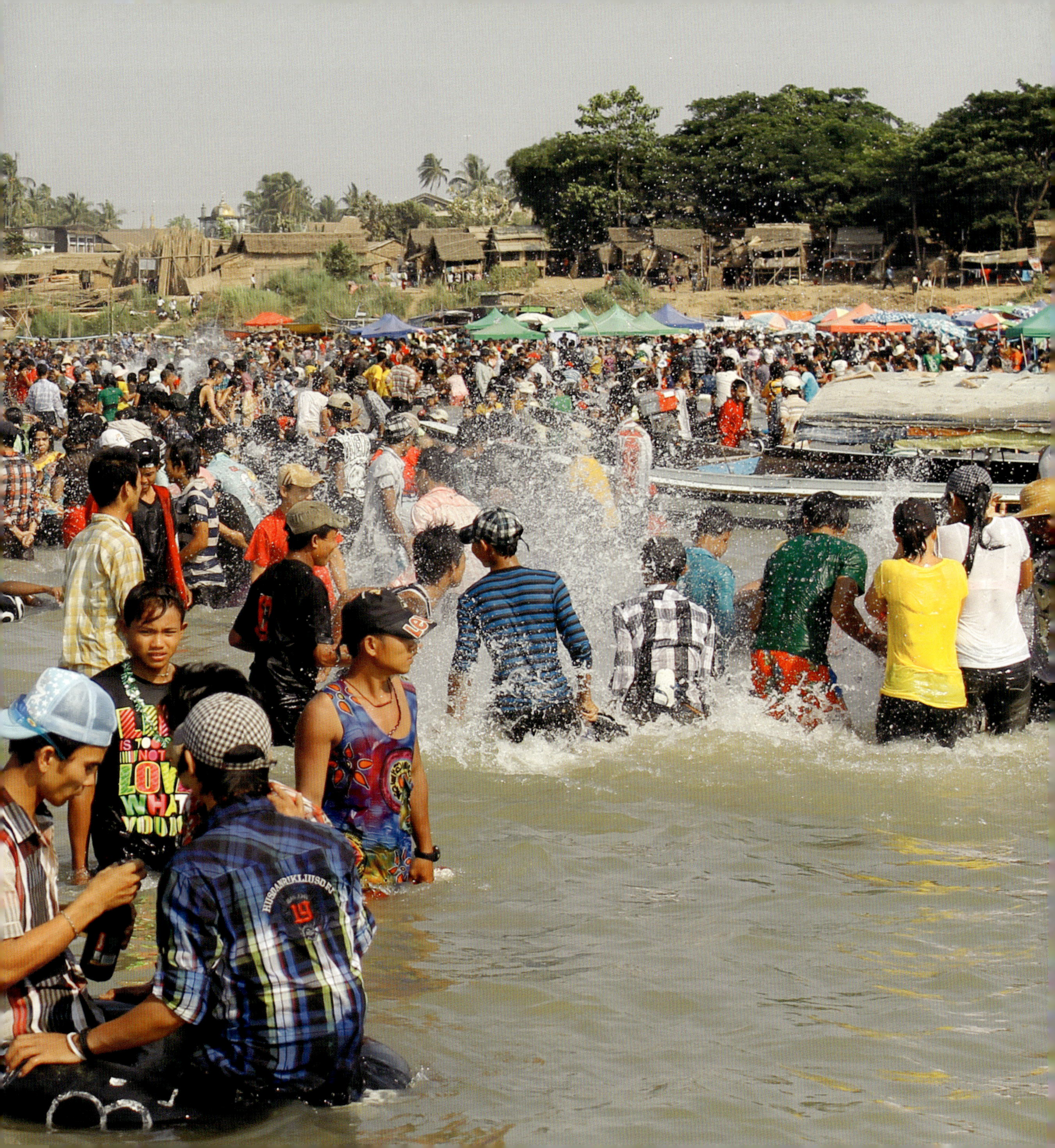

Double-page précédente : Lors de la fête de l'eau, alors que la chaleur atteint son paroxysme, les plages sont prises d'assaut par les jeunes Birmans qui s'y défoulent !

Previous double page spread: *During the water festival, at the height of the dry season, youth head to the beaches and riverbanks to duly celebrate the New Year!*

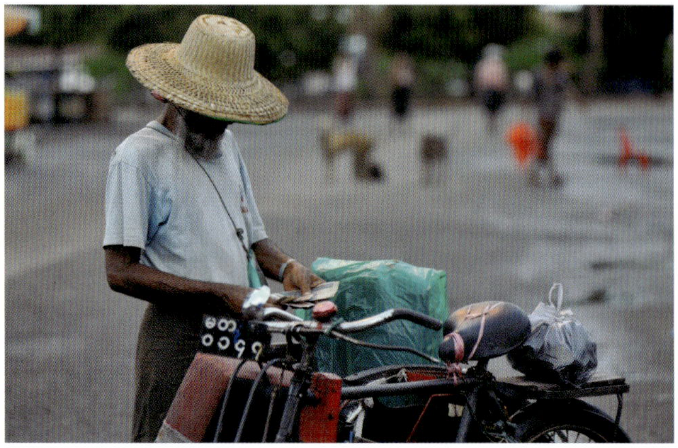

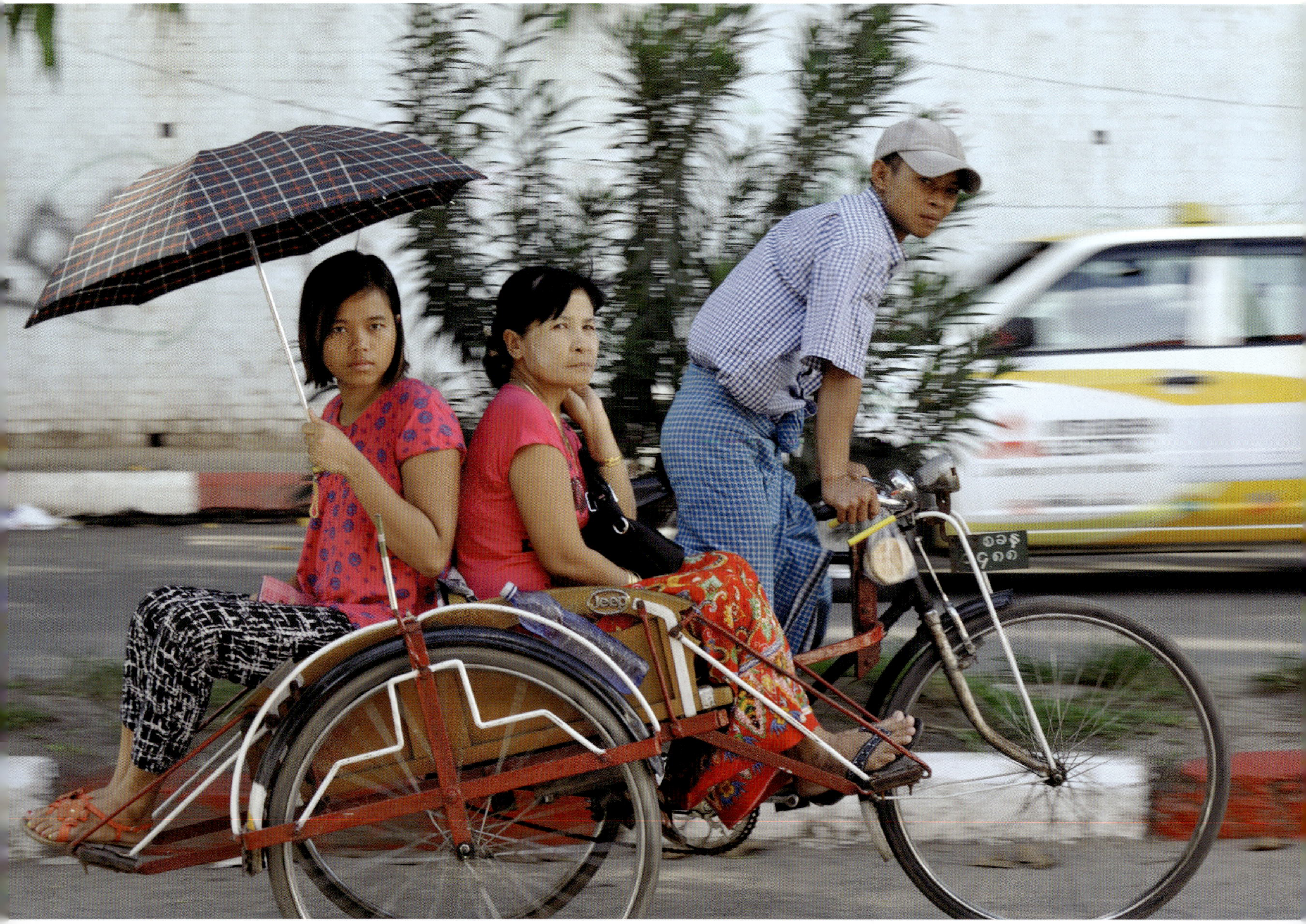

De Myitkyina à Mawlamyine en passant par Yangon, le rickshaw est un moyen de transport populaire dans tout le pays.

From Myitkyina to Mawlamyine, to Yangon, rickshaws are popular means of transportation all over the country.

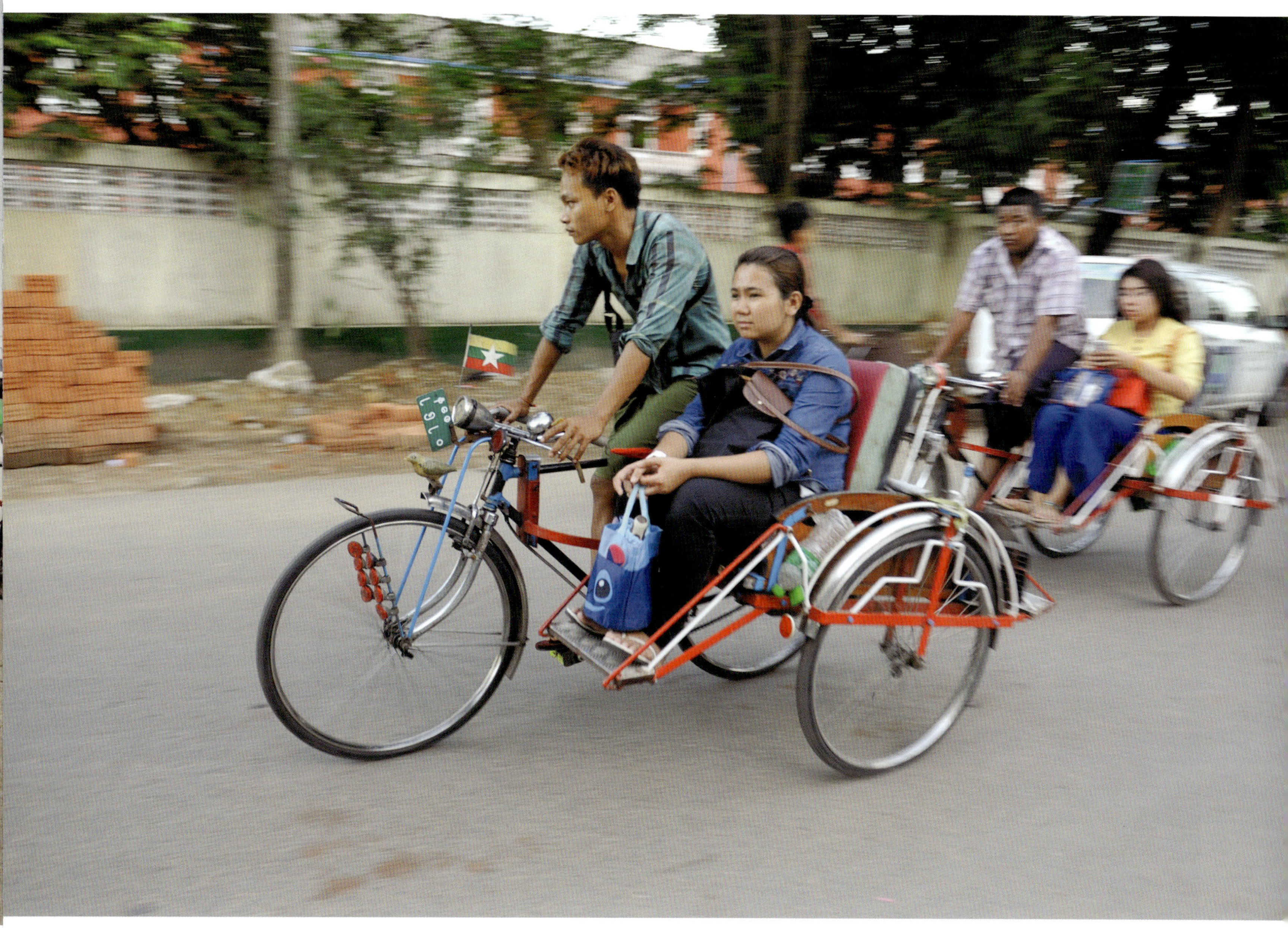

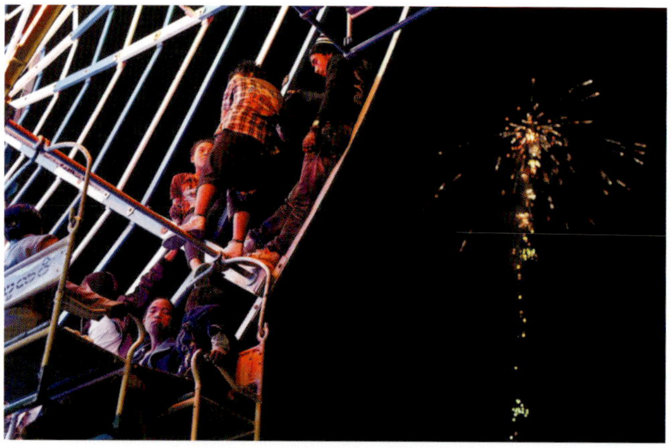

La nuit tombée, une autre vie commence.
À la fête foraine, la grande roue est activée par les poids des enfants se balançant agilement dessus – Mandalay. Des hommes se retrouvent pour décompresser de la journée dans une beer station – Yangon. Une chanteuse entonne une reprise d'un tube international dans un karaoké – Hpa-an, État Karen.

As the night falls, other lives awake.
At the fair, the Ferris wheel is activated by the weight of the children who skillfully rock on it – Mandalay. Men gather to relax at the end of the day in a beer station – Yangon. A singer launches into a cover version of an international hit in a karaoke parlor – Hpa-An, Karen State.

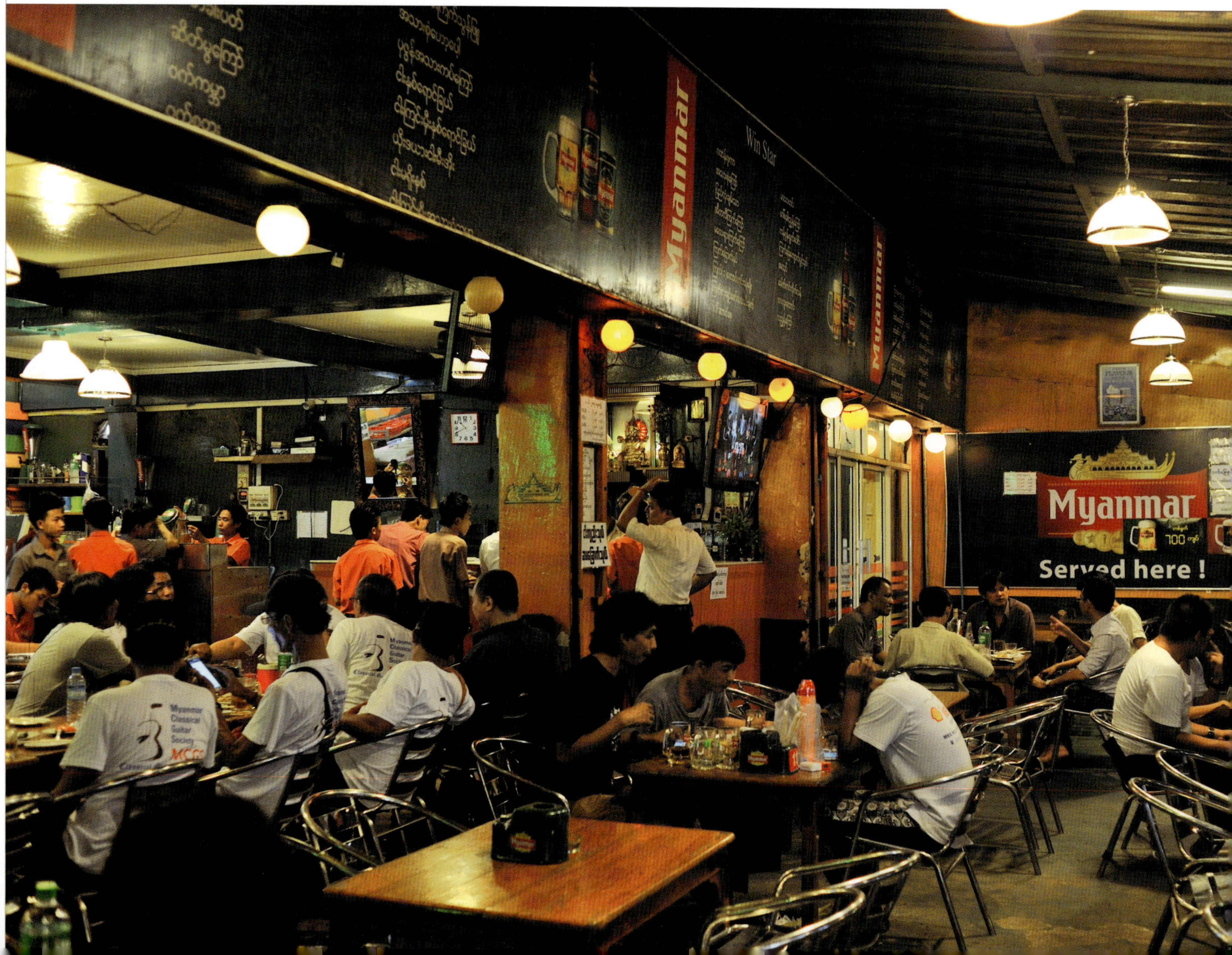

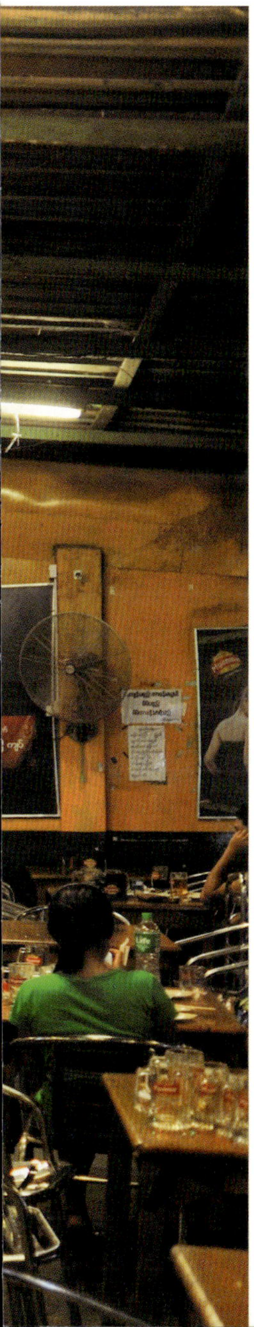

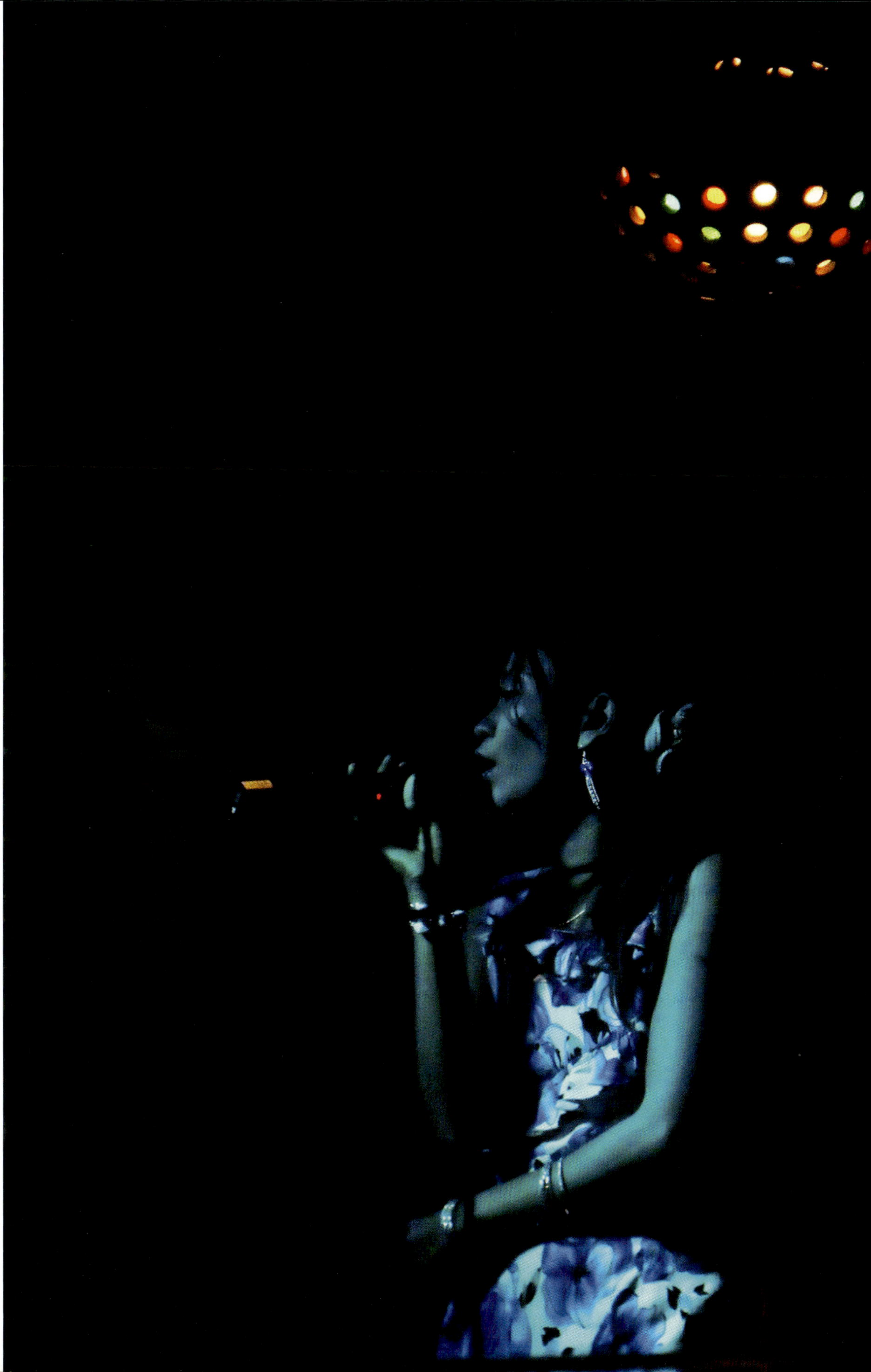

La nuit tombe sur la ville – Mandalay.
Certaines petites échoppes ou marchés de nuit peuvent rester ouverts bien après le crépuscule.

Night falls on the city – Mandalay.
Stalls and small night markets brave the darkness and stay open late.

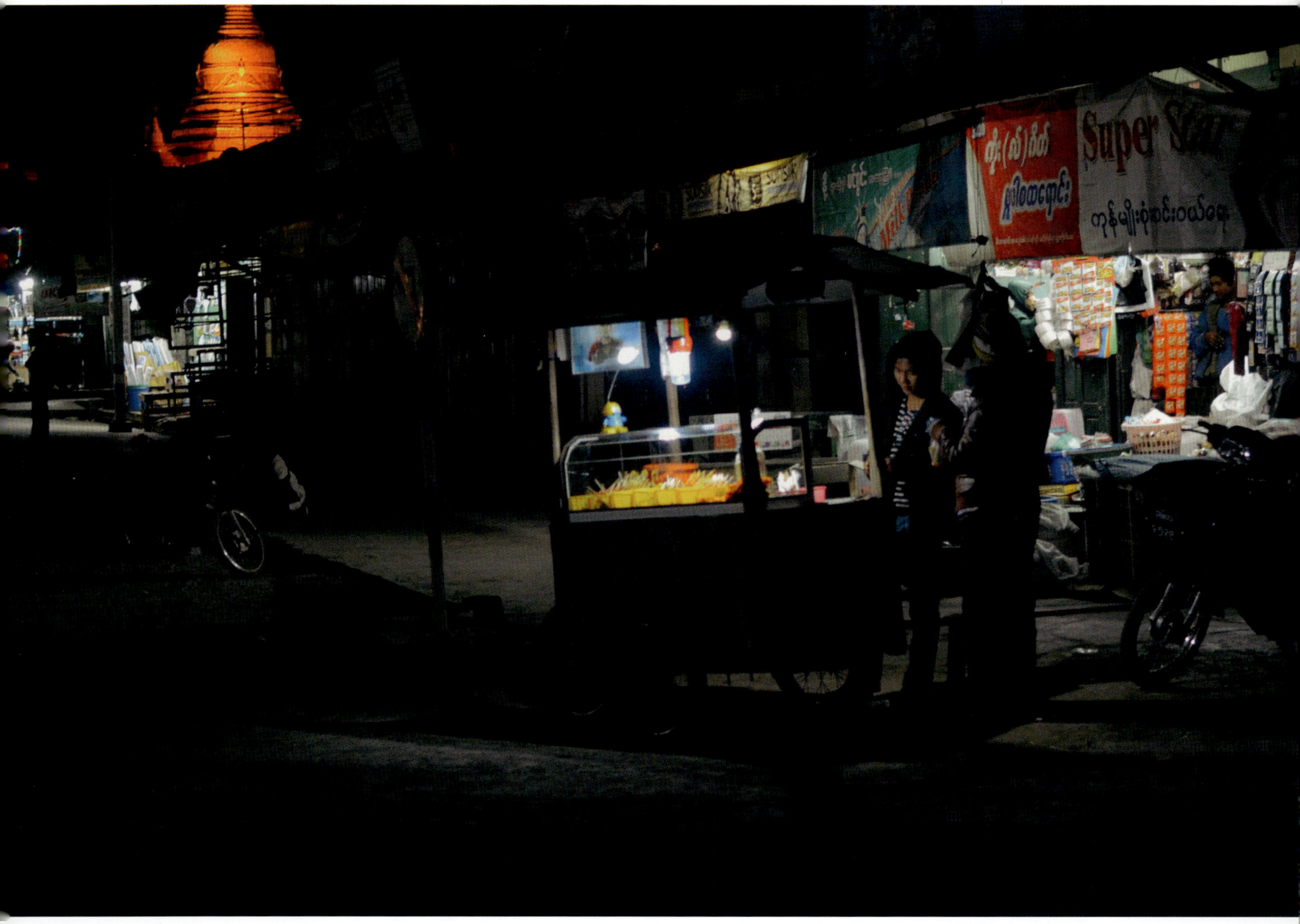

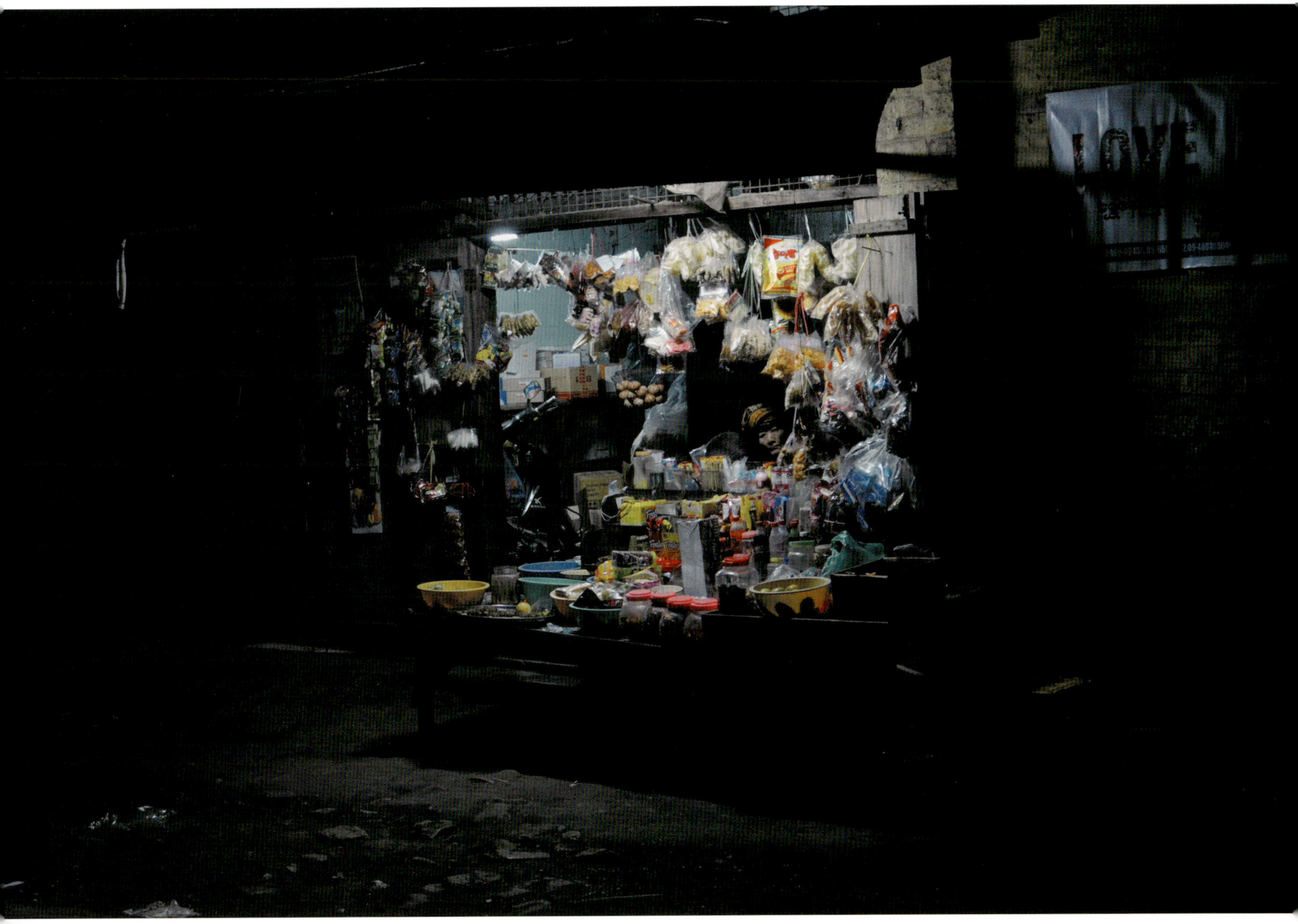
LOVE

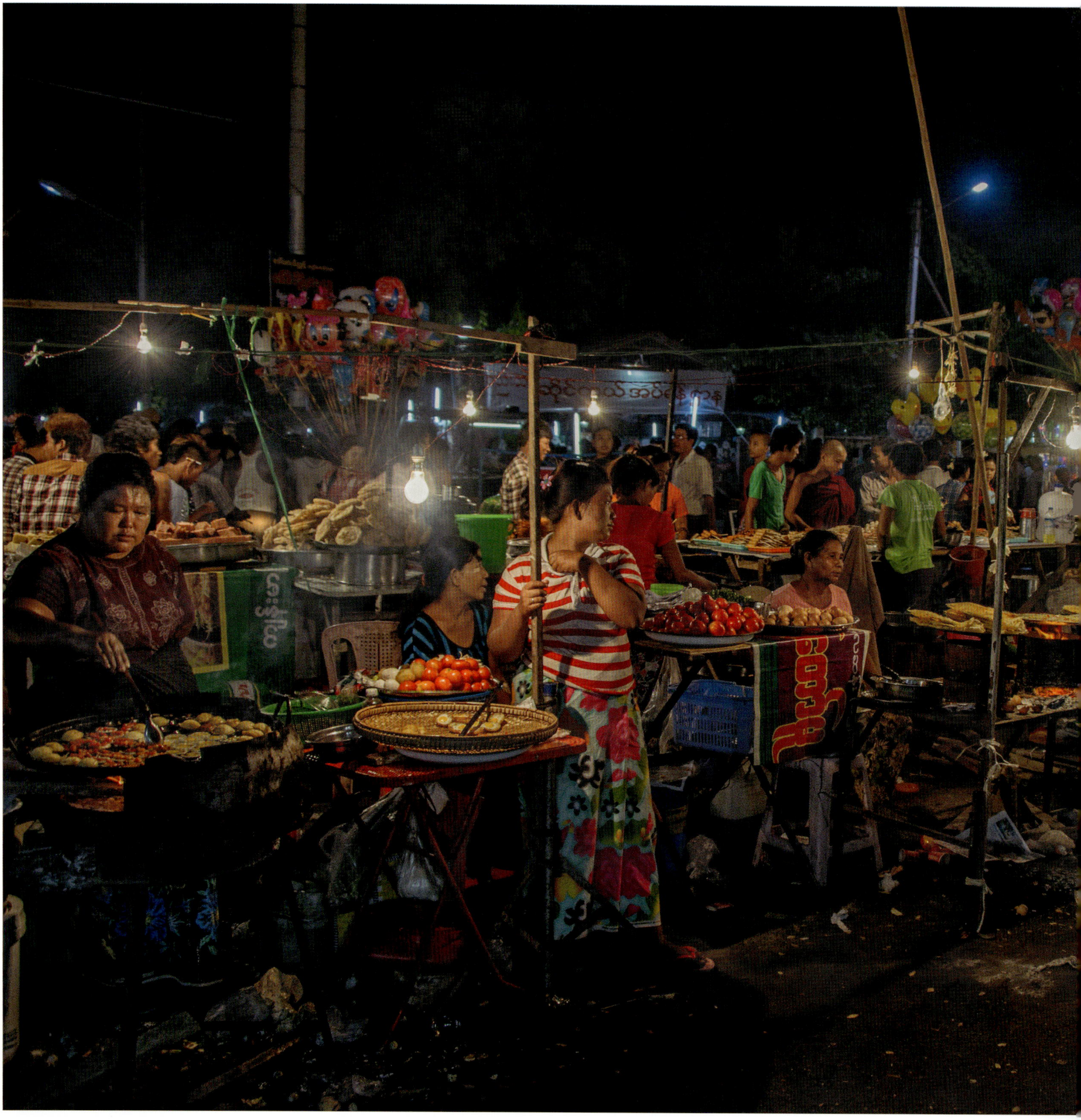

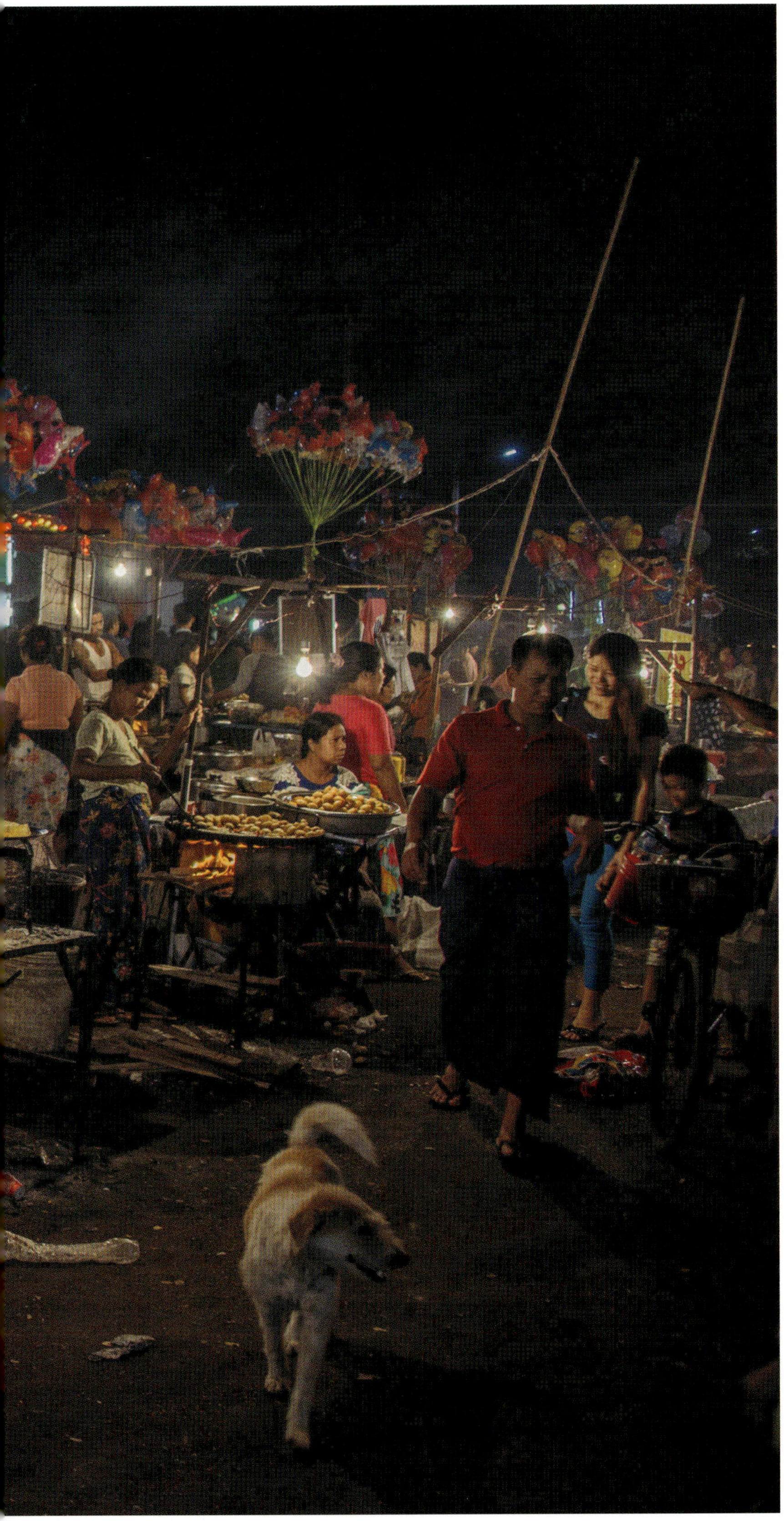

Le marché de nuit connaît une activité frénétique – Mandalay.

Alors que la nuit est tombée sur le Myanmar, la vie quotidienne se poursuit tandis que le pays connaît des bouleversements politiques sans précèdent depuis sa création...

The night market, the theatre of frenetic activity – Mandalay.

Daily life in Myanmar goes on, even after night fall, meanwhile the country encounters unprecedented changes since its inception...

La transition
The transition

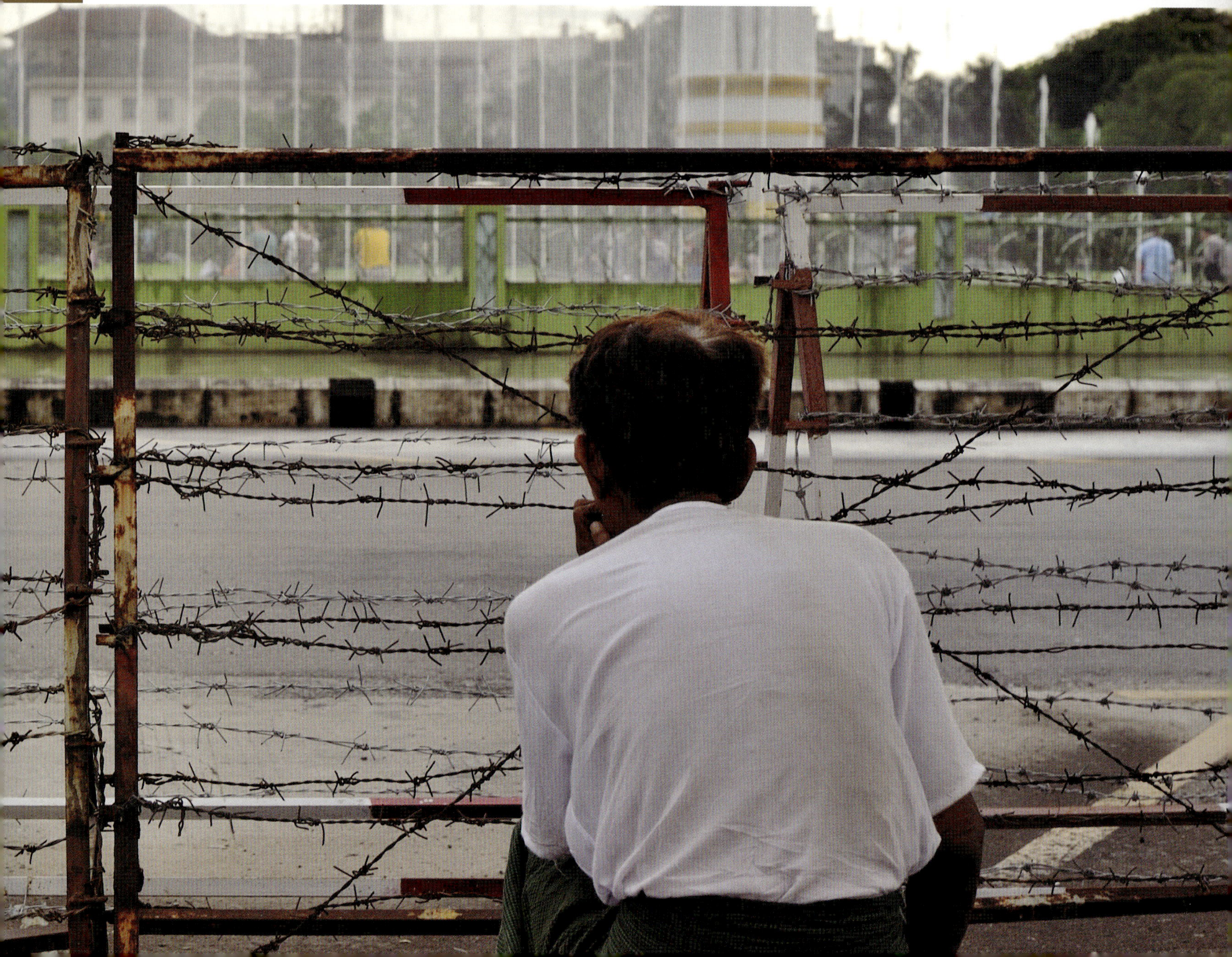

Depuis le changement de régime amorcé en 2010, de nombreux boulversements ont eu lieu dans la vie quotidienne des Birmans. Le rétablissement de libertés individuelles fondamentales comme le droit de se rassembler ou d'exprimer des opinions politiques a permis l'engagement politique des citoyens. Internet, autrefois très contrôlé et limité aux cybercafés surveillés, est désormais libre et facile d'accès sur les smartphones bon marché. Les médias privés et indépendants fleurissent, profitant des assouplissements récents de la censure.

Avec la transition et la levée des sanctions économiques occidentales, le Myanmar, longtemps replié sur lui-même, a pu élargir le club de ses partenaires commerciaux, autrefois limité à ses voisins régionaux. Yangon, qui semblait figé dans l'Histoire avec ses majestueux bâtiments coloniaux défraîchis, se développe à une allure qui n'a rien à envier à ses homologues régionaux. Quant au patrimoine touristique, longtemps resté hors des sentiers battus, il attire un nombre sans cesse croissant de visiteurs.

Les Birmans sont également plus mobiles dans leur propre pays puisque de nombreuses zones autrefois interdites pour des raisons de sécurité sont désormais accessibles. Le gouvernement est parvenu à négocier des cessez-le-feu avec plus d'une douzaine de groupes armés, principalement issus de minorités ethniques revendiquant une plus grande autonomie politique.

Les élections parlementaires de 2015 ont cristallisé les espoirs démocratiques et la victoire de la Ligue Nationale pour la Démocratie d'Aung San Suu Kyi est perçue comme l'ultime étape de la transition. Issue du groupe ethnique majoritaire bamar, Suu Kyi devra, entre autres défis pressants, soutenir l'instauration d'une démocratie au sein de laquelle la multitude de groupes minoritaires se sentira reconnue et entendue, afin d'incarner – pour la première fois au Myanmar – l'unité dans la diversité. Parviendra-t-elle à faire vivre la vision de son père ?

Since the political change initiated in 2010, Burmese people have experienced many changes in their daily lives. Newly found freedoms are partly due to the restoration of some fundamental individual rights – such as the right to assembly or freedom of expression of political opinions – along with the liberalisation of telecommunications services. Internet, that used to be strictly controlled and limited to closely monitored cybercafés, is now freely and easily accessible on cheap smartphones. Besides, private and independent media are mushrooming, taking advantage of the recent ease of censorship.

With the political transition and the end of Western economic sanctions, Myanmar, that has been isolated for a long time, has managed to enlarge the club of its commercial partners, formerly limited to its regional neighbours. As a testimony, Yangon city, which seemed frozen in history with its majestic yet faded colonial buildings, is developing at a pace comparable to its regional counterparts. All over the country the historic and touristic heritage, that largely remained out of reach for decades, attracts an increasing number of visitors.

Besides, domestic travel, largely restricted in the past, has become widespread. The government succeeded in negotiating ceasefires with more than a dozen of armed groups, most of them from ethnic minorities demanding a greater political devolution of power, thus making former conflict areas more accessible to the general population.

The 2015 parliamentary elections crystallized the democratic hopes and the victory of Aung San Suu Kyi's National League for Democracy are viewed as the ultimate step towards the political transition. A native of the dominant majority Bamar ethnic group, Suu Kyi, among other pressing issues, needs to consolidate the path towards a more open democracy inside which the variety of minority groups will feel recognized and their voices heard, in order to incarnate – for the first time in Myanmar – the ideal of unity in diversity. But will she be able to make her father's vision a reality?

La jeunesse birmane est porteuse d'espoirs et avide de changements (gauche). Un policier, sifflet au coin des lèvres, laisse faire les manifestations exubérantes de la fête de l'eau (droite) – Yangon.

Après un demi-siècle de dictature militaire, le pays s'est orienté en 2010 vers un modèle démocratique sous la direction d'un parti dominant émanant de l'armée, le Parti de la Solidarité et du Développement de l'Union. Puis les élections de 2015 ont donné la victoire au principal parti d'opposition, la LND.

The Burmese youth bring hope and look forward for change (left). A policeman, a whistle between the lips, watchful as the water festival revellers continue their festivities (right) – Yangon.

In 2010, after a half century of military dictatorship, the country took the path of democracy, under the lead of the Union Solidarity Development Party, a party emanating from the army. But the 2015 elections gave victory to the main opponent, the NLD.

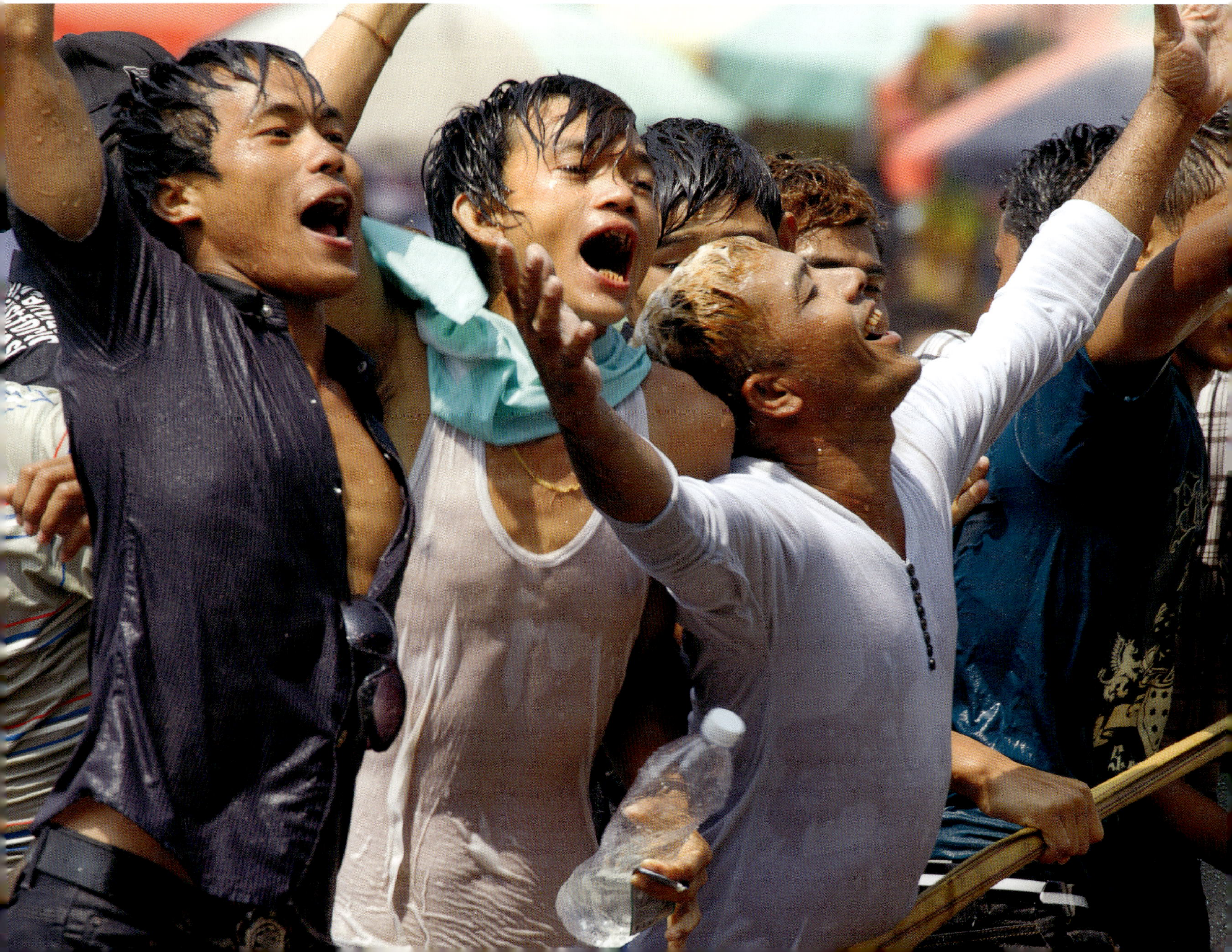

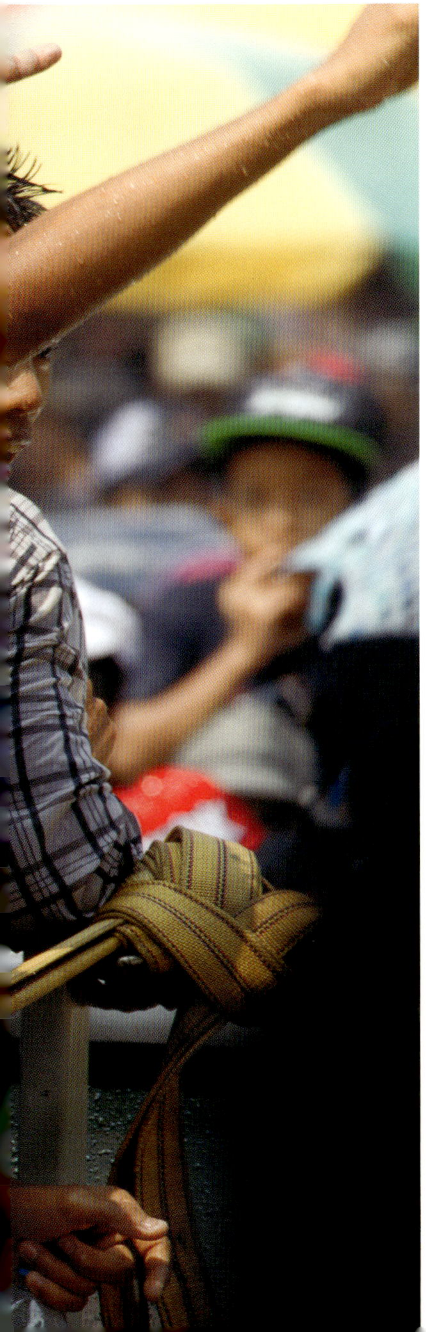
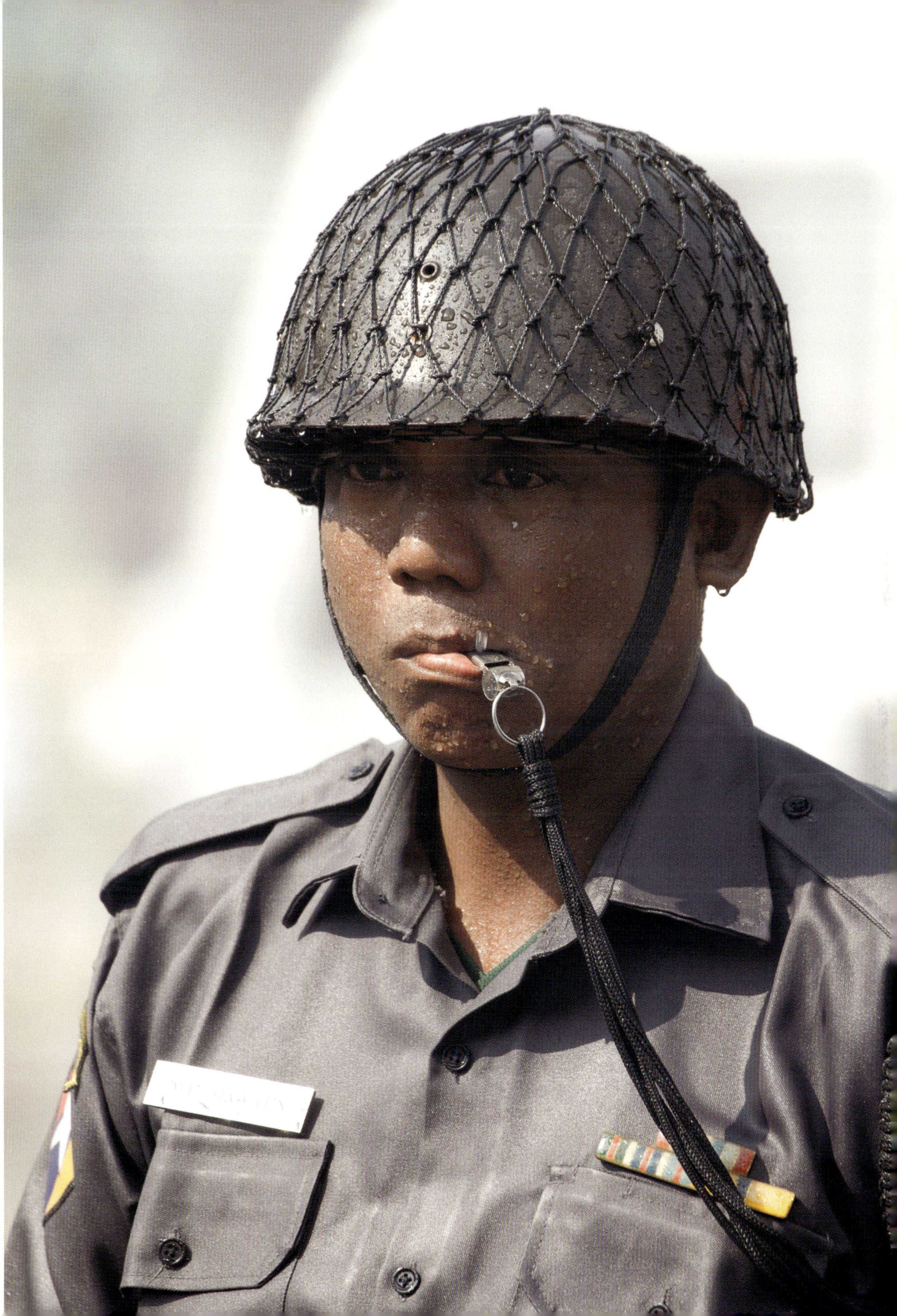

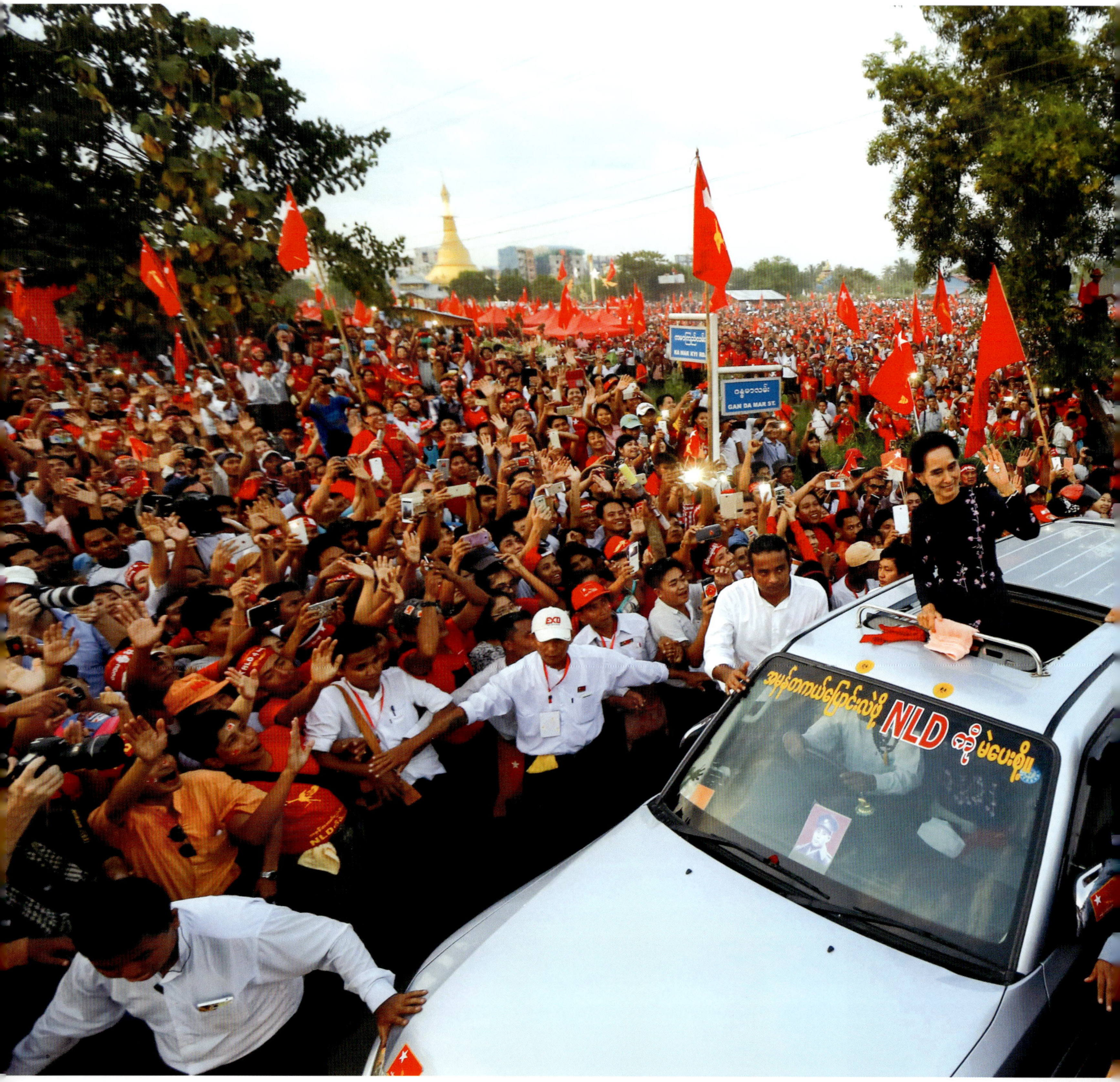
GAN DA MAR ST.
NLD

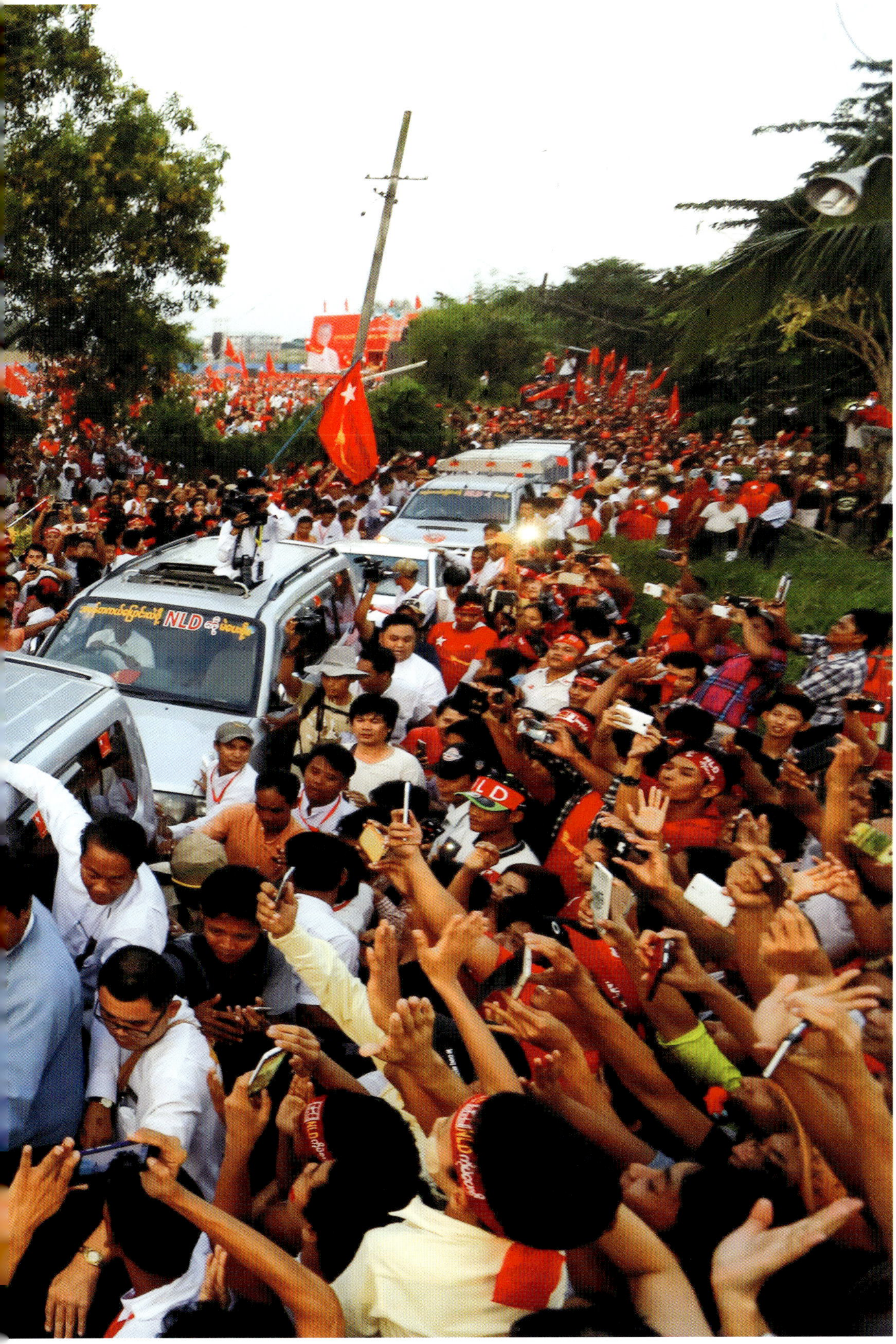

25 ans après son premier raz-de-marée électoral, Aung San Suu Kyi, icône de la LND, fait campagne à une semaine des élections, le 1er novembre 2015 – Yangon.

Avec son slogan, «Le temps du changement», et ses 1 130 candidats, la Ligue Nationale pour la Démocratie a remporté une victoire écrasante aux élections parlementaires du 8 novembre 2015, avec près de 80% des voix.

25 years following her overwhelming electoral victory, Aung San Suu Kyi, the iconic NLD leader, campaigns, one week only before the elections on November 1st 2015 – Yangon.

With its slogan 'the time for change', and its 1 130 candidates, the National League for Democracy obtained an overwhelming victory at the parliamentary elections of 8th of November 2015, securing almost 80% of the votes.

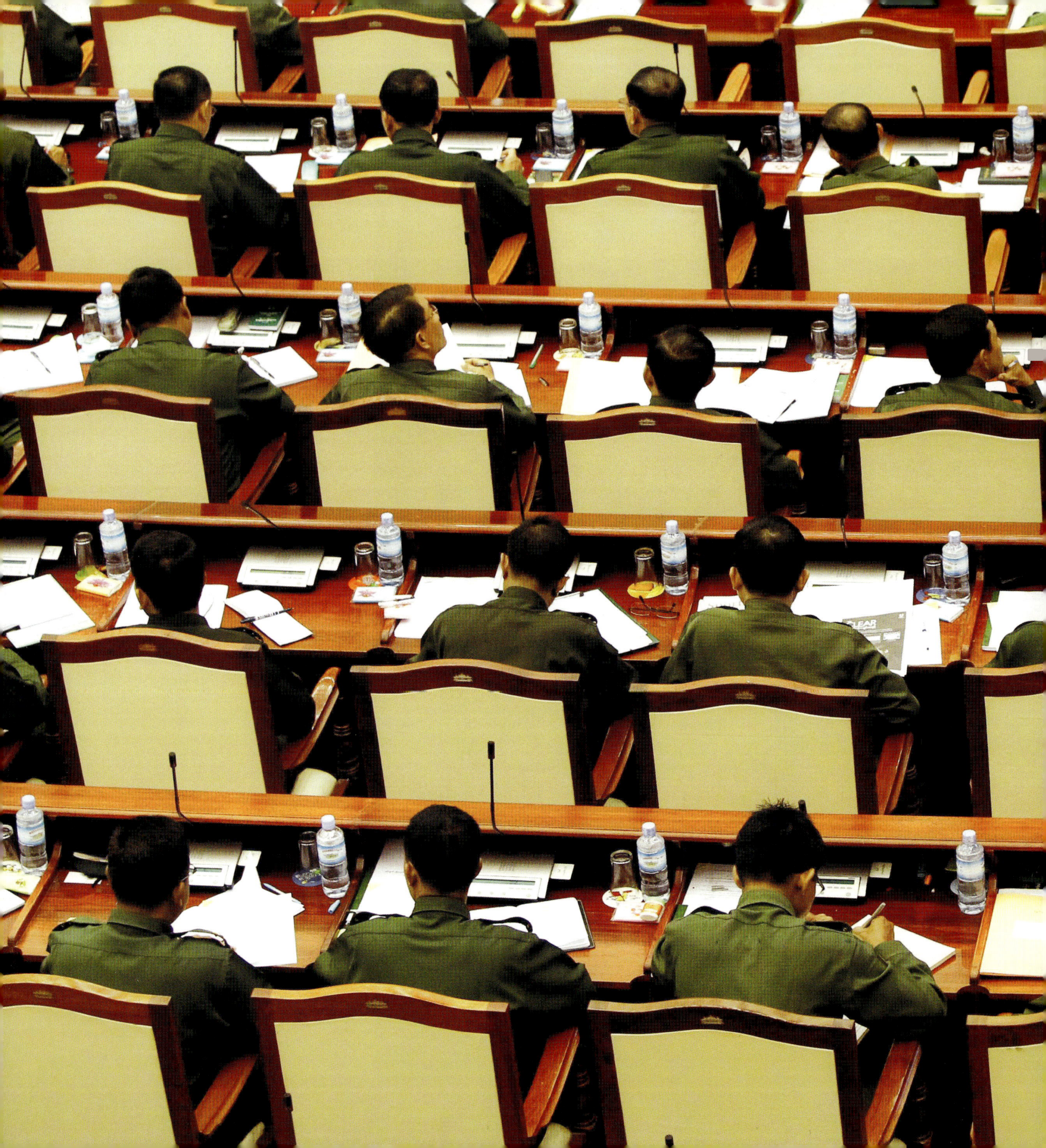

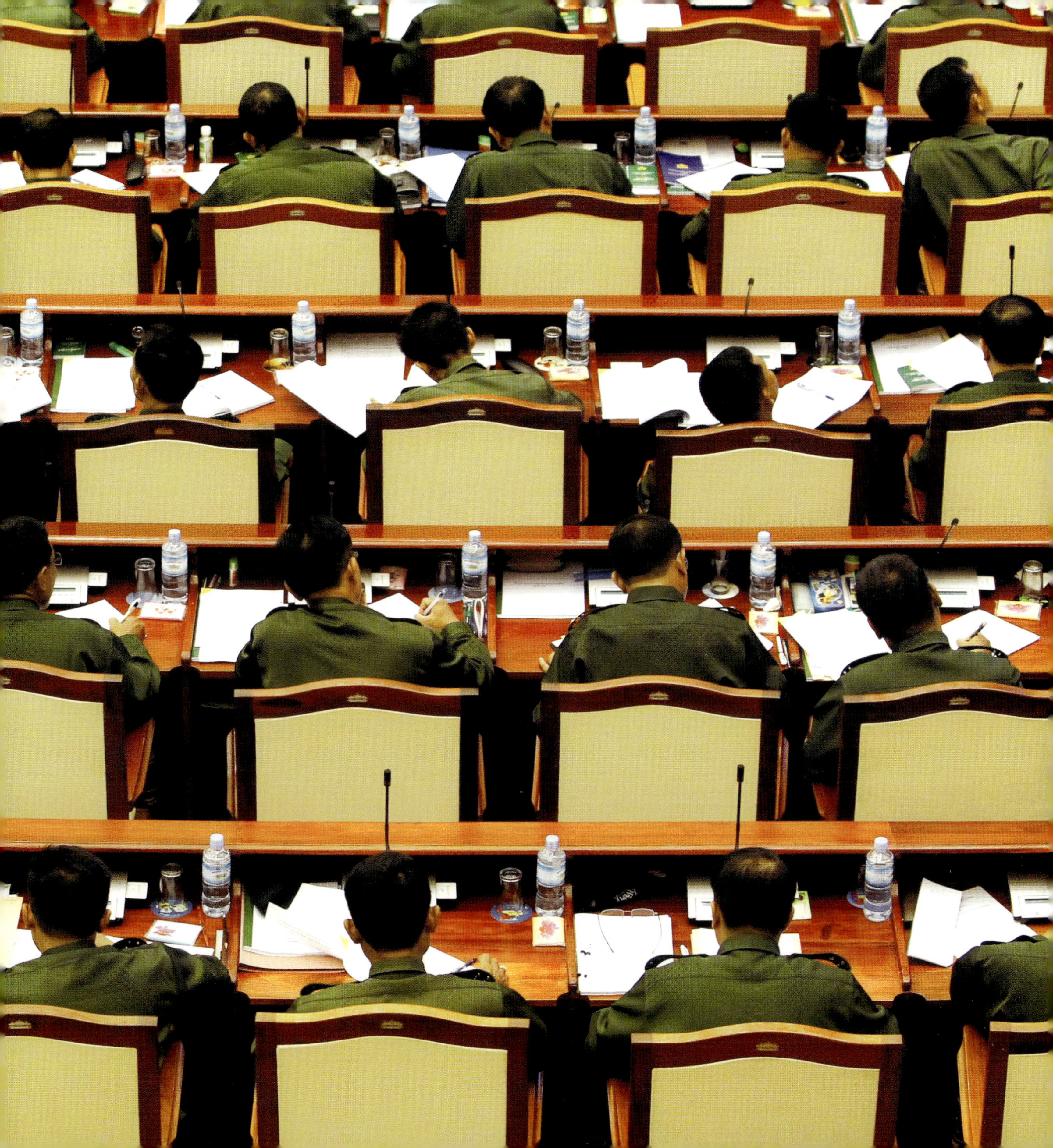

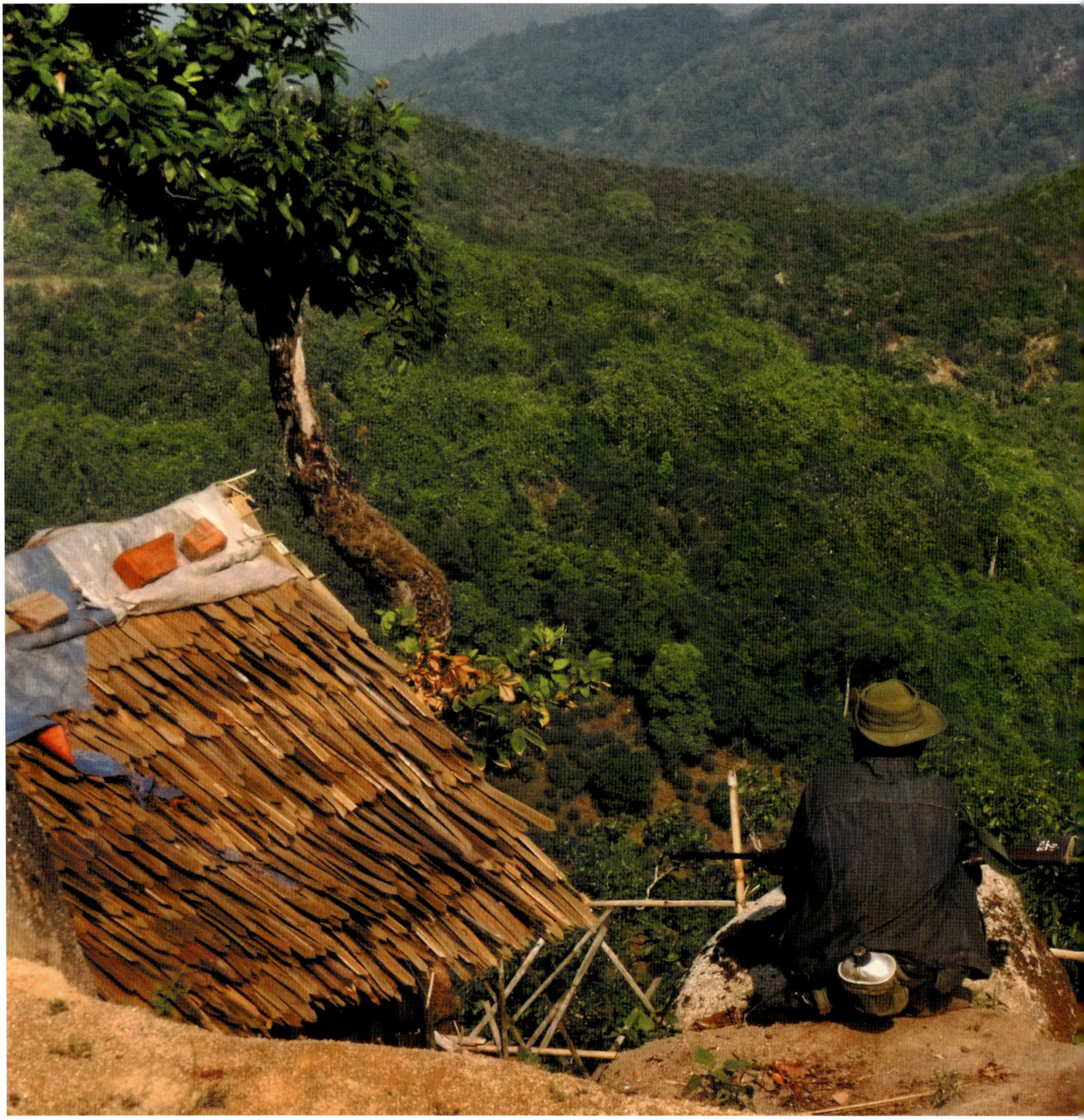

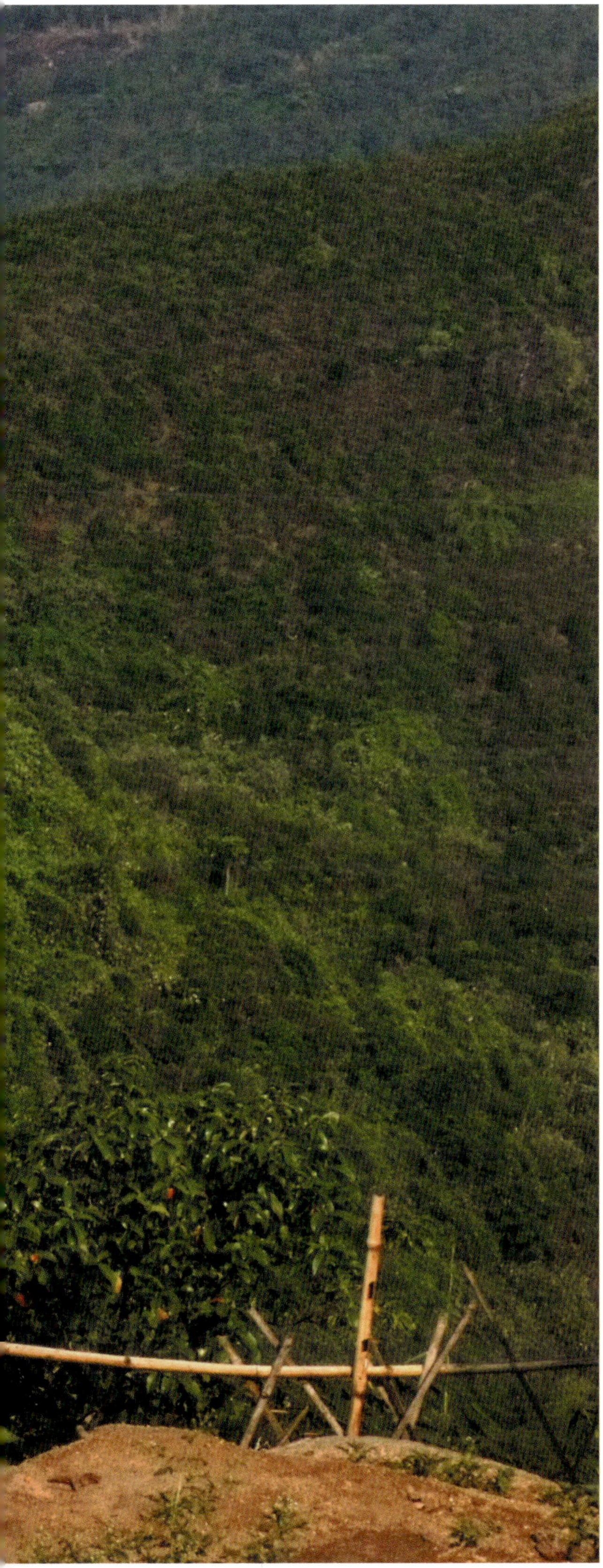

Double-page précédente : Parlement – Naypyitaw.
La Constitution de 2008 réserve 25% des sièges du parlement aux militaires, leur donnant la possibilité d'exercer un droit de veto.

Previous double-page spread: *National Parliament – Naypyitaw.*
The 2008 Constitution reserves 25% of the seats in parliament for military, providing them with a veto right.

Un soldat fait le guet dans une zone de démarcation peu après la signature d'un cessez-le-feu en janvier 2012 – État Karen.
L'État Karen a été en proie, de l'Indépendance à 2012, à la plus longue guerre civile de l'Histoire. De nombreux accords de cessez-le-feu ont été signés au Myanmar depuis l'arrivée du gouvernement de Thein Sein et de son équipe de négociateurs menée par le ministre U Aung Min. Cependant, dans certaines régions des États Kachin, Shan et d'Arakan, le conflit armé s'est intensifié au cours des dernières années.

A soldier stands guard on the edge of a demarcation zone following a ceasefire in January 2012 – Kayin State.
Kayin State has suffered the longest civil war (from the Independence to 2012). Numerous ceasefire agreements have been signed in Myanmar since the inception of the Thein Sein government. However, in some regions of the Kachin, Shan and Rakhine States, armed conflict intensified over the last few years.

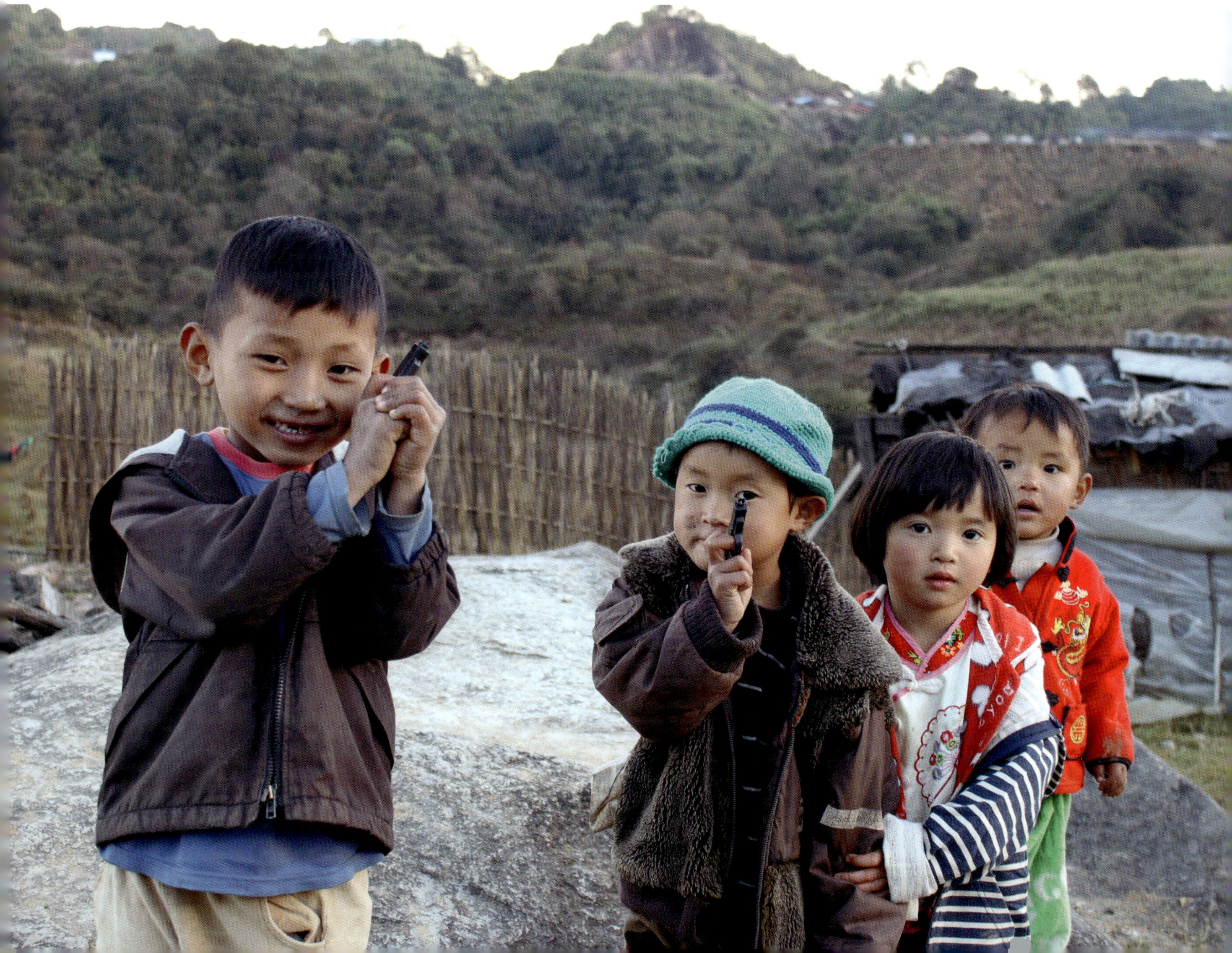

En imitant parfois les adultes, des enfants jouent – camp de déplacés, État Kachin.

Depuis la reprise du conflit dans la région Kachin, plus de 100 000 personnes ont dû fuir leurs terres pour échapper à la guerre. Plus de la moitié d'entre eux se trouvent dans la zone contrôlée par l'Armée d'Indépendance Kachin où l'accès humanitaire demeure très limité. On compte encore aujourd'hui plus de 160 camps de déplacés internes dans la région.

Imitating adults, children at play – camp for internally displaced persons, Kachin State.

Since the resumption of the conflict in the Kachin region, more than 100 000 persons were forced to flee their lands to escape from the war. More than half of them are currently in an area controlled by the Kachin Independence Army, where humanitarian access remains very limited. There are more than a hundred and sixty camps within this area.

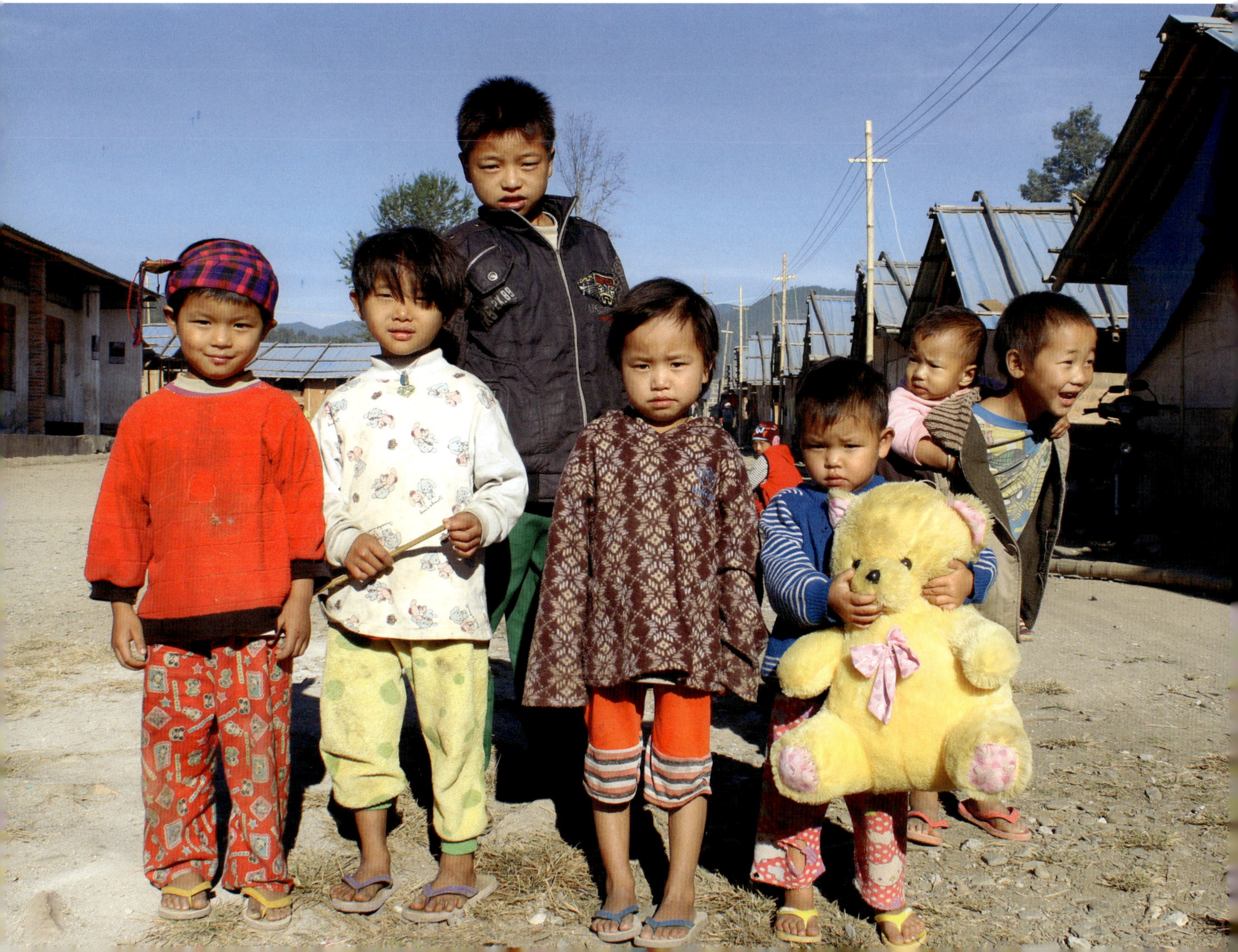

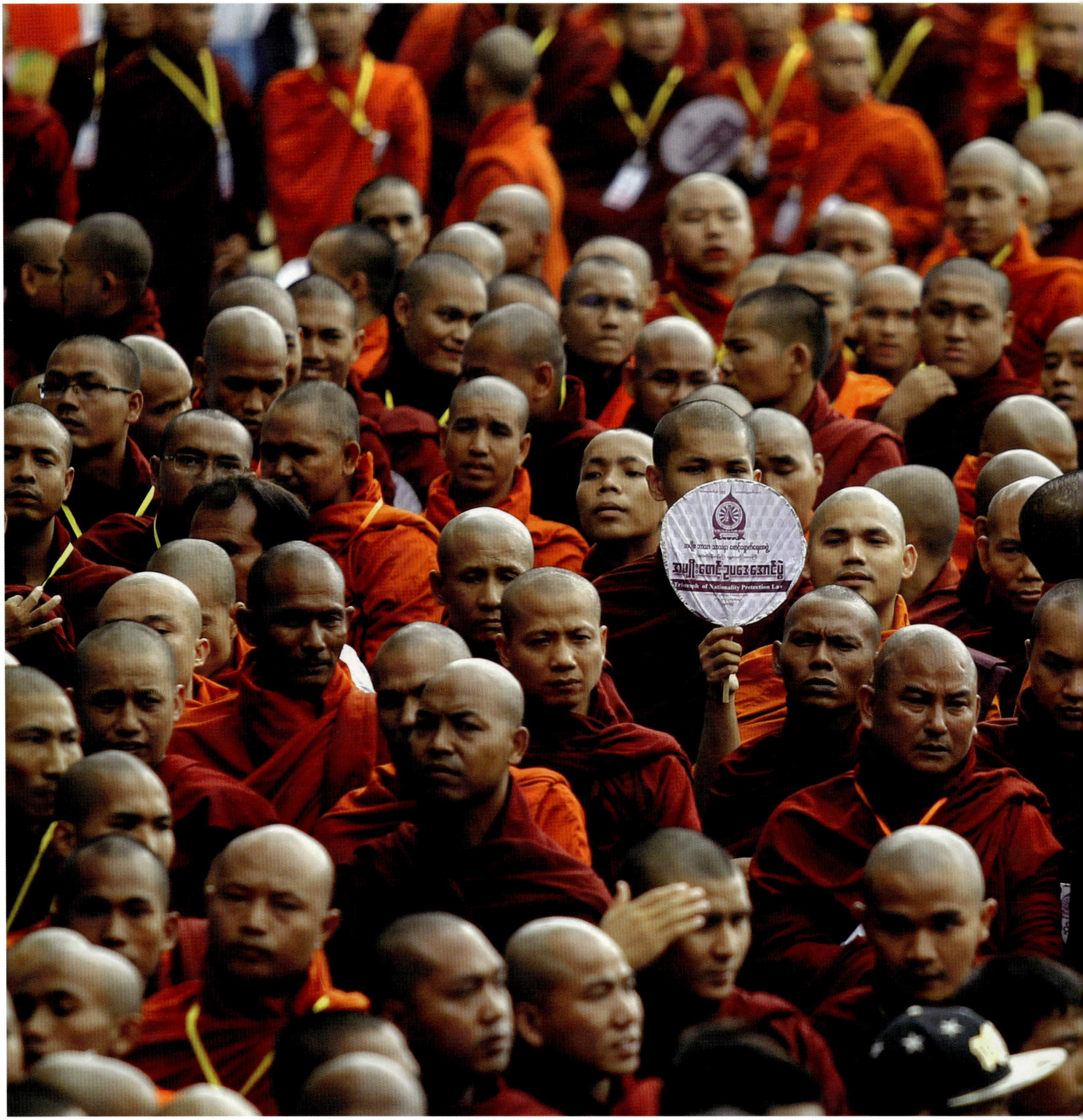

အမျိုးစောင့်ဥပဒေအောင်ပွဲ
Triumph of Nationality Protection Law

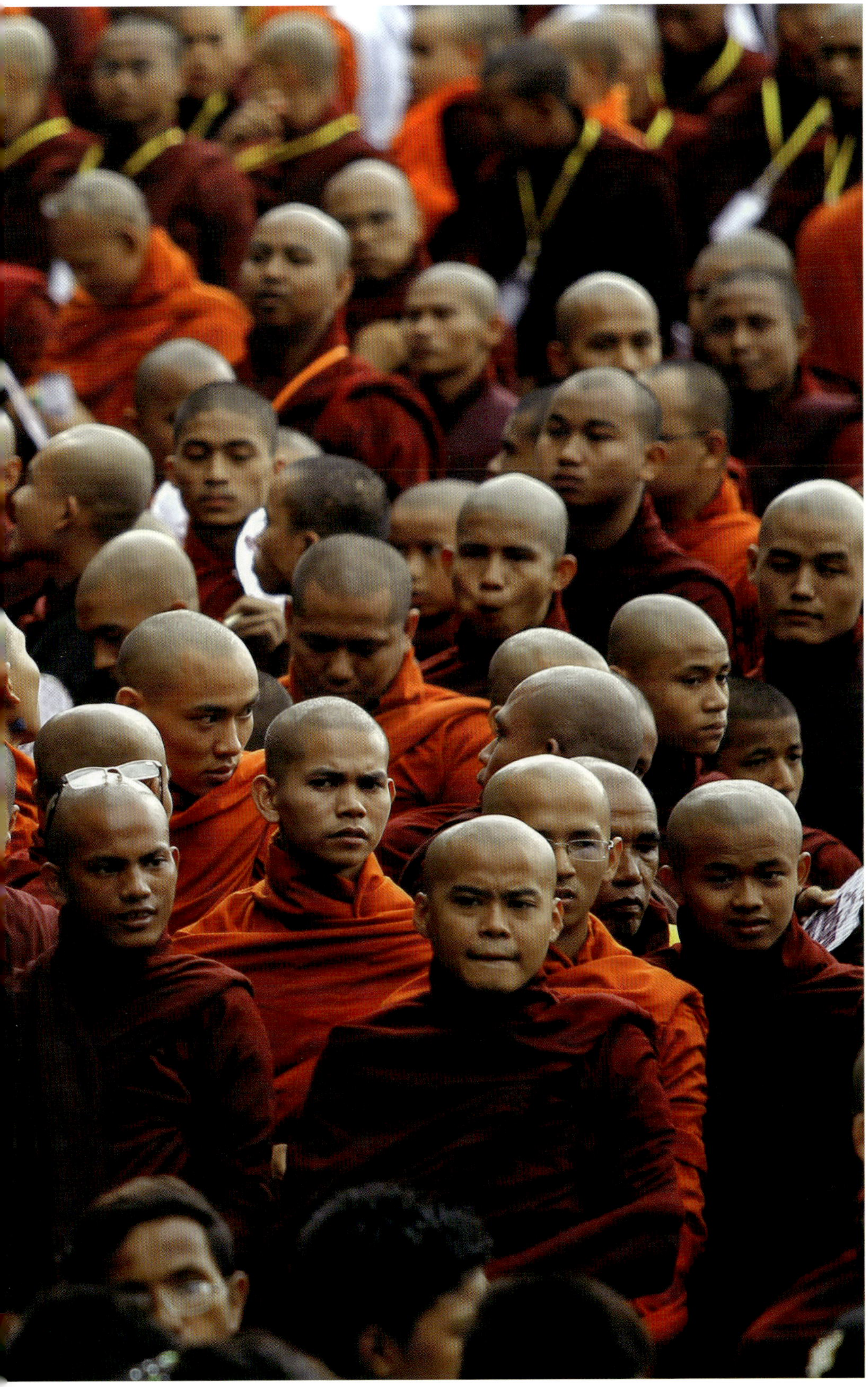

Manifestation de moines pour fêter le vote de la Loi sur la protection nationale en septembre 2015 – Mandalay.

Dans les grandes villes du pays, des milliers de moines bouddhistes ont manifesté pour célébrer l'adoption de quatre nouvelles lois par le Parlement. Ces lois controversées visent notamment à protéger la religion bouddhiste en règlementant sévèrement le mariage interconfessionnel.

Monks rally to celebrate the passing of the Law on national race protection in September 2015 – Mandalay.

In the country's big cities, thousands of Buddhist monks rallied to celebrate the adoption of four new laws by the parliament. These controversial laws aim at protecting the Buddhist religion, by, among other, strictly controlling inter-faith marriages.

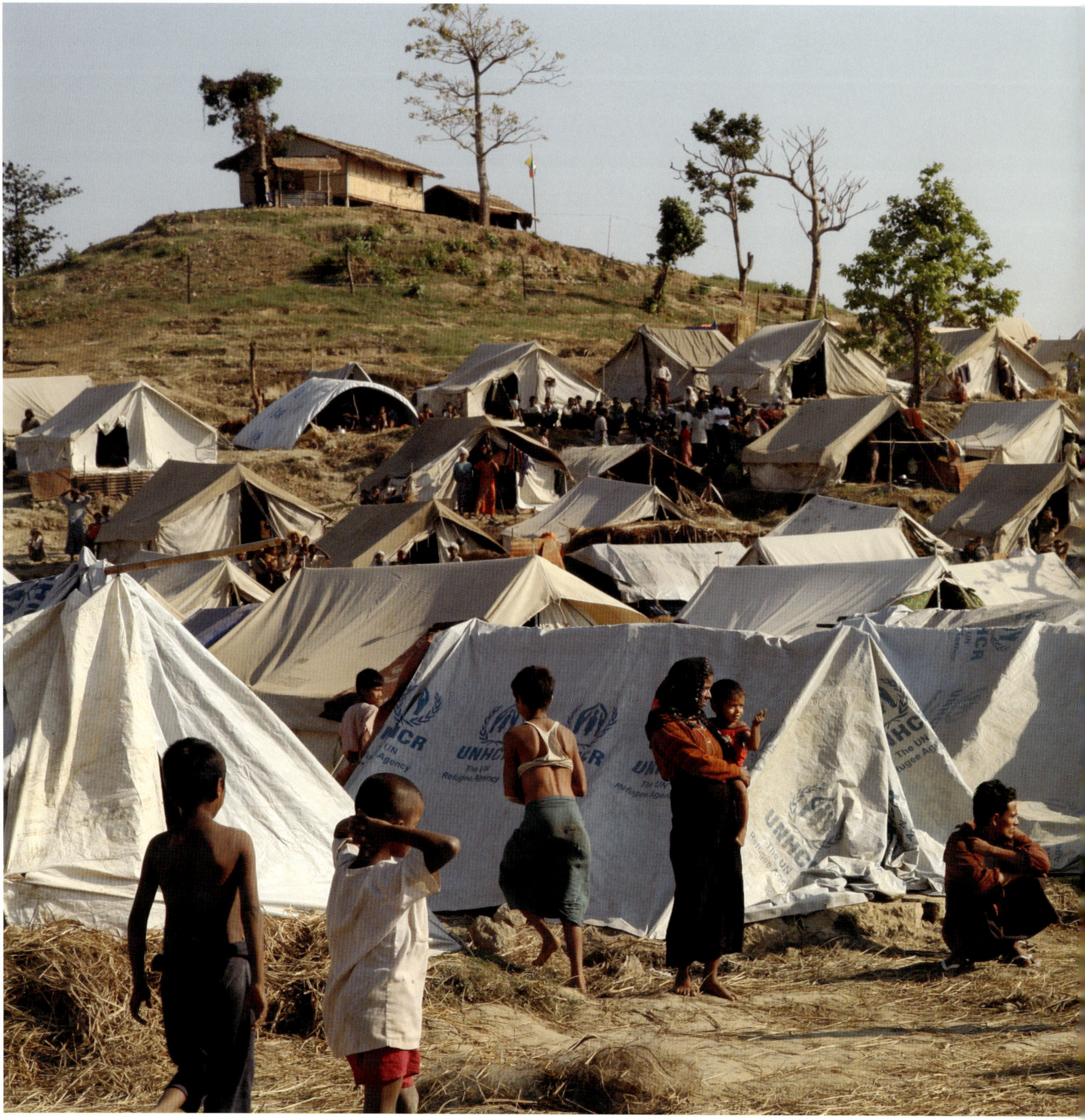
UNHCR
The UN Refugee Agency

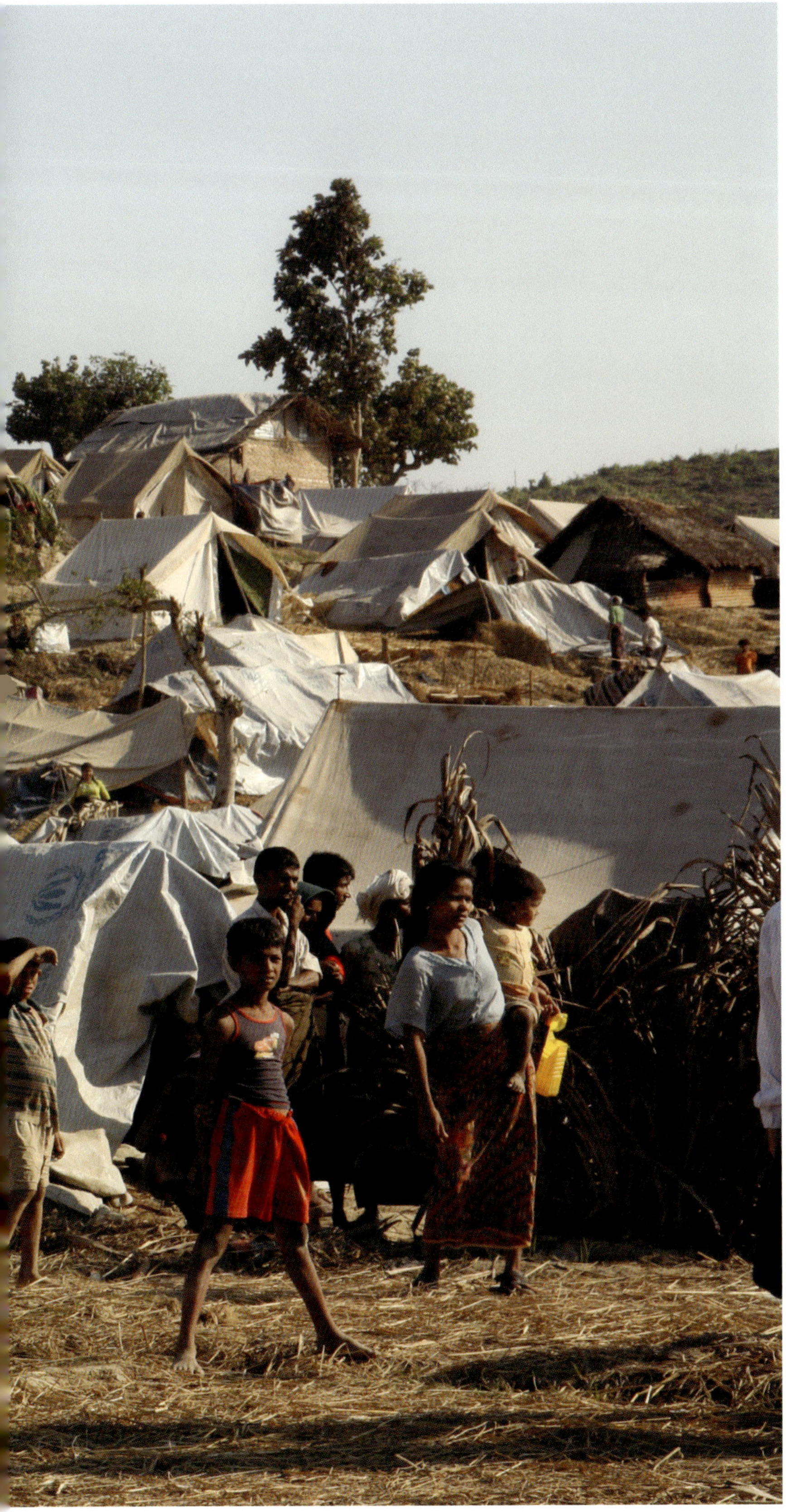

Dans un camp de réfugiés rohingya – État d'Arakan.

La transition politique n'est pas synonyme d'amélioration pour tous. Pour les populations musulmanes du nord de l'Arakan qui s'auto-identifient comme Rohingya, l'administration de Thein Sein s'est placée dans la continuité de la junte en refusant de les reconnaître comme citoyens birmans. Considérés comme des migrants bangladeshis illégaux, ils sont apatrides.

Internally displaced persons camp for Rohingya – Rakhine State.

The political transition is not synonymous with positive improvements for everyone. Thein Sein administration refused to recognize as Burmese citizens the Muslim community from the Northern Rakhine State, who identify themselves as Rohingya. Considered as illegal 'Bangladeshi migrants', they remain stateless.

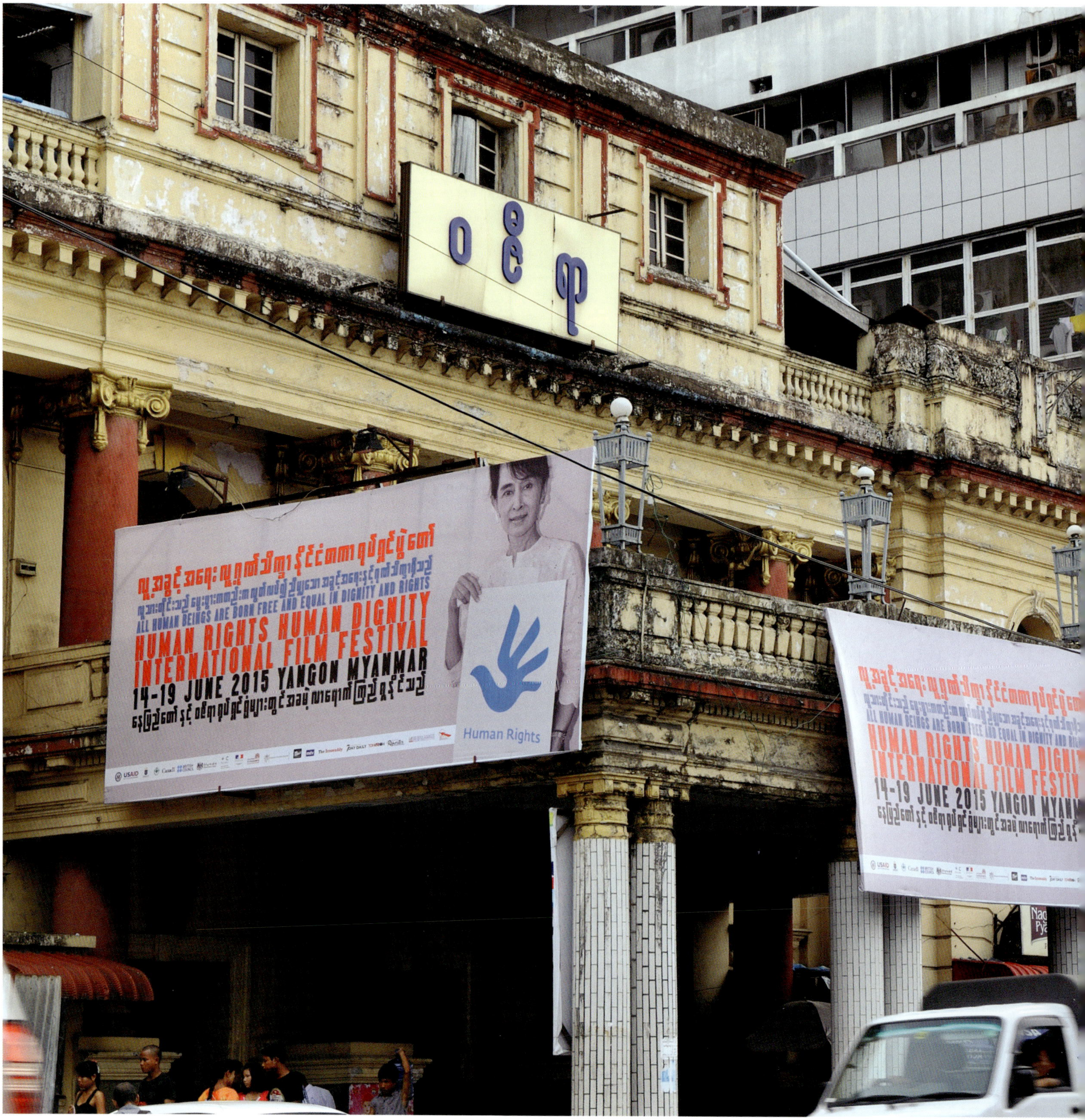
ALL HUMAN BEINGS ARE BORN FREE AND EQUAL IN DIGNITY AND RIGHTS
HUMAN RIGHTS HUMAN DIGNITY
INTERNATIONAL FILM FESTIVAL
14-19 JUNE 2015 YANGON MYANMAR
Human Rights

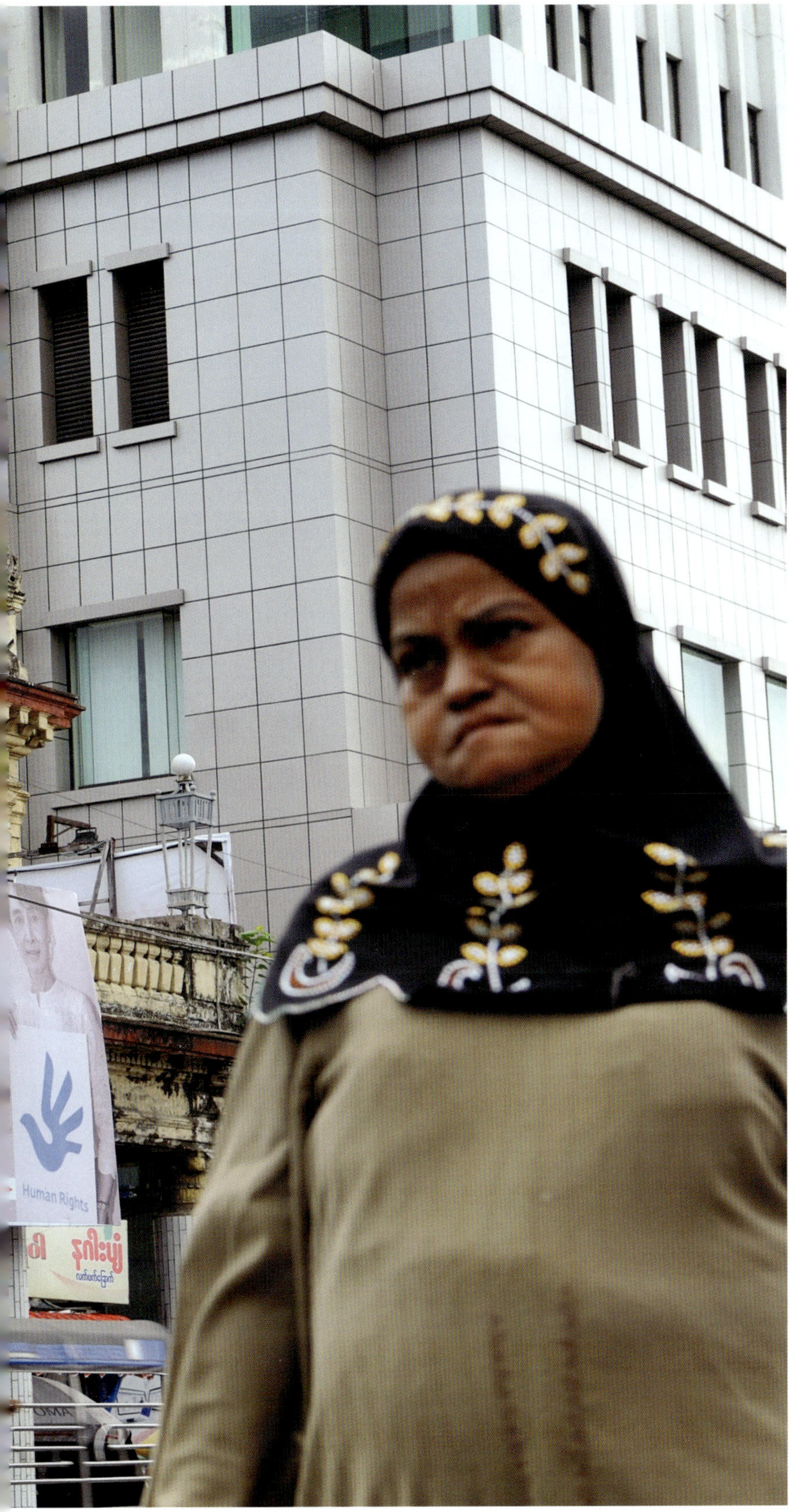

Une femme passe devant les affiches d'un festival parrainé par Aung San Suu Kyi sur Bogyoke Road – Yangon.

Après des années de silence forcé, les droits de l'homme ne sont plus un sujet tabou. Un festival de courts-métrages, parrainé par Aung San Suu Kyi, a désormais lieu tous les ans à Yangon.

A woman walking by the posters of a film festival endorsed by Aung San Suu Kyi on Bogyoke Road – Yangon.

After years of forced silence, Human Rights are no longer considered as a political taboo. A short film festival on Human Rights, supported by Aung San Suu Kyi, is now taking place every year in Yangon.

Un moine lit le quotidien *Democracy Today* – Yangon.

Pendant les années de dictature militaire, la liberté d'expression était inexistante au Myanmar. Entre amis, au salon de thé, en public ou dans les médias, les Birmans ne pouvaient exprimer librement leurs idées de crainte d'être dénoncés et emprisonnés. Suite à la relâche de la censure médiatique en 2012, de nombreux journaux sont apparus.

A monk reading the daily newspaper Democracy Today – *Yangon.*

During the years of the dictatorship, freedom of expression was non-existent in Myanmar. Among friends, at the tea shop, in public or in the media, the Burmese people could not express their ideas freely, due to fear of being denounced and prosecuted. Following the relaxation on the media censorship in 2012, numerous newspapers started to mushroom.

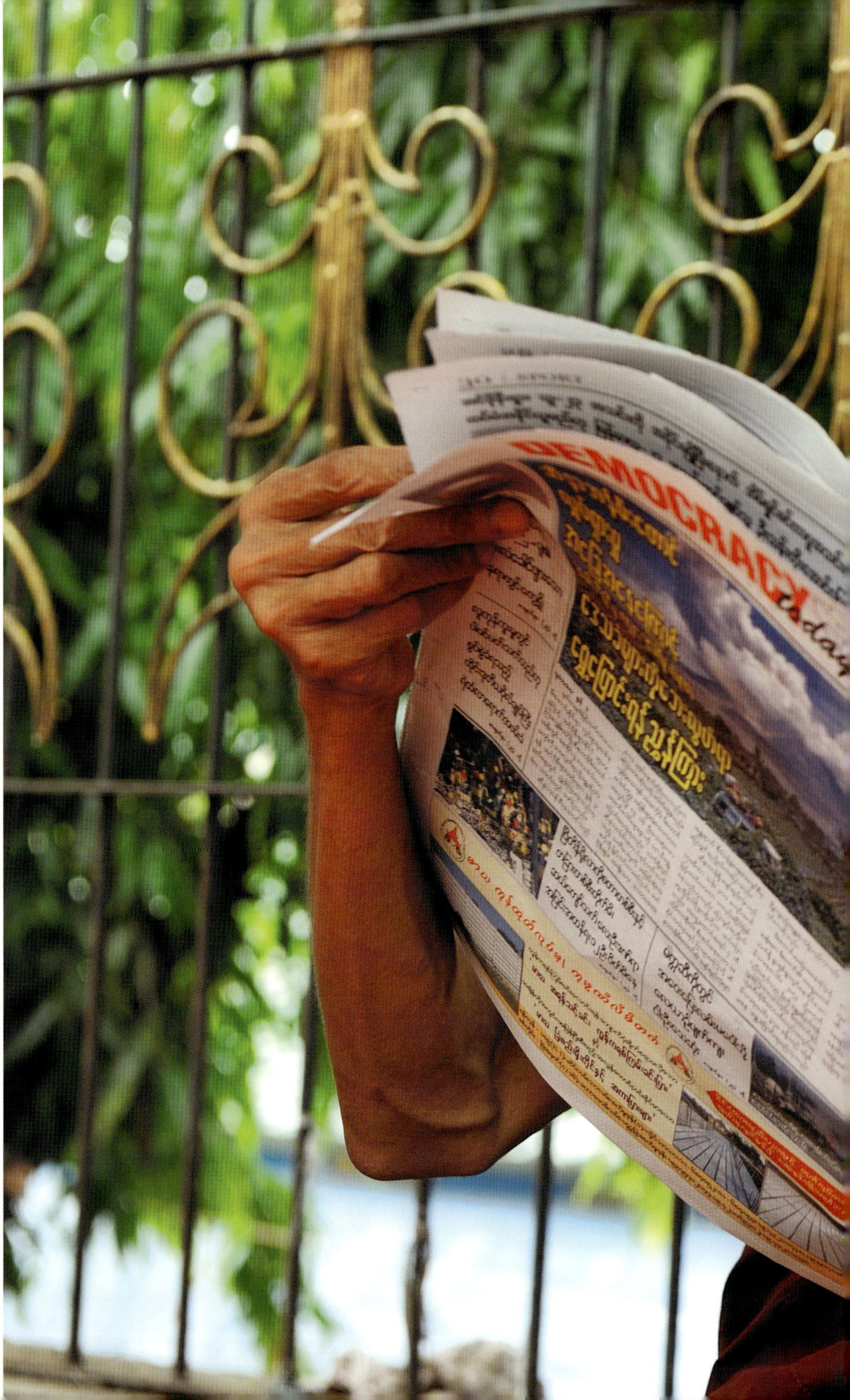

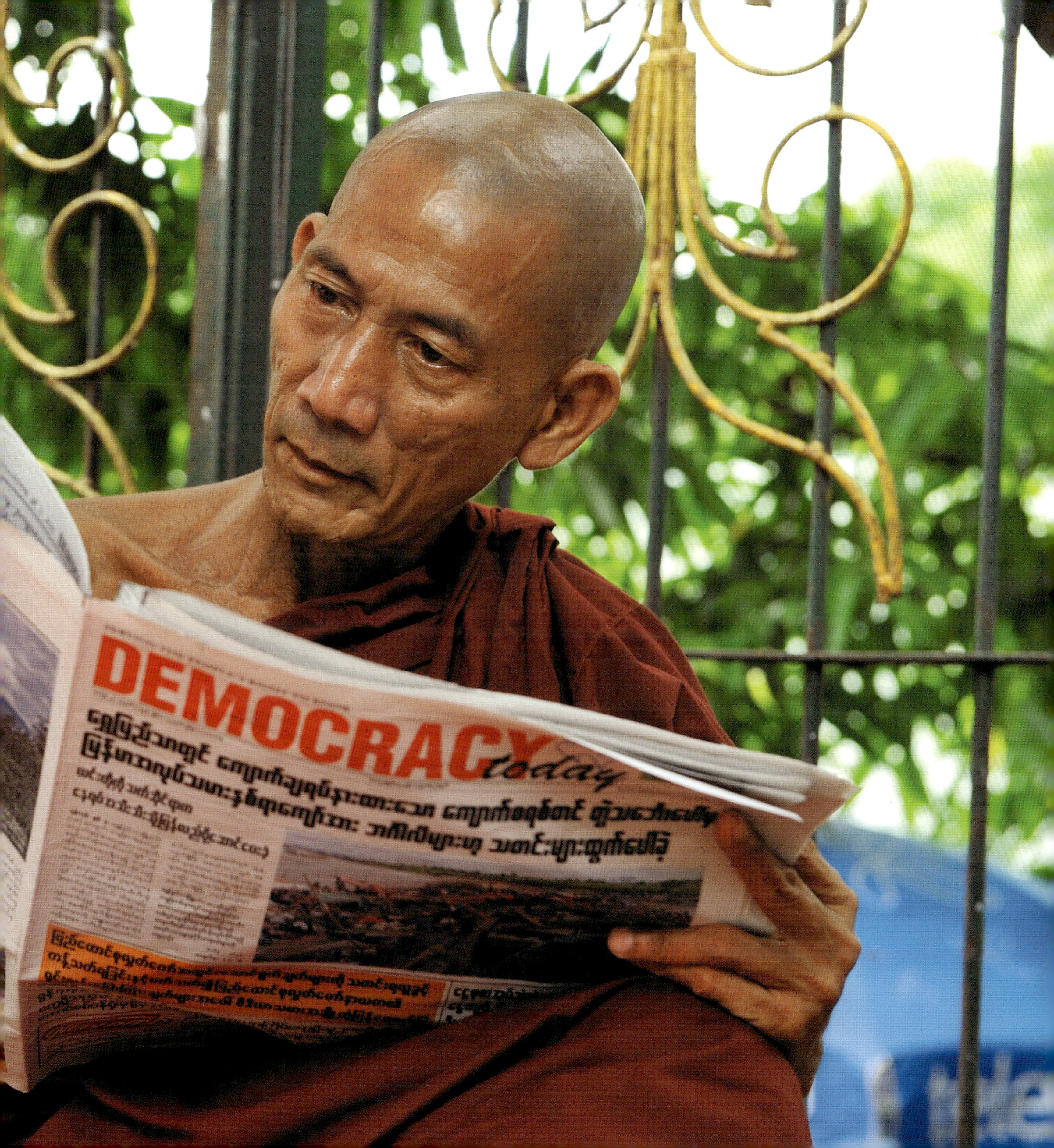
DEMOCRACY
today

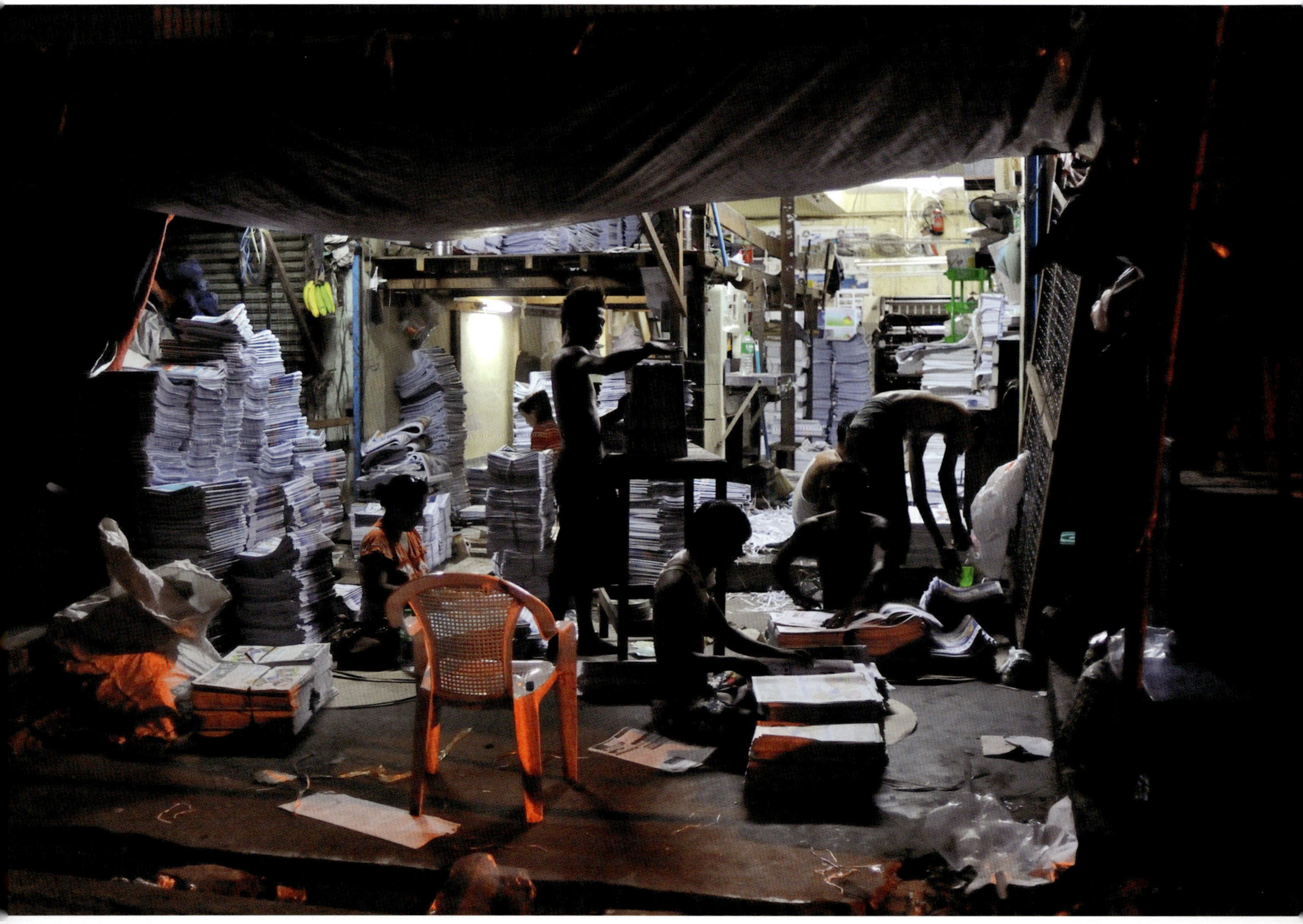

Du foliotage des journaux dans une échoppe à la vente à la criée dans le train, la presse a fleuri partout dans le pays.

Depuis une loi de 1962 encadrant très étroitement les maisons d'édition et les imprimeurs, toutes les publications étaient soumises à une stricte censure. Alors que la presse se réduisait à quatre journaux officiels auparavant, le nombre de médias a littéralement explosé depuis 2012 avec l'assouplissement de la loi.

From the stalls where the newspapers pages are numbered, to the sale on the train, the print media sector is going through a revival in the country.

Since the introduction of laws regulating publishing and printing houses, all publications were subjected to a strict censorship. From a mere four official newspapers, the number of media outlets has dramatically increased since 2012 following the relaxation of censorship rules.

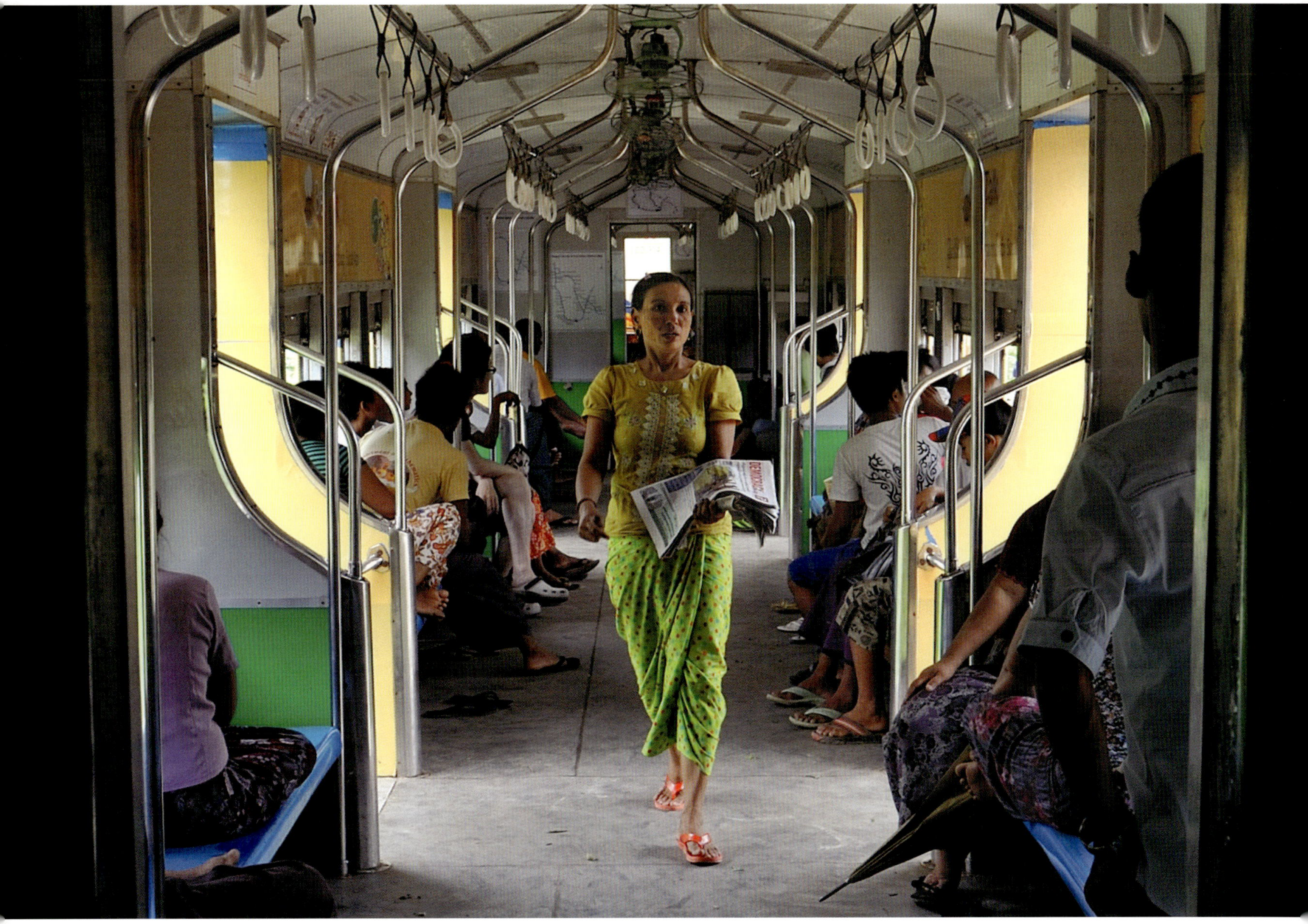

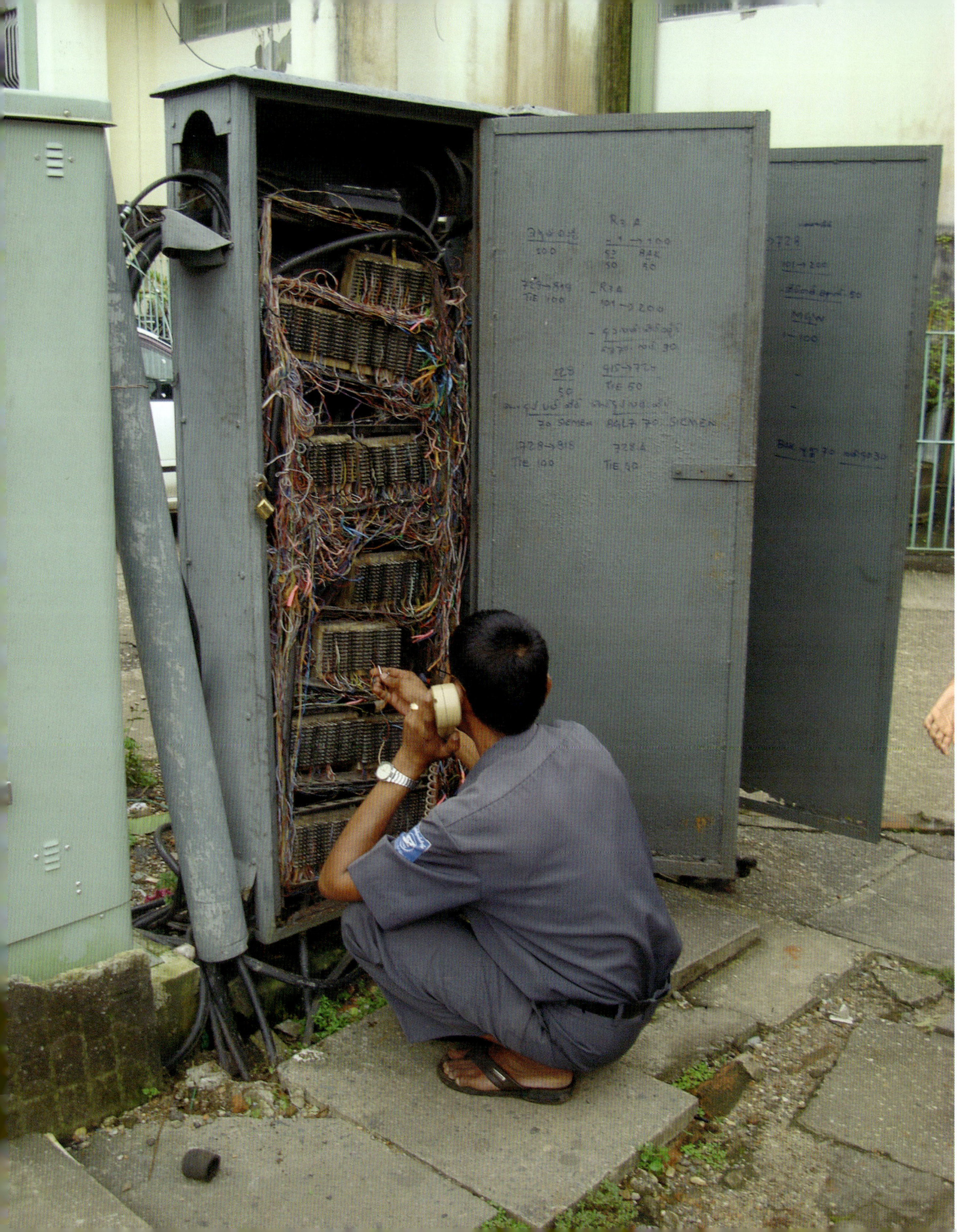

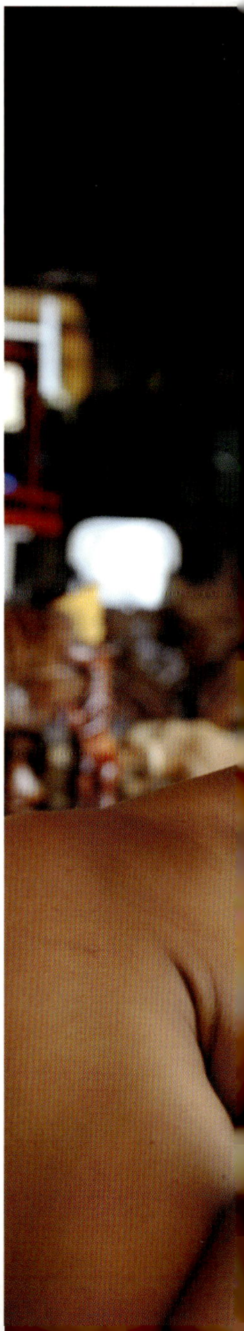

Le téléphone portable révolutionne la société birmane depuis la libéralisation du secteur des télécoms en 2013. Alors que seuls 7% des Birmans pouvaient s'offrir un téléphone portable auparavant, plus de la moitié d'entre eux en possède désormais un. Les smartphones permettent également d'accéder à internet et surtout aux réseaux sociaux qui connaissent une très grande popularité.

Mobile phones revolutionised the Burmese society, and serves as one notable and highly visible attribute of economic liberalisation in Myanmar since 2013. While only 7% of Burmese could afford a mobile phone under the junta, more than half of the population owns one today. The smartphones also give access to internet and even more so to increasingly popular social networks.

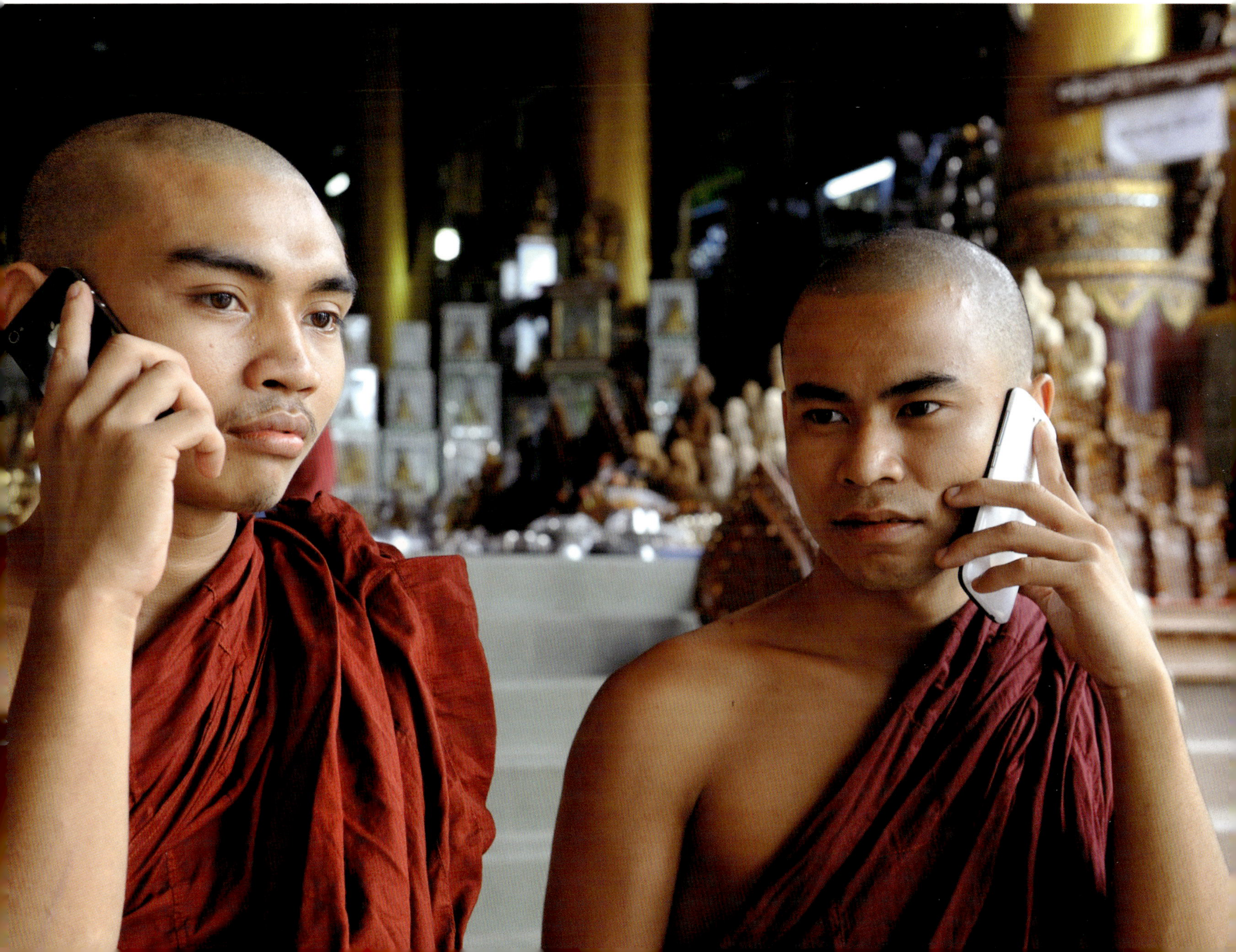

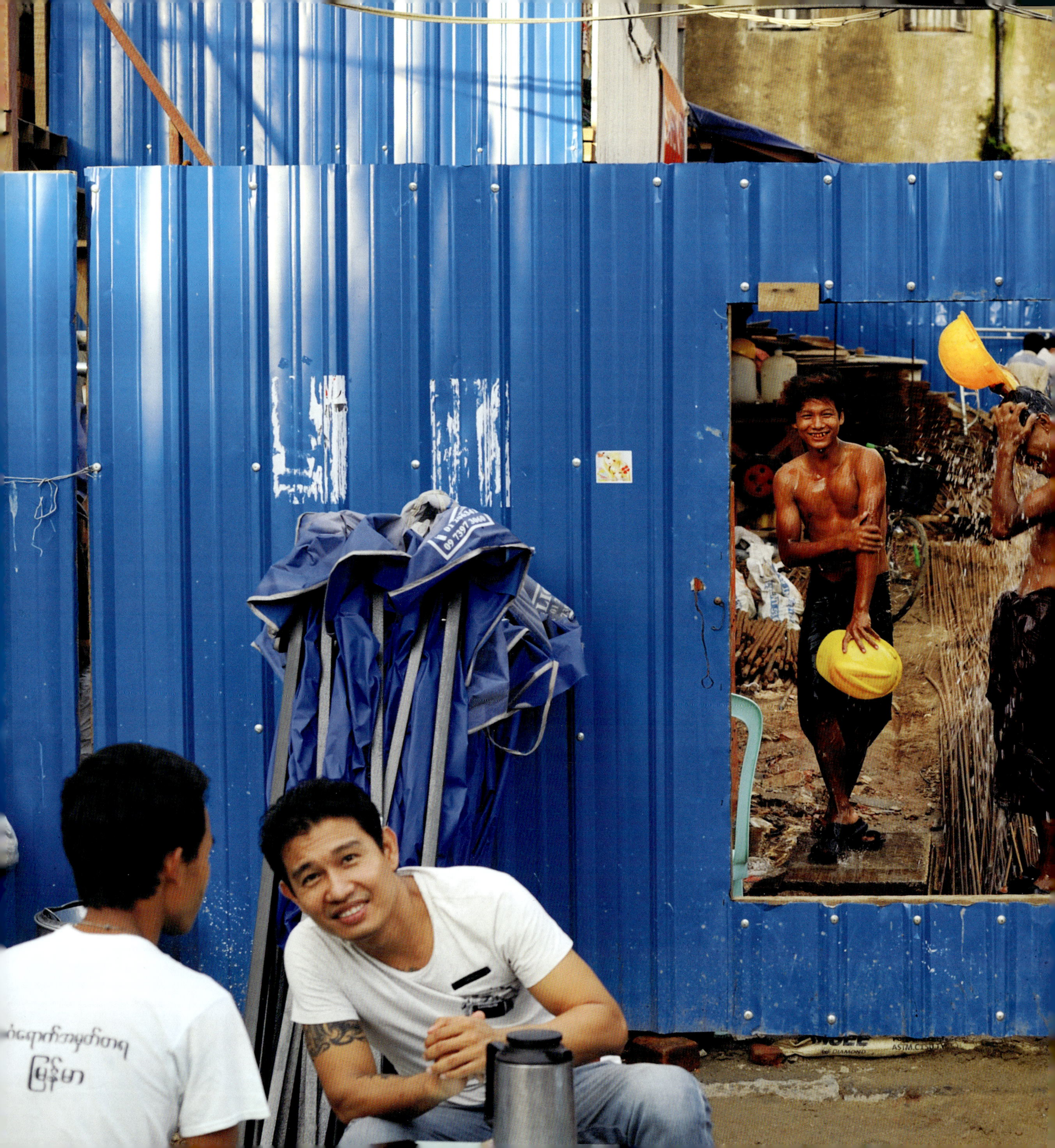

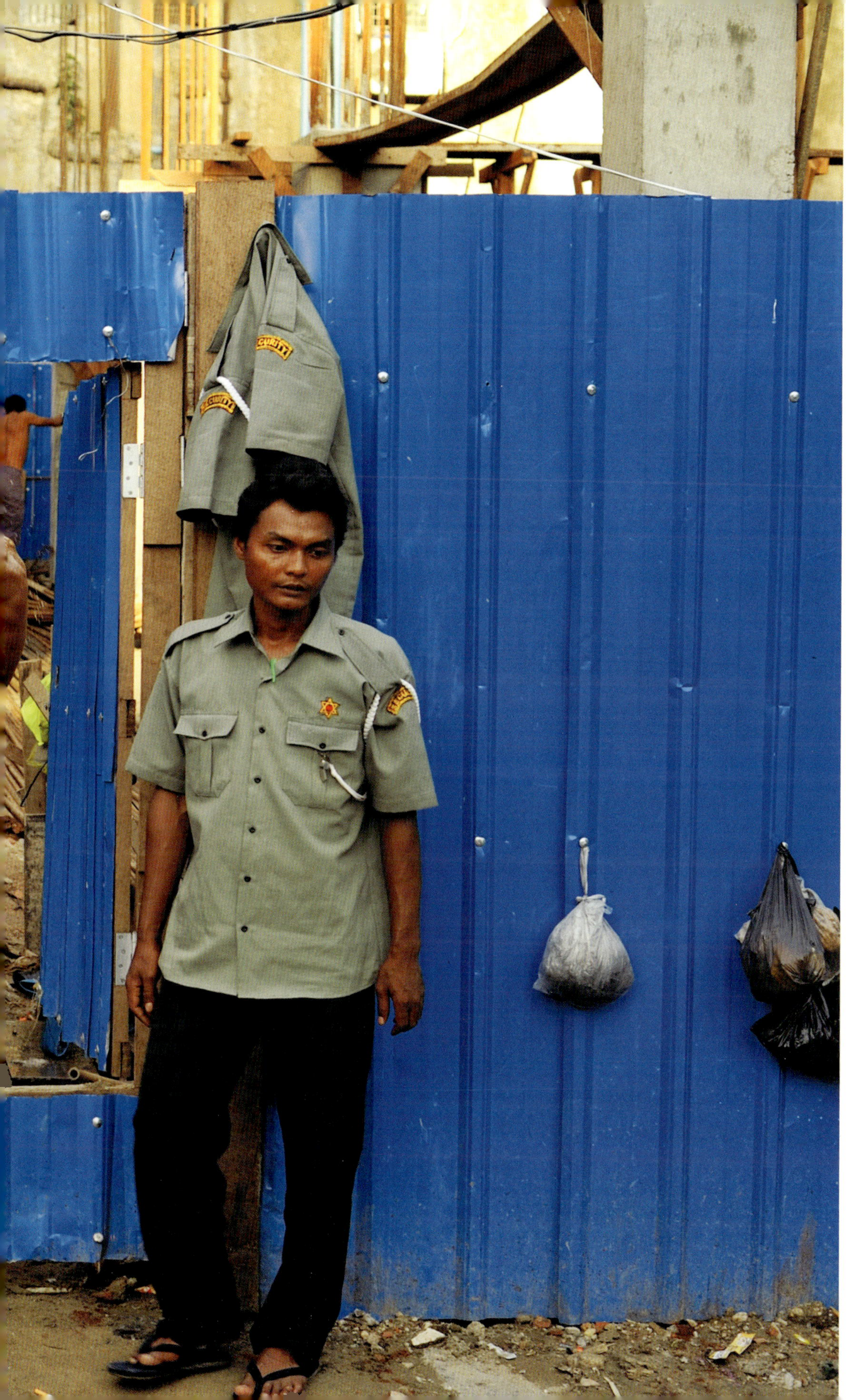

Deux ouvriers prennent une douche sommaire après une journée de travail sur un chantier – Yangon.

À Yangon comme dans les villes importantes, le secteur de la construction connaît un véritable boom, dans un contexte d'intense spéculation immobilière. Cet essor de la construction fournit du travail à une main-d'œuvre peu qualifiée, souvent employée à la journée dans des conditions précaires.

Shower time at a construction site signifies day's end of work – Yangon.

Booming construction industry in Yangon fuels real estate speculation and provides employment to low-qualified manual labour, mostly working under little or no safety standards and on daily wages.

De jour comme de nuit, les principales artères des grandes villes connaissent des embouteillages impressionnants.

De nombreux Birmans ont pu, au cours des dernières années, acquérir une voiture. Il en résulte une pollution croissante ainsi que d'interminables embouteillages à l'origine d'un très fort mécontentement.

Day and night, the main streets of Myanmar's main cities experience impressive traffic jams.

Importation of new and used cars from overseas have soared in recent years. Increased levels of pollution and never ending traffic congestion too have entered the discussion and are a source of significant dissatisfaction for many.

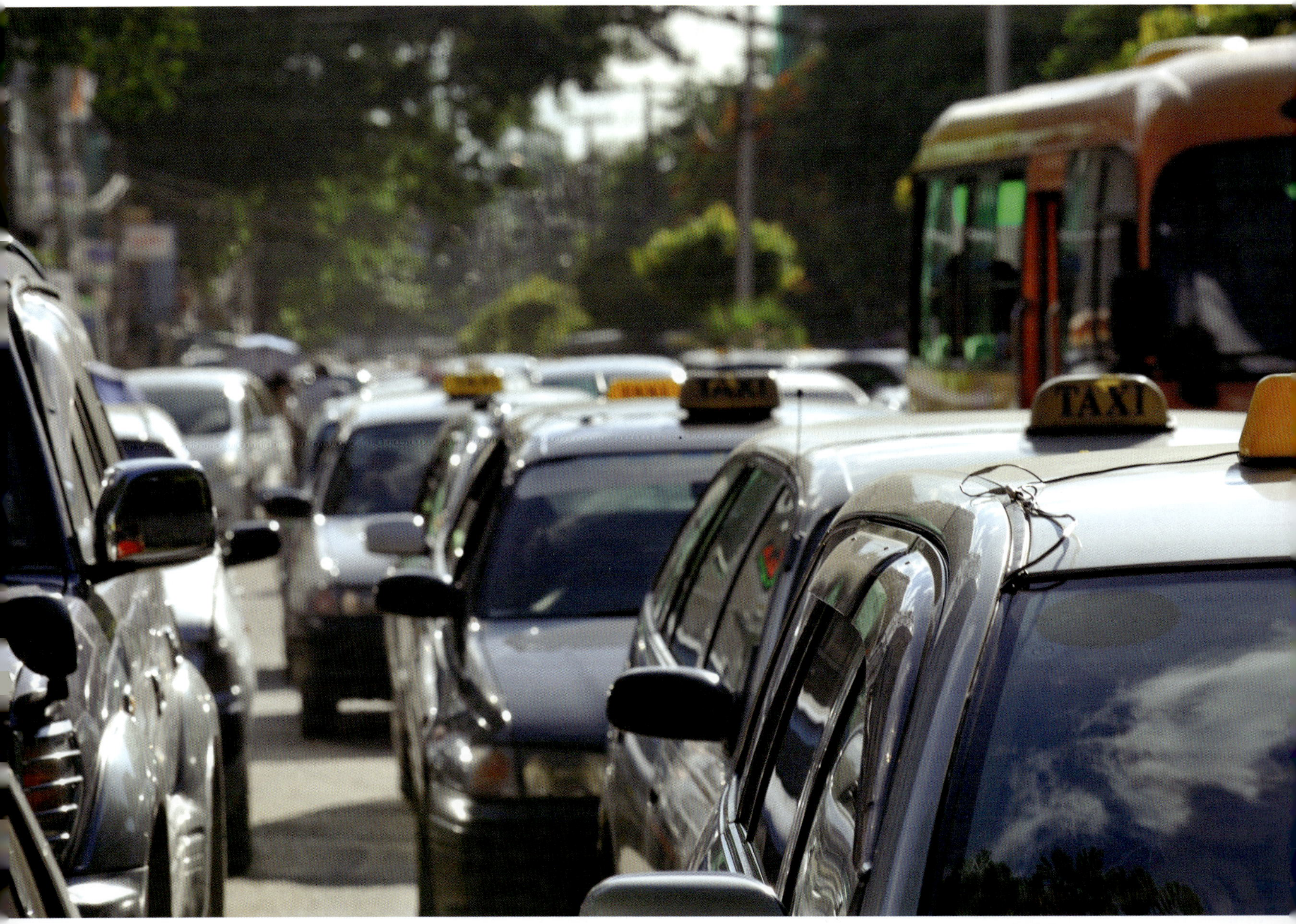

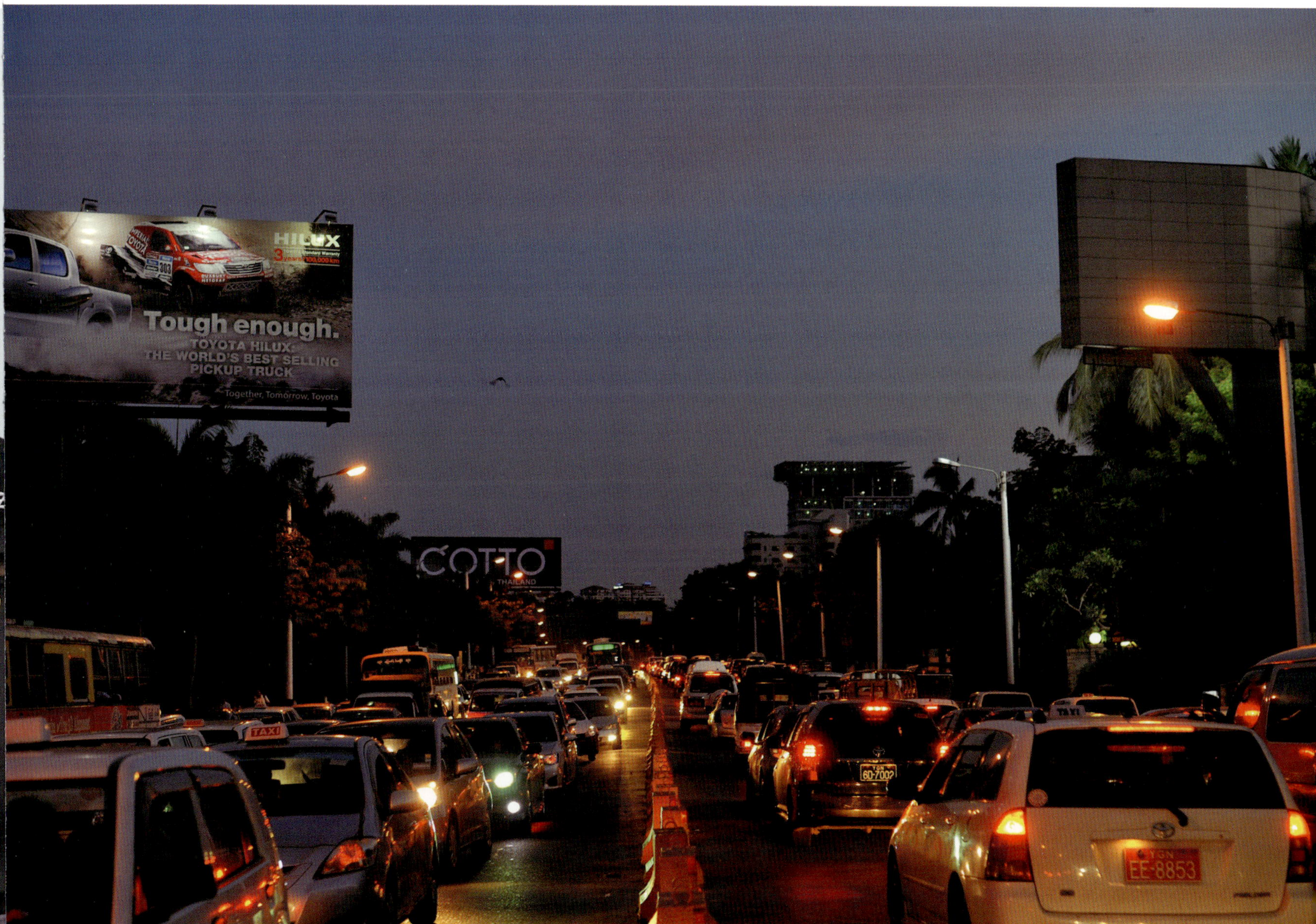
HILUX
Tough enough.
TOYOTA HILUX:
THE WORLD'S BEST SELLING
PICKUP TRUCK
Together, Tomorrow, Toyota
COTTO
THAILAND
TAXI
EE-8853

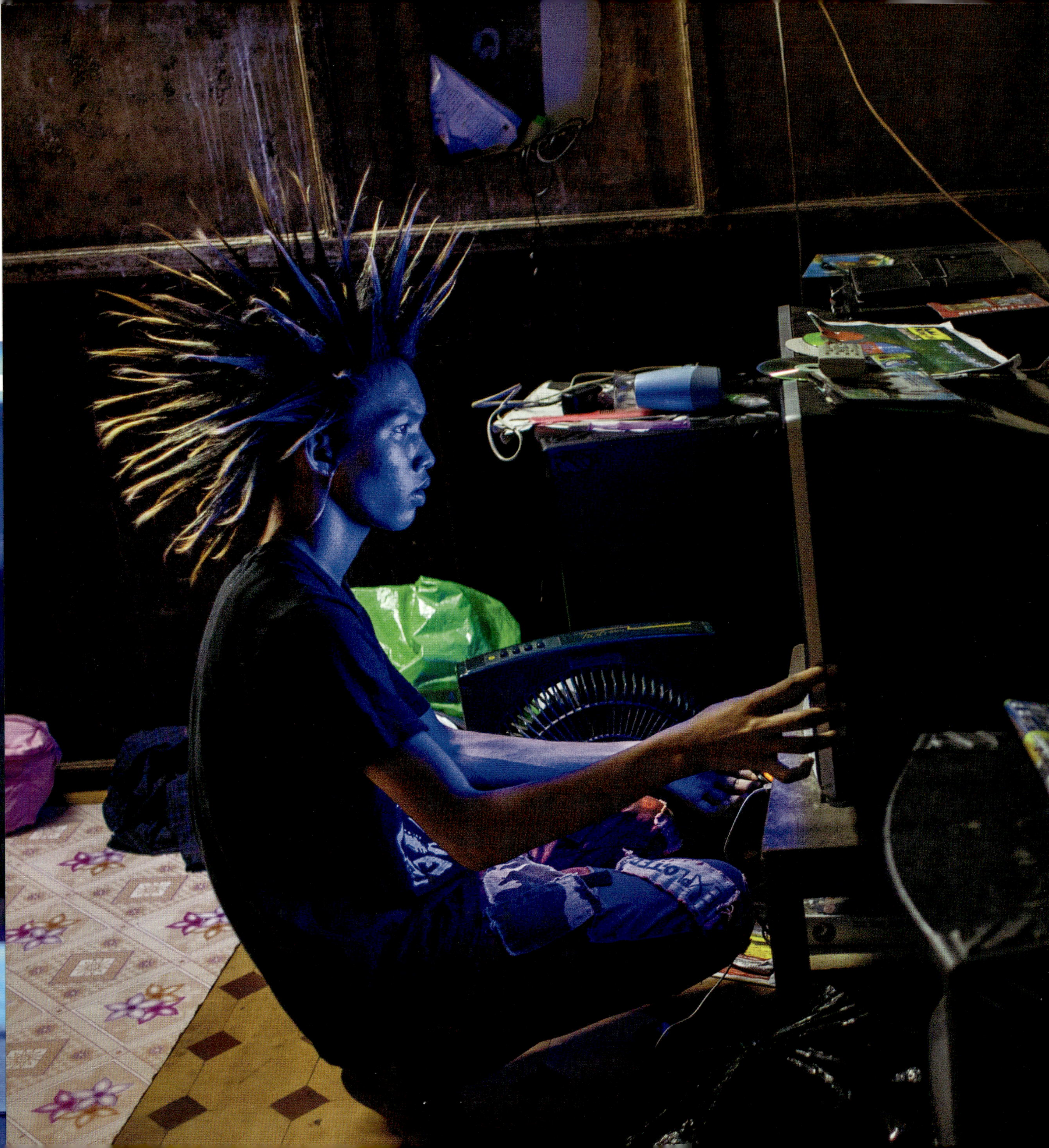

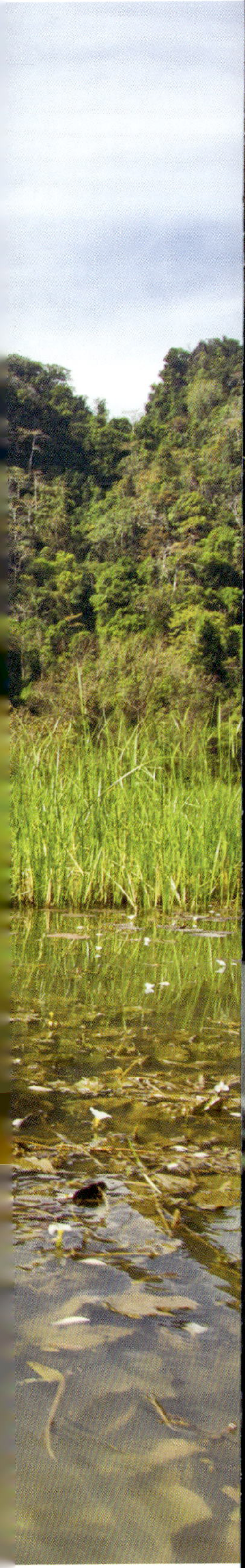

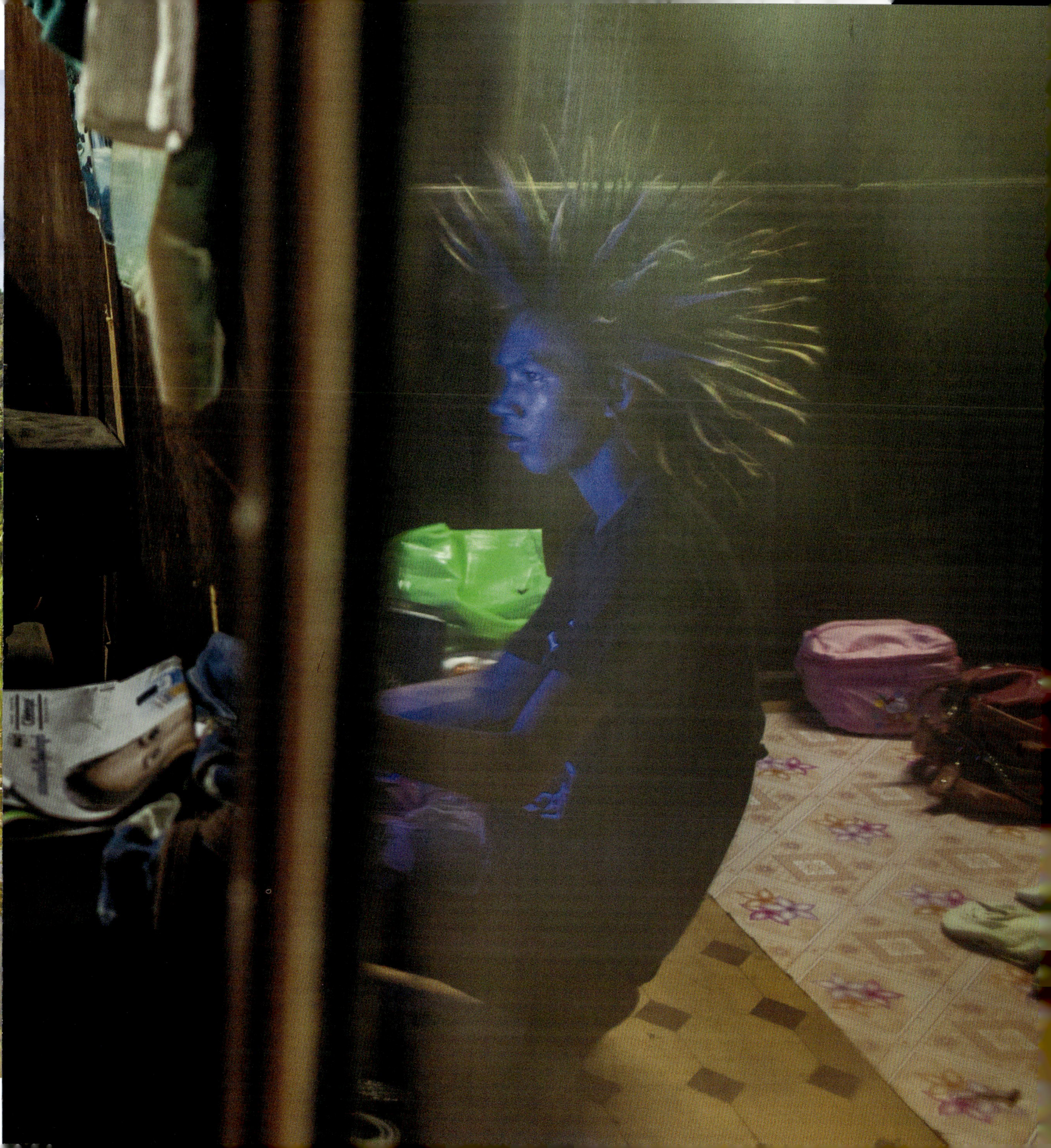

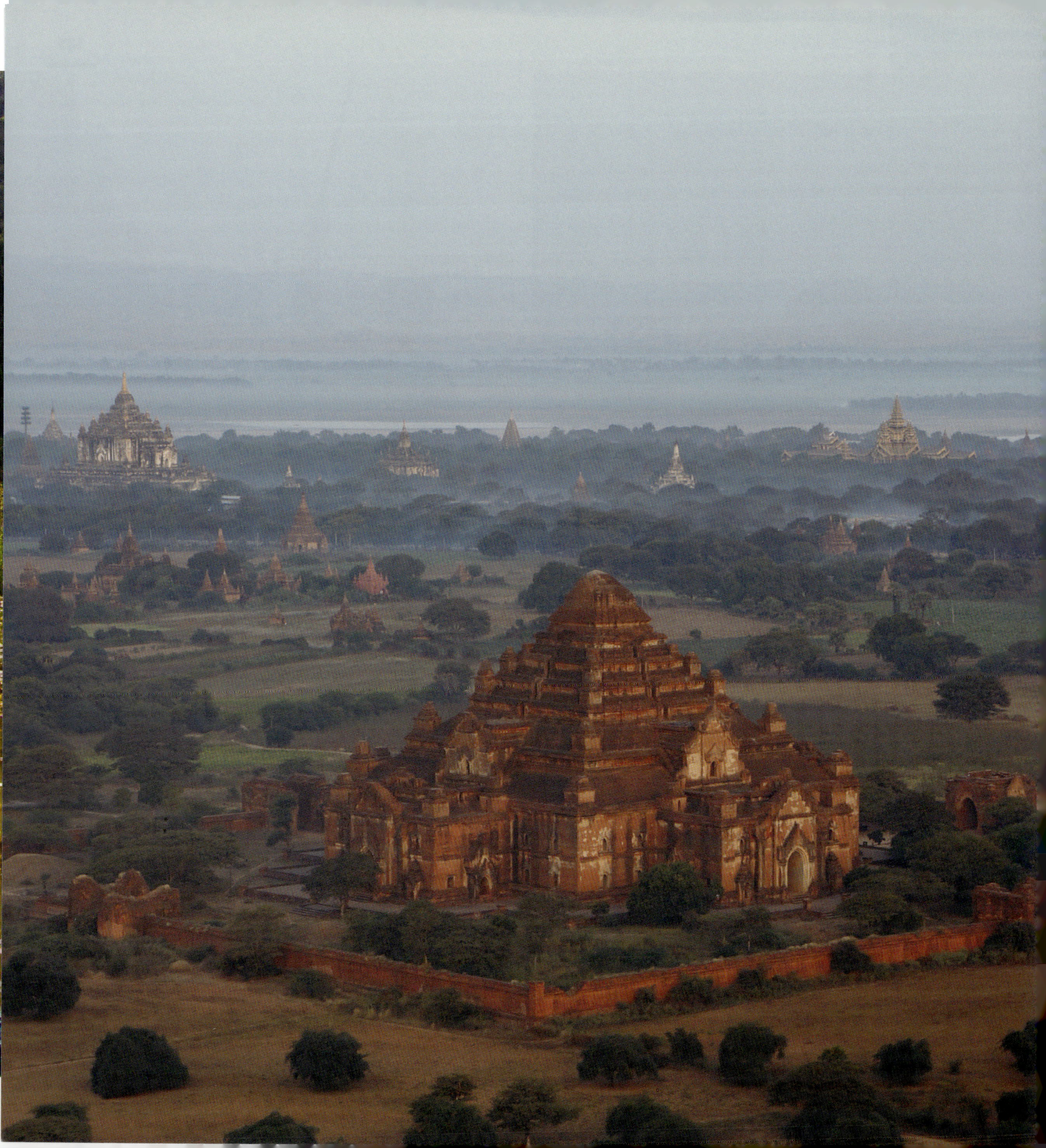

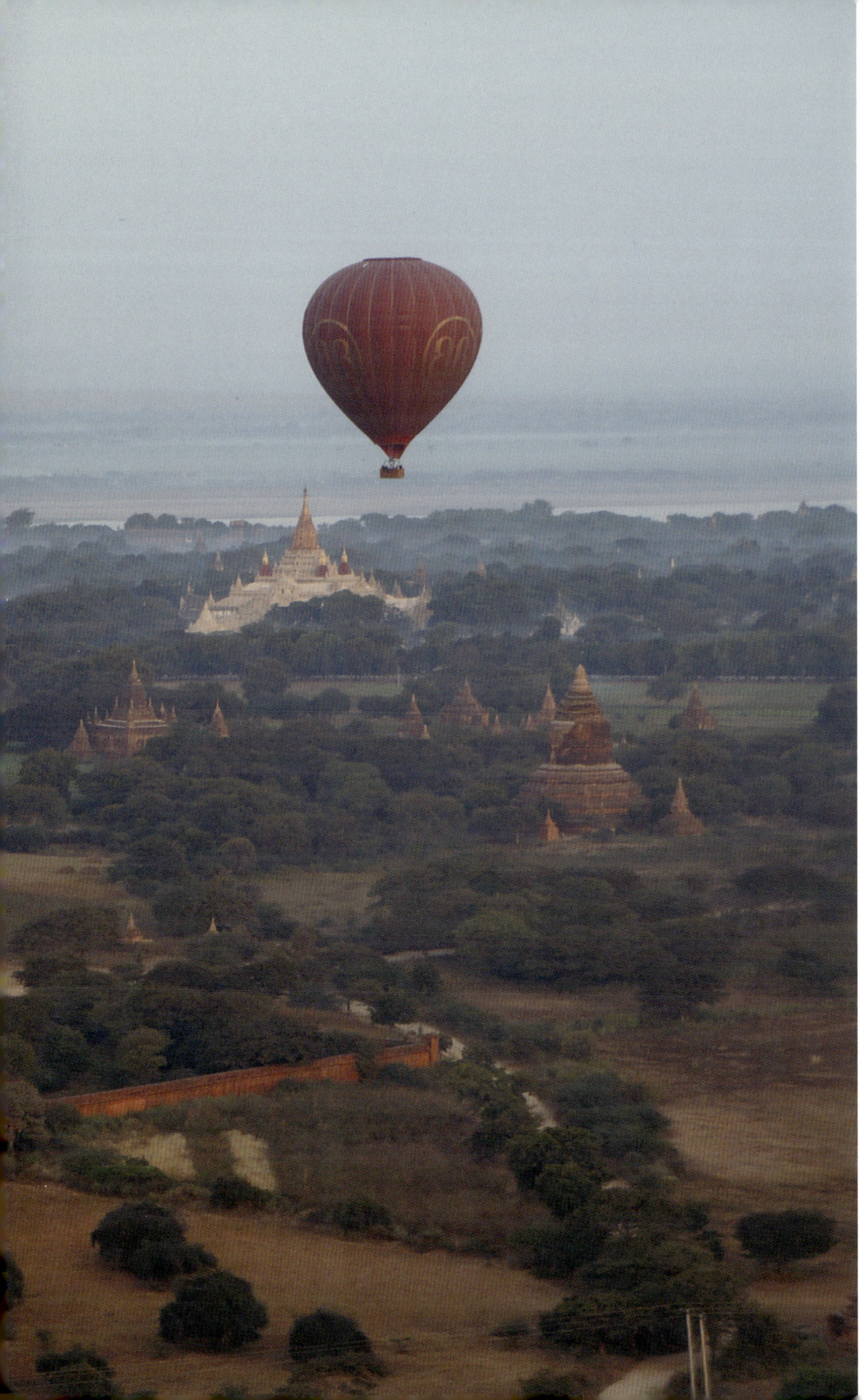

Montgolfière au-dessus de Bagan.
Ancienne capitale de plusieurs dynasties de rois Bamar, Bagan compte aujourd'hui plus de 2 000 temples. C'est l'attraction touristique incontournable, mais aussi le cœur symbolique de la culture birmane classique.

Balloon over Bagan.
Historical capital of several dynasties of Bamar kings, Bagan Plain counts over 2 000 temples. This is a must see tourist attraction, but also the symbolic heart of the traditional Burmese culture.

Le webdocumentaire
The webdocumentary

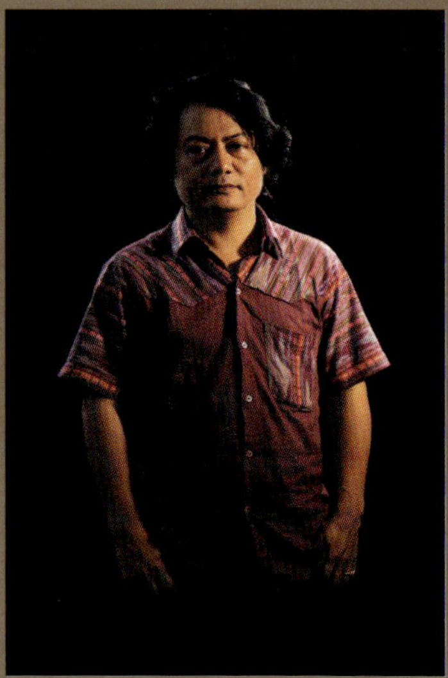
Ko Aung Soe Min

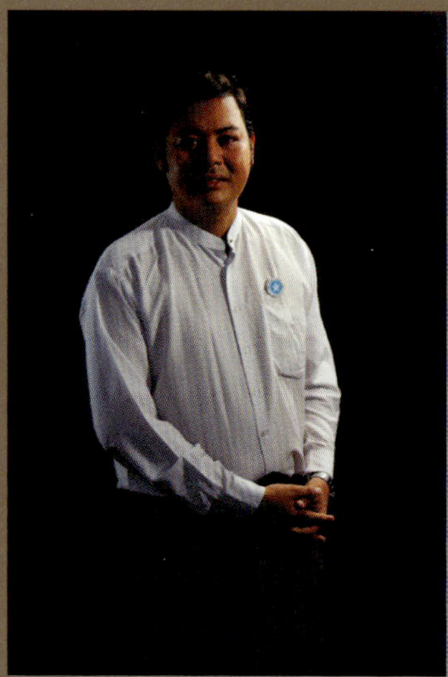
Ko Kyaw Thu

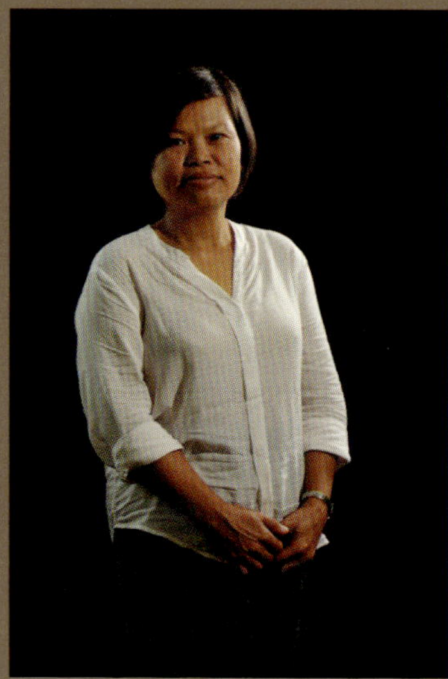
Ma Mi Kun Cha Non

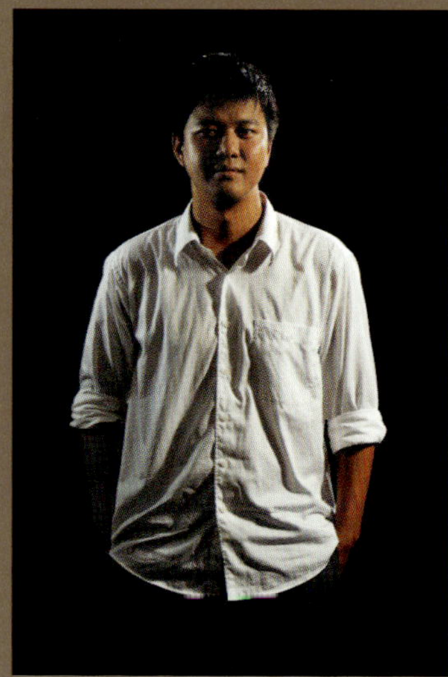
Ko Zwe Nay Naung

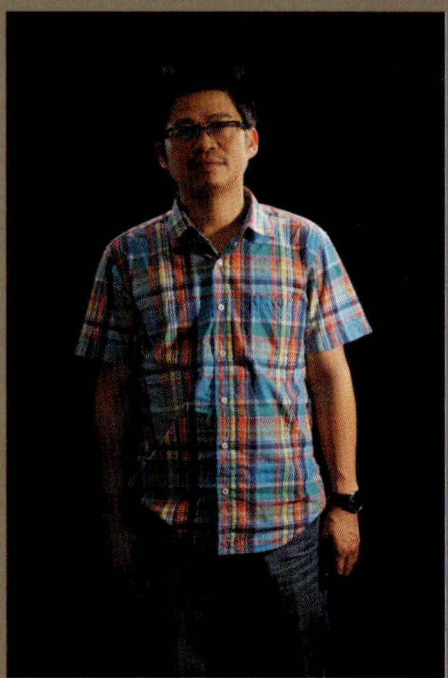
Ko Say Ye Kyaw Swar Myint

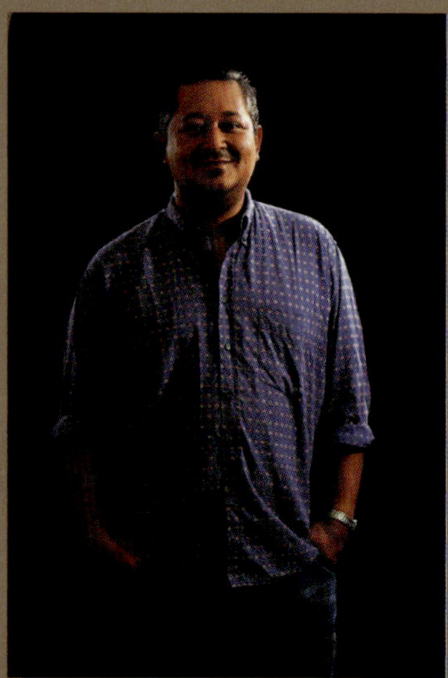
Ko Thet Oo Maung

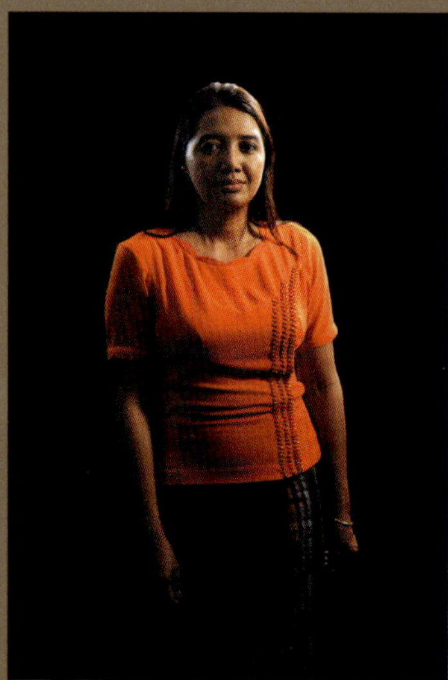
Ma Thin Thin Aung

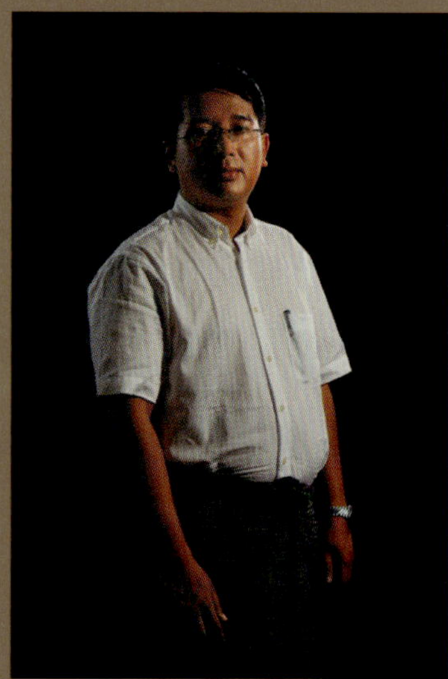
Ko Myat Thu

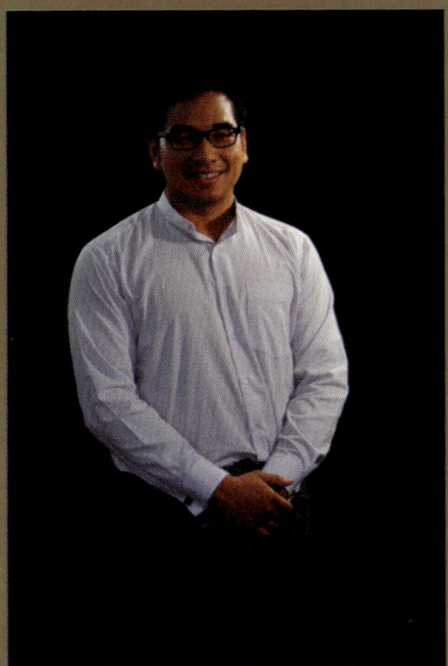

Ko Nyantha Maw Lin

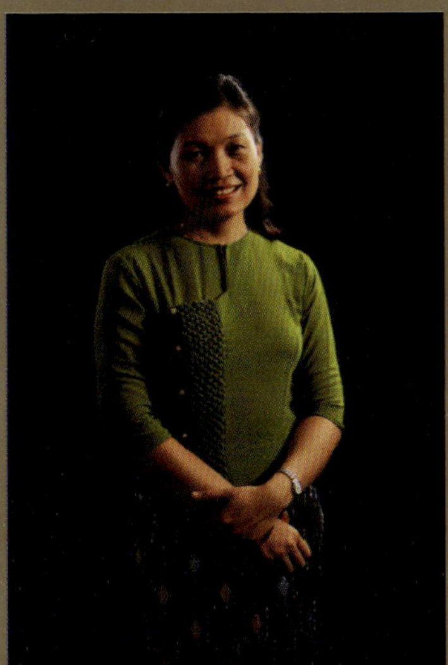

Ma May Sabe Phyu

LES VOIX DU CHANGEMENT
THE VOICES OF CHANGE

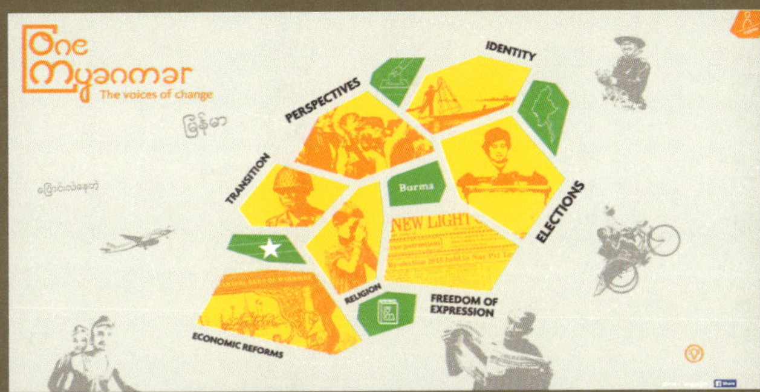

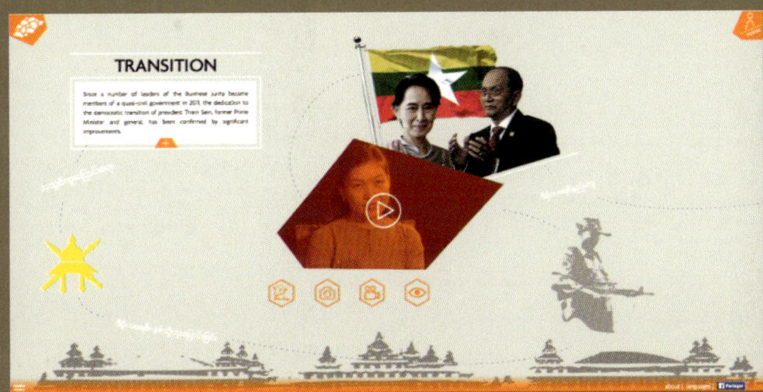

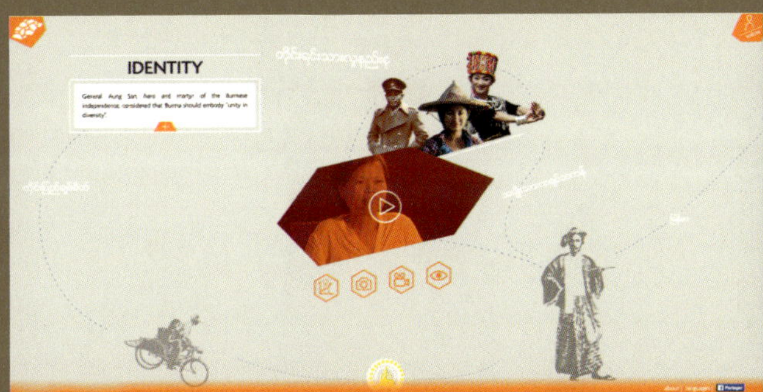

WWW.ONE-MYANMAR.COM

Découvrez ONE MYANMAR, un webdocumentaire pour comprendre la Birmanie à travers 10 portraits de Birmans témoins et acteurs de la transition.

Discover ONE MYANMAR, a webdocumentary offering an overview of the country through 10 portraits of Burmese witnesses and actors of the transition.

Essai
Essay

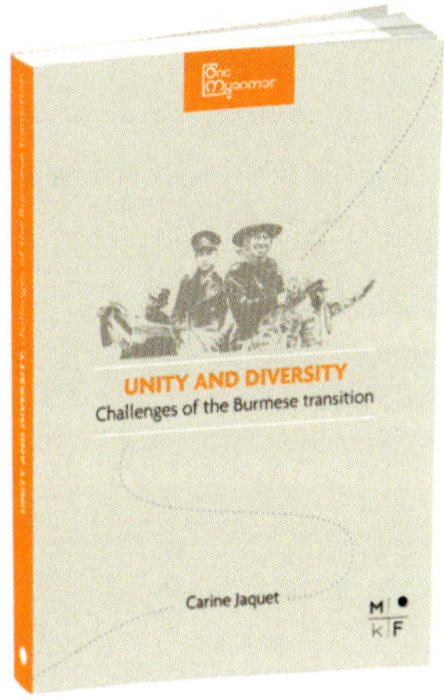

Unité et diversité, les défis de la transition birmane

par Carine Jaquet

Après plus d'un demi-siècle de dictature militaire, le Myannmar doit faire face à de nombreux défis, dont celui de l'unification et de l'intégration d'une véritable mosaïque de minorités ethniques, et religieuses. En raison de sa complexité et de son potentiel de déstabilisation, la gestion de la diversité ethnique et religieuse est devenue un facteur déterminant pour l'avenir du pays.

Alors que la Junte cimentait le pays grâce à la religion bouddhiste et à un projet centralisateur bamar, le gouvernement civil doit maintenir cette fragile mosaïque en place au sein de la démocratie naissante, sans toutefois recourir à la coercition, sur laquelle les militaires se reposaient.

Après avoir proposé un panorama de la diversité ethnique et religieuse du Myanmar, cet essai propose une analyse des politiques de la diversité sous les régimes militaires, mais aussi une réflexion sur les récents espoirs en matière de gestion des conflits avec les groupes ethniques, mais aussi leurs limites. Enfin, il examine les conséquences à long terme des politiques visant à renforcer une certaine identité birmane, et l'intériorisation de certaines valeurs, menant à l'intolérance d'une part grandissante de la population.

Unity and Diversity, The Challenges of the Burmese Transition

by Carine Jaquet

After more than half a century of military dictatorship, Myanmar is experiencing new challenges, including the management of the unification, and integration, of an intricate mosaic made of ethnic and religious ethnic minorities. Due to its complexity and to the fact that it may endanger both the economy and security of the country, the handling of the ethnic and religious diversity will be a determinant factor for the future of Myanmar and for the long-term impact of its current transition.

While the military led governments attempted to artificially unify the country around Buddhism and a Bamar-centred project, the current government has to maintain the fragile existing mosaic in an emerging democracy, without using the coercion on which the militaries used to rely.

After offering an overview of the ethnic and religious diversity of Myanmar, this essay offers an analysis of the diversity policies under the various military regimes. It then explores the recent hopes related to the management of the conflict with the ethnic groups, but also its limits. Finally, the essay discusses the consequences of the long term policies to reinforce a certain view of Burmese identity, and the internalization of certain values, leading to a normalization of intolerance by a significant and growing proportion of the population.